一歩進んだ
日本語教育
概〈実践と研究の ダイアローグ〉論

監修
西口光一

編者
神吉宇一・嶋津百代・森本郁代
山野上隆史・義永美央子

大阪大学出版会

はじめに

　本書は、ことばに関わる実践と研究の基本的な視点や姿勢を理解することを通して、日本語教育を概論的に学ぶための入門書です。日本国内では人口減少が進んでおり、2015年に実施された国勢調査では、1920年の調査開始以来、はじめて人口が減少しているという結果が示されました。現在の社会構造は、ヒト、モノ、カネが増えることを前提にしたものであり、人が減ることに対しては、何らかの形で人を増やすという方向での解決策が考えられています。さまざまな策が検討される中で、外国人の受け入れと共生の議論も活性化し始めています。日本語教育を通した共生社会の実現は、今後の日本社会におけるもっとも重要な社会的課題の一つです。したがって、言語としての日本語の習得をめざす日本語教育から、その先にある社会づくりを視野に入れた日本語教育の理論化が必要となります。世界的な視点でみると、音声認識や機械翻訳の技術が飛躍的に向上し、個々人が外国語を学ばなくてもやりとりができる環境が整いつつあります。本書執筆からそう遠くない未来に、言語の違いによる意思疎通の困難は、かなりの程度軽減・解消されるでしょう。このことは従来の道具主義的な外国語教育を終焉に導くことになるでしょう。このような社会状況の中で、私たちにとってことばとは何なのか、ことばの教育とは何を実現するものなのかという本質的な議論を通して日本語教育をとらえなおし、実践と研究のあり方を考えることが求められています。

　本書には既存の日本語教育の入門書とは異なる二つの特徴があります。一つ目は、実践と研究を切り離さず、現実を構成する一連の社会的な活動として描き出そうとしていることです。研究の知見が実践にどう役に立つのか、また実践に関わっている人が研究を行うことにどんなよさがあるのかということは、実践・研究に携わっている人たちの主要な興味関心の一つだと思います。しかし実践と研究の関わりについて、私たちはしばしば実践と研究は別のものであり、それぞれが独立して存在しているものだと考えがちです。本書の執筆者たちは、実践と研究は切り離せないものであることを念頭に、各章とも実践と研究の往還という観点を含めて執筆しています。研究的視点を議論の出発点にして実践へのアプローチを述べている章もありますし、逆に実践の取り組みを出発点にして研究的視座との連関を述べている章もあります。実践と研究の双方の視点を持ち、実践と研究の間を往還することが、専門家としての私たちを成長させる契機となるとともに、日本語教育を通したよりよい社会の創出にもつな

がっていくと考えています。

　二つ目の特徴は、執筆者たちがなぜその実践や研究に関わっているのかという自分自身の問題意識について、自分語りとして記述していることです。日々の実践や研究を行う中で、また日々の生活を送っていく中で、私たちはしばしば、「なぜ」「なんのために」という元々持っていた本質的な問いを見失ってしまいがちです。そして、「どのように」という手法にばかり意識が向くようになってしまいます。もちろん、実践においても研究においても、どのようにやるかというお作法も大切にしなければならないことは論を俟ちません。しかし、それ以上に大切なことは、「なぜ」「なんのために」それをやるのかという自分自身の問題意識の根っこと常に向きあうことです。そして、「なぜ」「何のために」を切り口として、自らの実践や研究を批判的な視点でとらえなおし、よりよいものにしていきつつ自分自身も成長していくことが、専門家として求められる姿勢です。各執筆者の問題意識とそこに至るまでの個々のライフの語りは、専門家としての一歩を踏み出そうとする読者のみなさんにとって、自分自身の問題意識に向き合い、自らが取り組むべき本質的な課題を考えるための契機となるはずです。

　本書では、ことばやその教育は社会的な関係性の中に位置づけられているととらえます。20世紀に体系化された「科学としての学問」では、事象に影響を与えるさまざまな要因を統制し、一つの「真実」を探究することがめざされるようになりました。このような学問のあり方は、近代の科学としての学問の発展に多大な貢献をしました。しかし、人や社会の多様なありように向き合う人文社会分野の実践や研究においては、一つの「真実」を探究するという近代の発想の限界も指摘されるようになりました。科学的であることは、ときに多様性を排除し、本来複雑である事象を過度に単純化してしまうあやうさに直面します。そして多様性の排除や単純化は、しばしば社会的多数派にのみ光を当てることになります。そして少数派の思想や文化は不可視化され、少数派の「生」そのものが奪われるような暴力性をはらむことにもつながります。ことばやその教育が、複雑な社会的実践の網の目の中にあるというやっかいな状況から目を逸らさずに向き合うことは、人文社会分野において実践の学に位置づけられる日本語教育に携わるための専門性の根幹であると言えます。

　本書は二つのパートから構成されています。第1部は主として研究の視点から日本語教育にアプローチする論考をまとめました。その中でも特に序章は本書の総説的な位置づけとして書かれており、日本語教育に携わる専門家に求められる責任について、ことばと対話の観点から論じられています。まずこの章を読むことで、本書を貫くことばや対話に関する考え方に触れることができ、本書を読むための方向性が見出せる

と思います。第1章から第6章ではインタラクション、コミュニケーション、ナラティブ、相互行為、政策という各トピックにおける研究に触れています。各章では関連する最新の研究動向に触れつつ、それぞれのトピックがどのように実践につながるかを論じています。第2部は専門家としての執筆者たちの視点から、実践への関わりや実践のありようについて紹介するパートです。国内外の大学における実践、多文化共修、就労者を対象とした実践、年少者の教育、支援の場づくり、難民支援、まちづくりなどの実践について触れられています。そしてそれぞれの実践と研究的知見の関連や、実践と研究の往還のあり方について論じられています。読者のみなさんが実践と研究に取り組むにあたって、「私もこんなことをやりたい」「私がやりたかったのはこれだった」と思えるようなロールモデルを提示することも意識して書かれています。

　ちなみに、2023年3月に（公社）日本語教育学会から「日本語教育学の構造化─日本語教育と日本語教育研究の相互活性的なダイナミクス」が公表されました。本書で言う実践と研究の往還という姿勢は「日本語教育学の構造化」で言われている「日本語教育と日本語教育研究の相互活性的なダイナミクス」という見方と符合しています。また、同報告書では「日本語教育学の俯瞰図─実践と研究のダイナミクス」との図が提示されています。それを巻末資料として挙げました。同図と本書の内容を対比していただければわかるように、本書では、「C1日本語」と「C2言語」を除いて、同図の「B. 日本語教育の諸側面」と「C. 日本語教育の研究的関心」に挙げられている大部分のテーマが直接あるいは間接に論じられています。

　ことばとその教育の世界は果てしなく拡がっています。本書で触れたことは、その広大かつ深淵な世界のごく一部です。本書の読者たちが日本語教育の世界に足を踏み入れる第一歩として本書の議論に参画し対話が生み出されることで、日本語教育に関連する実践と研究がさらなる発展に向かうことを願っています。

　最後になりましたが、企画段階から本の完成まで、たくさんの対話にお付き合いくださった板東詩おりさんはじめ大阪大学出版会の皆さまと、校正作業に協力してくださった大阪大学大学院人文学研究科の李眞善さん、横田彩子さんに心よりお礼申し上げます。

2024年3月　監修者・編者一同

日本語教育学の俯瞰図──実践と研究のダイナミクス

C1 日本語
・文法・音声・語彙・文字・表記
・社会関係と待遇表現
・言語生活と日本語のバリエーション

C3 コミュニケーション
・言語と文化
・言語とコミュニケーション
・異文化間コミュニケーション
・異文化理解
・会話の運営、インターアクションの構造

B1 教育の開発と改善
・ニーズ調査を含む事前調査
・教育の構想・企画
・教材や学習資材の制作
・学習運営システムの開発
・教員研修
・形成的評価と総括的評価
・教育の実施・点検・評価
・CEFR

A1 大学等における日本語教育
・大学等進学予備教育における日本語教育と生活・進路指導
・大学院進学予備教育
・研究生・大学院生に対する日本語教育
・短期留学生に対する日本語教育と国際共修
・アカデミック・スキルやリテラシーの教育と日本語教育
・専門日本語教育、分野別日本語教育、CLIL、教養と日本語教育、SDGsと日本語教育など
・キャリア支援・教育としての日本語教育

C5 学習と教育
・さまざまなタイプの学習
・学習(者)の心理
・動機づけ、自律的学習
・認知の発達と言語の発達

B2 教育活動
・学習環境のデザイン
・単元の授業プラン
・授業の計画と実施
・授業の方略、方術、テクニック
・授業の点検と評価と改善
・学習アドバイジング
・自律学習支援

C6 制度・社会・歴史
・日本語教育の歴史
・移民政策と言語政策
・社会統合、社会公正
・日本語教育の方法の歴史
・日本語教育の制度と施策と行政

A3 海外における日本語教育
・日本語・日本文化教育
・教養としての日本語・日本文化教育
・継承語教育
・複言語・複文化教育
・各国・地域の日本語教育

B3 評価
・口頭言語能力、書記言語能力
・4技能
・コミュニカティブ・コンピテンス
・相互行為能力
・オーラル・プロフィシェンシー
・評価ツールや評価システムの開発
・日本語能力試験等
・OPI

C8 哲学・思想
〇**教育哲学**
・自然と人間
・人格の形成
・リベラルアーツ

〇**言語教育をめぐる思想**
・多文化共生、市民性教育、インクルーシブ教育、ウェルフェアのための言語教育、クリティカル・ペダゴジー
・言語と文化の継承、複言語・複文化主義

〇**言語哲学**
・言語と自己と意識
・言語と社会的現実の構成
・ディスコース実践

C. 日本語教育の研究的関心

C2 言語

- ・言語間の対照と日本語の特性
- ・実際使用の観点から見た言語
- ・言語活動従事を可能にする
  知識・能力
- ・さまざまな方法による言語研究

B. 日本語教育の諸側面

B4 学習者

- ・学習者の特性と言語学習
- ・学習行動、学習ストラテジー
- ・モチベーション
- ・自律的な学習、自己調
  整学習
- ・自然習得と教室での習得

A. 日本語教育
の諸分野

A2 各種の分野の日本語教育

- ・職場でのコミュニケーションや仕
  事上のコミュニケーションのため
  の日本語教育
- ・生活者としての外国出身者の
  ための日本語教育
- ・技能実習・特定技能等で就労
  する外国出身者のための日本
  語教育
- ・介護士候補者・看護師候補者等の
  ための日本語教育
- 年少者のための日本語教育、適応・教科
  学習支援、進路指導
- 母語・母文化の保持
- 海外在住の児童・生徒、
  帰国児童・生徒等のた
  めの日本語教育

B5 教師

- ・教師の資質、能力、
  知識、技量
- ・教師の養成、研修
- ・教師のキャリア
- ・教師の成長
- ・母語話者教師と
  非母語話者教師

B6 学習段階

- ・入門期の教育
- ・基礎段階の教育
- ・中級段階の教育
- ・上級段階の教育

C4 言語教育

- ・応用言語学、言語の教育
  方法
- ・言語の習得と習得支援
- ・教授行動、教師の話し方
- ・教師のビリーフと教授行動
- ・言語教育の企画・カリキ
  ュラム

C7 言語の行使と
機能

- ・接触場面の相互行為
- ・日本語を含む複言語使用
- ・言語の行使と社会参加と
  市民性
- ・言語と社会的主体
- ・言語教育とイデオロギー
- ・日本語ユーザーに対する啓発・
  研修等

ことばと
共生

B7 ICT活用の言語教育

- 各種のアプリやツール、VR、アバターなどを
  活用した学習
- 反転授業、アクティブラーニング
- eラーニング
- COIL、国際共修

「「日本語教育学の俯瞰図」の解説と活用法 ― 日本語教育と日本語教育研究の相互活性的な
ダイナミクスの促進をめざして ―」（日本語教育学会、2023 年）より作成
https://www.nkg.or.jp/musubu/contents/kenkyu/20230620_2396954.html

v

目　次

第1部

理論編

第1章

日本語教育者の責任としての
実践と研究のダイアローグ

教育実践と研究実践のポリフォニー

西口光一

キーワード

芸術責任論　対話　対話原理　交通　ポリフォニー

はじめに

　1979年の4月から、私は、国立国語研究所が実施する1年間の日本語教育長期専門研修に参加しました。当時は、日本語教育機関も、学習者も教師も少なく、日本語教育という分野は社会的に認知されている分野とはまだ言えない時代でした。日本語教育が現在のように国内外で盛んになったのは、1980年頃以降と言っていいでしょう。

　翌年4月から私の日本語教育者としてのキャリアが東京の一日本語学校で始まりました。当時はいわば日本語教育の「高度成長」のあけぼの期でした。国立国語研究所の先生方や長期専門研修を受けた先輩、同輩、後輩を含めて、これから成長しようとしている日本語教育の真っ只中にいるという高揚した気分で、教育に従事し、言語教育関係の本をむさぼるように読み、仲間で研究会などを開催して、日夜研鑽に励んでいました。そのような日々を約15年間過ごした私は、1994年に大阪大学の一教員として仕事をすることとなりました。東京時代の高揚した気分の上に大阪大学の教員としての大きな責任を感じた私は一層仕事に励むようになりました。私に与えられた主な責務は、国際教育交流センター（当時は、留学生センター）での留学生に対する日

本語教育の企画、開発、実践と、言語文化研究科での大学院生に対する講義と研究指導でした。そして、この後者が、本書の執筆者たちとの出会いの場でした。

　大阪大学に着任した頃には、私の日本語教育者としての仕事の方向性が概ね明確になっていたように思います。一つは、いわゆる中級段階までの総合基礎日本語の教育を新たに提案し具体化することで、もう一つは、第2言語教育の基盤となることば学を確立することです。職場の同僚に恵まれ、優れた院生たちと交わり、研究活動の各段階で日本語教育学以外の優れた研究者とも出会うことができて、私がやりたかったことは、概ねやり遂げることができたようにと思います。

　過去10年以上にわたって私の研究の中心にはバフチン（1895-1975）がいました。最近の研究としては、バフチンの最初の言語論（バフチン, 2002）[1]を対象として対話の原型と対話原理の原点を明らかにする論考を書きました（西口, 2021）。本章では、実践と研究のダイアローグという主題について論究するための梃子として、やがてダイアロジズムとして一つに合流するもう一つのバフチン思想の起源を論じます。それは、初期バフチンにおける芸術責任論です。

　本章では、3つのテーマについて論じます。一つは、芸術と学問の責任論をめぐって展開され、後のダイアロジズムの萌芽を内包する初期バフチンの人格主義的対話主義を明らかにすることです。今一つは、日本語教育と日本語教育学でしばしば論じられる実践と研究の乖離の問題をバフチンの責任論に寄せて検討することです。その議論は、新しい世界モデルとしてのポリフォニー論へとつながります。最後に、バフチンが対話原理として開示した新しい世界モデルに準じて、研究実践と教育実践という視点の下にこの21世紀初頭に日本語教育と日本語教育学に携わることとなった日本語教育者のあるべき姿について論じたいと思います。

1　課題としての研究と実践の乖離

1.1　芸術と生活の乖離

　1919年9月13日付けの新聞『芸術の日』にバフチンは「芸術と責任」と題した、邦訳にして実質2ページの短い記事を書いています。「全体は、その個々の要素がただ空間と時間のなかで外的なむすびつきのみによって結合され、内的に統一ある意味に貫かれていないばあい、機械的なものと呼ばれる。そうした全体の部分同士は、たと

---

1)　このように2つ記載されている場合は、前が原著出版年あるいは執筆年で、後ろが邦訳出版年。以降も、同様。

え並んで触れあってはいても、みずからは互いに無関係なのである」というやや唐突な２文で始まるこの記事で、バフチンは凝縮した形で芸術責任論を展開しています。23歳のときに書かれたこの記事は、バフチンの著作活動の出発点となっています。上の２文に続く部分を見てみましょう。

　　人間の文化の三つの領域―学問、芸術、生活―が統一を獲得するのはただ、それらを自身の統一のうちに参加させる人格においてである。けれどもこのむすびつきは、機械的な外的なものとなりうる。哀しいことに、大抵はそうなのである。芸術家と人間とは素朴（ナイーブ）に、大抵は機械的に一個の人格のなかで結合している。人は「実生活の波風」から抜けだして、「霊感と、甘美な響きと、祈り」の別世界におもむくように、一時（いっとき）創作のなかに引きこもるのである。その結果どうなるか？芸術はあまりにも厚顔で自信満々になり、あまりにも熱情的（パセティック）になる。なにしろ、芸術は生活に対してなんら責任を負わないのだし、生活のほうは、もちろん、そのような芸術について行きはしないからである。「何だってわれわれにあんなものが、芸術が必要なのか。われわれにあるのは実生活の散文なのだから」と生活は言うのである。人が芸術のなかにいるときには、彼は生活のなかにいないのだし、その逆もまた然りである。（バフチン, 1999a, pp.13-14）

　最初の４文でバフチンは、学問、芸術、生活という人間文化の３つの領域の結びつきはたいてい機械的な外的なものとなっていると指摘しています。そして、芸術活動において「人は『実生活の波風』から抜けだして、『霊感と、甘美な響きと、祈り』の別世界におもむくように、一時（いっとき）創作のなかに引きこも」り、芸術は「生活に対してなんら責任を負わない」で、「厚顔で自信満々になり、あまりにも熱情的（パセティック）になる」と言います。そして、生活のほうは、そんな芸術には「ついて行きはしない」と言っています。生活者は言います、「われわれにあんなものが、芸術が必要なのか。われわれにあるのは実生活の散文なのだから」と。そして、「人が芸術のなかにいるときには、彼は生活のなかにいないのだし、その逆もまた然りである」とバフチンは芸術（家）と生活（者）のあり方を批判しています。

　バフチンの言う芸術と生活の乖離状況は、日本語教育での研究と実践の乖離状況と極めて類似しています。そして、それに続いて論じられているように、その乖離状況から２者が融合し得る筋道も両ケースで類似していると見られます。実際、バフチン自身も、上の一節の冒頭で芸術と学問を並置しています。

1.2　研究と実践の乖離

　上の一節を、研究と実践の話として第 5 文以降を書き替えてみましょう。以降の引用中の（　）内は元の語です。

　　　人は「実践（実生活）の波風」から抜けだして、「霊感と、甘美な響きと、祈り」の別世界におもむくように、一時研究活動（創作）のなかに引きこもるのである。その結果どうなるか？　研究（芸術）はあまりにも厚顔で自信満々になり、あまりにも熱情的になる。なにしろ、研究（芸術）は実践（生活）に対してなんら責任を負わないのだし、実践（生活）のほうは、もちろん、そのような研究（芸術）について行きはしないからである。「何だってわれわれにあんなものが、研究（芸術）が必要なのか。われわれにあるのは具体的な実践（実生活の散文）なのだから」と実践者（生活）は言うのである。（バフチン, 1999a, pp.13-14）

　人は実践の喧騒から抜け出して、甘美な響きを持つ理論と実証という別世界に赴き、研究活動に身を委ねます。そして、「私の研究成果は重要なのだ」と厚顔で自信満々になり熱情的になります。そして、そんな研究者は「私は研究者で、あなたたちは実践者だ」として研究者と実践者の間に境界線を引き、「あなたたちは私の研究成果を知って、実践にどのように活かすかを検討し、実践に組み入れなければならない」として研究の実践への応用を実践者に押し売りして、自らは実践への責任を負いません。そして、そうなると、実践者のほうも「われわれはそんな高尚な理論や込み入った研究成果などは要らない。われわれには具体的な実践があり、それをうまくやっていくのに忙しいのだ」と言って研究に無関心になります。現在、日本語教育における研究と実践は、このように乖離しているのではないでしょうか。

1.3　一人の中での研究と実践の分離

　上の段落では研究者と実践者が別の人あるいは集団になっている場合について論じられています。一方で、同じ人が研究と実践の両方に従事する場合もあります。そして、そのような場合でも、芸術と生活の場合と同じように、研究と実践の分離は起こります。以下は、上の引用に続く一節です。

> 人が研究（芸術）のなかにいるときには、彼は実践（生活）のなかにいないのだし、その逆もまた然りである。両者のあいだには、人格の統一のなかでの統一も、内的な相互浸透も、存在しないのである。（バフチン, 1999a, p.14）

　これは大学教員となっている人の場合にしばしば起こることで、日本語教育に多かれ少なかれ関連する研究をしていながら、研究は研究として独立に行い、日本語コースの運営や自身の教授実践などは研究とは別の物として行っている場合です。自身の研究関心の事柄を十分に検討することなく独善的に実践に採り入れようとするのも妥当ではありませんが、研究と実践は別の物として、研究はそれとして独立に行い、教育実践についてはただ現状追従的に従事するのも、次節で論じるように、本来あるべき姿ではないでしょう。

2　研究と実践のダイアローグに向けて

2.1　責任論

　次にバフチンは両者の融合の道筋を示します。まずは個人の中での融合をめぐって次のように論じています。

> いったい何が、人格の諸要素の内的なむすびつきを保証しているのだろうか？ただ責任の統一だけである。わたしが研究（芸術）のなかで体験し、理解したものに対して、わたしはみずからの実践（生活）でもって答えなければならない―体験され、理解されたもののすべてが、実践（生活）のなかで無為に終わらないように。…研究（芸術）と実践（生活）は同じものではないのだが、しかしわたしのなかで一つにならなければならない。わたしの責任の統一のうちで一つにならなければならないのである。（バフチン, 1999a, pp.14-15）

　個々人において研究と実践の融合が可能になるのは、**責任の統一**においてのみであるとバフチンは言います。そして、**理解されたもののすべてが無為にならないように理解したものに対して自らの実践で応えなければならない**、**研究と実践は同じものではないが当事者の中で一つにならなければならない**、とバフチンは主張します。
　一方で、バフチンは、研究者と実践者の間での対話の必要性についても言及しています。

　　研究者（詩人）は、実践（生活）の卑俗な散文が彼のせいなのだということを
　銘記すべきだし、実践者（生活人）は、研究（芸術）の不毛さが、彼があれこれ
　要求もせず、彼の実践上の（実生活上の）諸問題がいいかげんなせいなのだとい
　うことを知るべきなのである。…研究（芸術）も実践（生活）も、互いにみずか
　らの課題を軽減して、その責任を免れたがっているのである。なぜなら、実践（生
　活）に答えずに研究（創造）するほうが容易だし、研究（芸術）を考慮せずに実
　践する（生きる）ほうが容易だからである。（バフチン, 1999a, pp.14-15）

　バフチンはここで、研究者と実践者各々における**対話的な姿勢の欠如**を問題視して
います。そして、研究と実践が互いに無関心にそれぞれの営みをしていくのは、各々
の課題の軽減であり、それは責任逃れだと言います。そのようにしてしまうのは、**実
践に応えずに研究をするほうが容易だし、研究を考慮せずに実践するほうが容易**だか
らだ、とバフチンは付言しています。

2.2　関与的思考と単一で唯一の存在の出来事

　『芸術と責任』に続いて書かれた草稿「行為の哲学によせて」（1999b）は、『芸術
と責任』での主張を理論的に展開したものと位置づけることができます。同論考でバ
フチンは、学問や芸術の思考に関して、理論的思考と関与的思考を区別しています。
そして、理論的思考はそれが捉える世界はその全体をもって世界全体なのだと、ある
いは、そのありうべき全体が、抽象的に単一であるだけでなく、具体的な唯一の存在
なのだと主張しようとするもので、それが問題だと指摘しています。そして、後者の
関与的思考の重要性を説いています（バフチン, 1999b, pp.27-30）。そうした上で、
同論考のもう一つのキー概念となる**単一で唯一の存在の出来事**（ロシア語では
edinstvennoe i edinoe sobytie bytija、説明的に訳すと「1 度限りしか起こらない統
合された共存在の出来事」）を使って以下のように主張しています。

　　学問的思考の内容となる世界は独特な世界であって、それは自立してはいるが、
　けっして切り離されたものではなく、現実の行動・行為における責任ある意識を
　介して、単一で唯一の存在のできごとに組み込まれるのである。しかし、この唯
　一の存在のできごととはもはや思考されるものではなく、**存在する**もの、わたしや
　他者を介して現に、否応なしに遂行されるものなのである。（バフチン, 1999b,
　p.33、引用中の太字強調は原著、以下同様）

　学問的思考の世界は「自立してはいる」の部分で、バフチンは**学問が有する自立的な性質**を認めています。しかし、即座に、それは実践と切り離されたものではなく、「現実の行動・行為における責任ある意識を介して、単一で唯一の存在のできごとに組み込まれるのである」と指摘します。そして、学問的思考がこの存在の出来事に組み込まれると、それはもはや抽象的な唯一の存在を志向して理論的に思考することではなくなり、**責任ある当事者として直接あるいは間接に実践に関与して、他者と交わりながら現に存在するもの、存在として遂行されるもの**となるとバフチンは論じています。

　さらに、カントの理論理性と実践理性に言及して以下のように付言しています。

　　理論理性というのはすべて、実践理性、つまり唯一の主体が唯一の存在のできごとのなかで道徳的に定位するときの理性の、要因にすぎないのである。(バフチン, 1999b, p.33)

　1918 年にバフチンが最初に教師としてネヴェリに赴任して以来約 10 年間続けられたバフチンを中心とした私的な研究会「バフチン・サークル」のことはよく知られているところですが、ネヴェリでの研究会は新カント主義の哲学者カガーンの参加も得て「カント・セミナー」と呼ばれていました（桑野, 2020, pp.24-27）。カントは一般には近代理性主義の完成者として語られることが多いですが、カントの三批判書[2]の本来の趣旨は、道徳的実践や信仰の問題を扱う『実践理性批判』にあり、上の一節はそうした認識を踏まえてのものです。こうして見ると、バフチンは生涯を通してこのような姿勢で学問に取り組んでいたことがわかります。

2.3　交通とポリフォニー

　「行為の哲学によせて」の後の数年の間にバフチンは、芸術交通論とも呼ばれる一連の著作（バフチン, 1999b; 2002; 2004）と言語哲学の著作（バフチン, 1980）を矢継ぎ早に出版します。そして、続いてドストエフスキー論（バフチン, 2013）を発表します。この時期のバフチンの思想の中心点には、交通という視座と、交通における声のポリフォニーがあると見ることができます。そして、その両者は、上で論じた責任論と存在の出来事の議論の延長線上にあります。

---

2)　カントの主著である『純粋理性批判』、『実践理性批判』、『判断力批判』の 3 冊。

　交通という視座は、以下の引用で明確に示されています。

> 　あらゆる発話は、それがいかに重大でいかに自己完結しているものであっても、（日常の・文学上の・認識上の・政治上のコミュニケーションという）途切れることのない言語コミュニケーションの一契機にすぎぬものです。（バフチン, 1980, pp.209-210)

　バフチンの言う発話とは、口頭言語か書記言語かを問わず、言語活動を仲立ちしている実際の言語のことです。そして、バフチンにとって、言語あるいは発話の真の現実は、発話によって行われる言語による相互作用という社会的な出来事です（バフチン, 1980, p.208)。社会的な出来事は、前項で論じた存在の出来事を指しています。上の引用で、バフチンは、日常生活での発話であれ、文学作品であれ、学問の本や論文であれ、どのような発話も、人と人の間で営まれる**途切れることのない言語的交通**（rechevoe obschenie）の一契機だと言っています。そして、そうした**言語的交通の一契機である発話を「舞台」として、発話の当事者間でいずれもが能動的な対話が行われ、単一で唯一の存在の出来事が生み出される**のです。

　そうした存在の出来事はモノロジカルなものではありえません。バフチンがポリフォニー小説の創始者として論じているドストエフスキーの長編小説では「**自立しており融合していない複数の声や意識、すなわち十全な価値をもった声たちの真のポリフォニー**」が描かれており、そこでは「**自分たちの世界をもった複数の対等な意識こそが、みずからの非融合状態を保ちながら組み合わさって、ある出来事という統一体をなしている**」とバフチンは言います（バフチン, 2013, p.18)。さらに、ドストエフスキー論の第2版では、結論が大幅に増補されて、**思考する人間の意識とその対話的存在圏**がドストエフスキーのポリフォニー小説において初めて芸術的な形で開示されたと述べています（バフチン, 1995, pp.566-567)。思考する人間の意識とその対話的存在圏として言及される**ポリフォニー**は、ある種のタイプの小説の特徴にどどまるものではなく、バフチンにとっては、新しい世界モデル（バフチン, 1995, p.9)であり、**存在の出来事という人間の本源的な存在の仕方**を映し出すものなのです。

3　21世紀初頭の日本語教育者

3.1　存在にアリバイなし

　いずれの人も、特定の場所の特定の歴史的脈絡で生を営んでいます。プライベートの生活であれ、職業生活であれ、そうした事情は同じです。本書の執筆者たちは、制度的な立場はさまざまですが、この21世紀初頭という歴史的な脈絡で日本語教育と日本語教育学という世界で専門職的な生を営む者たちです。ただし、歴史的な脈絡や制度的な立場と言いましたが、実はそれらは客観的なものではありません。そのことは、以下で論じるようにバフチンの「存在にアリバイなし」論で語られています。

　　　責任ある意識の統一の根底にあるのは、出発点としての原理ではなくて、自分が一個の存在のできごとに関与していることの現実的な承認、という事実なのである。そして、この事実は、理論的タームでは十分に表現することができず、もっぱら記述され関与的に体験されるだけなのである。行為と、具体的な1回かぎりの有無をいわさぬ当為のカテゴリー全体との原点は、ここなのである。（バフチン, 1999b, pp.65-66）

　脈絡や立場はあらかじめ客体としてそこにあるように語られるが、それはそうではありません。むしろ、責任ある意識の統一の根底にあるのは「自分が一個の存在のできごとに関与していることの現実的な承認、という事実」だとバフチンは言います。そして、その事実は「関与的に体験されるだけ」なのですが、「行為と、具体的な1回かぎりの有無をいわさぬ当為のカテゴリー全体との原点は、ここ」だときっぱりと主張しています。当為とは「あるべきこと」や「まさになすべきこと」という道徳的な概念であり、ここにもカントの実践理性の考え方が含意されていると見られます。そして、バフチン自身、そうした責任ある意識の統一に身を委ねていることを以下のように表明しています。

　　　わたしもまた、〔いま現に行っている〕この主張の情動・意志的な、行為の性質をもった十全性のうちにいるのであり、現実にこの全体のうちにいて、この言葉を述べる義務を負うているのである。（バフチン, 1999b, p.66）

　そして、こうした責任ある意識の統一の議論は、「存在にアリバイなし」論に続くのです。

　　この唯一の地点のまわりには、唯一の存在がそっくり、1回かぎりの繰り返しのきかない仕方で配置されているのである。…この、現にある存在の唯一性は、有無をいわさぬ義務的なものなのである。**存在におけるわたしの言いわけ無用さ**〔non-alibi〕というこの事実（行為がもつ具体的な一回かぎりの当為の、その根底にあるもの）は、わたしによって知られ、認識されるのではなくて、わたしによって唯一の仕方で承認され、是認されるものなのである。（バフチン, 1999b, p.66）

3.2　研究実践と教育実践のダイアローグ

　「はじめに」でも触れたように、日本語教育という分野が拡大したのは過去40年くらいのことです。また、過去40年の間に日本語教育の実践と日本語教育の学が良好に相互作用して両者が順調に発展してきたかというと、必ずしもそのようには言えないでしょう。

　現在の日本語教育の社会的背景を見ると、国内に目を向けると、海外出身者の日本への受入れが本格化しつつあり、日本で育つ文化的言語的に多様な子どもがいて、その人たちやその子どもたちの日本語や言語をどうするのかという問題があり、海外で育つ日本出身の子どもの日本語と言語の問題もあります。こうした時代においては、各々の日本語教育者は、自身が置かれているそれぞれの立場において、あるいは時には制度的な立場を超えて、どのような仕事をどのように実行していくかを判断して、責任ある行動をしなければなりません。そして、主に研究活動に従事する者は、"theory into practice"（研究の成果を実践に活かす）という機械論的な姿勢ではなく、研究活動を通して視点がより豊かで広範になり、日本語教育という実践を多角的で俯瞰的に見られるようになった「私」として、日本語教育や日本語教育学のあり方について、日本語教育学関係の他分野の研究者や教育の実践者と対話を続ける必要があるでしょう。一方で、主に教育の具体的な現場で仕事に従事している者も、実際の日々の教育実践などに従事しながらも、主に研究活動に従事して認識的な側面で日本語教育者として成長しつつある仲間の日本語教育者と、相互における責任の統一の具体的な実践として対話を続けるのがいいでしょう。その際には、主に研究活動に従事する仲間に、実際の現場の脈絡や教育現場で実際に起こっていることに基づいて問いを投げかけ、研究テーマをめぐって文脈やアイデアを与え、同時にかれらに主に研究に従事する者という立場における日本語教育者としての責任の自覚を促すことが重要な役割となるでしょう。

　このように、実践と研究の関係を考えるときに、実践と研究や、教育実践者と研究

者のように二元的に考えるのではなく、むしろ同じ日本語教育者という土俵に立って、研究寄りの立場にある場合であれ、教育実践寄りの立場にある場合であれ、自分は日本語教育に関わって責任ある社会的実践に従事していると考えるのがいいでしょう。そして、いずれ場合でも、自己内においても、また自己と他者の間においても、責任の統一において、豊かなポリフォニックなダイアローグを能動的に続けることが現在の日本語教育者には求められています。

4　むすび

　本書の執筆者たちは、本章で論じたような認識とスタンスを共有しています。そして、各々、人、ことば、社会などをそれぞれの主な関心として日本語教育の実践や日本語教育に関連した研究に真摯に取り組みつつ、同じ日本語教育者として絶えることなくダイアローグを続けてきました。本書は、そうした日本語教育者たちのダイアロジカルでポリフォニックな「私たち」の報告です。

ディスカッション課題

1　1.2 と 1.3 で、日本語教育における研究と実践の乖離や分離について論じています。ここで論じられていることは実情を反映していると思いますか。また、あなた自身は、自分の中で、研究と実践をどのように位置づけていますか。

2　研究と実践のダイアローグという脈絡で「そうした言語的交通の一契機である発話を「舞台」として、発話の当事者間でいずれもが能動的な対話が行われ、単一で唯一の存在の出来事が生み出される」（p.10 の 12-14 行目）というのは、どのような自覚が必要だとわたしたちに訴えているのでしょうか。議論してください。

3　研究と実践のダイアローグを有効に進めるために、研究者と実践者はそれぞれの立場において、どのような心構えが必要だと思いますか。また、どのような努力をしなければならないと思いますか。また、あなた自身は、研究者として、あるいは実践者として、また日本語教育者として、どのようなことを心がけていますか。

さらに学ぶための参考図書・資料

桑野隆（2021）『生きることとしてのダイアローグ―バフチン対話思想のエッセンス―』岩波書店.

西口光一（2020）『第二言語教育のためのことば学―人文・社会科学から読み解く対話論的な言語観―』福村出版.

西口光一（編）（2020）『思考と言語の実践活動へ―日本語教育における表現活動の意義と可能性―』ココ出版.

第2章

母語話者主義を超えた言語学習とは

VUCA の時代における批判的認識の重要性

義永美央子

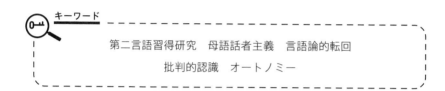

キーワード

第二言語習得研究　母語話者主義　言語論的転回

批判的認識　オートノミー

1　はじめに

　「人間万事塞翁が馬」ということばをご存知でしょうか。一見不幸に思われる出来事が、後から考えると良いことや幸運につながるという意味です。私のキャリアを考えるにあたって、最初の「不幸な出来事」は、中学2年生の時に父親を亡くしたことでした。それまでの私は、将来のことなど考えたこともなく、大学を出て2-3年働いたら結婚するような未来を漠然と思い描いていました。しかし急に父親が亡くなり、その後の母親の様子を見て、結婚をしてもそれで一生安泰に過ごせる訳ではない、生涯にわたって自分で生活するだけの力を身につけないといけない、では自分ができる仕事とはなんだろう、と考え始めました。

　そして私が最初に考えたのは、「ことば、特に読んだり書いたりするのが好き」「世界と関わる仕事がしてみたい」「教えるのは興味があるけど学校の先生になるのはいや」…と言った、自分の好きなことややってみたいこと、苦手なことでした。それを中高生なりに一生懸命に考えた結果、「日本語の先生」に関心を持つようになりました。しかし当時の私には、自分が出した「日本語の先生」という答えが果たして正しいのか、自信がありませんでした。一方で、私が高校生の頃は、ベルリンの壁の崩壊

やルーマニアのチャウシェスク政権の崩壊など、世界的に大きな政治的変動があった時代でした。決して変えられないように思われた壁や制度が、人々が連帯し声を上げることで大きく変わっていくことに私はとても感動し、「日本語の先生」はひとまず置いておいて、大学では政治学を勉強したいと考えるようになったのです。

　しかし実際に大学に入ってみると、大教室で聞く政治学の講義は遠く離れた世界の物語を完全に傍観者として聞いている感覚で、入学時の希望はあっという間に失望に変わってしまいました。そこで、高校の頃に考えていたもう一つの道である「日本語の先生」を思い出し、ダブルスクールで日本語教師養成講座に通い始めました。そして、その養成講座の先生に「若い人が真剣にこの道に進みたいのなら、ぜひ大学院に行ってください」と背中を押され、高校生の頃には夢にも思わなかった大学院進学を志すことになりました。

　大学院に入ってからは、政治学とは全く逆の世界である（ように当時の私には見えた）私たちの日々の生活そのもの、特にミクロな言語使用やコミュニケーションに焦点を当てた研究をしたいと考えました。こうした関心を「日本語の先生」という目標に結びつけるために選んだのが第二言語習得研究、中でもインタラクション研究という分野です。しかし今はそこから少し離れ、自律的な言語学習をどのように促進していくかに関心を持って実践や研究を行っています。インタラクション研究から自律学習の支援というと、ずいぶんかけ離れているように見えるかもしれませんが、私の中では一応つながっていて、両者をつなぐ糸の一つが「母語話者主義」という考え方への疑問です。このことを詳しく説明するために、次節以降では大学院生時代に行っていた研究の概要や背景、そして、大学院を出てから取り組んでいる実践や研究に私自身の問題意識や社会状況の変化がどのように関わっているかを述べます。またそれを通じて、研究や対話を通して培われるメタ的・俯瞰的な視点の重要性を示したいと思います。

2　第二言語習得研究におけるインタラクション研究

　私が大学院時代に取り組んだ第二言語習得研究（以下 SLA 研究）は、「L2（第二言語：筆者注[1]）がどのように習得されるのか、その現象やメカニズムを、実証的データに基づいて科学的に追求する研究分野」（奥野ほか, 2021, p.13）です。私は中でも

---

1)　便宜上「第二言語（L2）」と呼ばれますが、「生まれて最初に習得した言語とは別の言語」がL2と総称されるので、実際には第三言語や第四言語も含まれます（奥野ほか, 2021, pp.12-13）。

特に、インタラクション（interaction）に関する研究を行っていましたが、本節では SLA 研究の中でインタラクションが注目されるに至る研究の流れを概観します。

　SLA 研究は比較的新しい研究分野ですが、その嚆矢として有名なのが、コーダーが 1967 年に発表した「学習者の誤用の重要性（The significance of learner's errors; Corder, 1967）」という論文です。それまでの研究では、学習者の母語と目標言語の規則が異なるにもかかわらず、目標言語を使用する際に母語の規則をそのまま適用することによって誤用が生じる（負の転移）と考えられていました。そのため、言語間の規則を比較し、どこがどのように異なるのかを明らかにする対照研究が多く行われていたのです。これに対しコーダーは、誤用は目標言語の規則を形成するために行う、仮説生成・検証のプロセスの産物だと主張しました。この主張は、母語の干渉では説明できない、母語の異なる学習者に共通した誤用が生じることを説明する根拠となり、その後の誤用分析（error analysis）の隆盛につながっていきます。さらに 1972 年にはセリンカーが「中間言語（interlanguage）」という論文を発表します（Selinker, 1972）。この論文でセリンカーは、第二言語学習者のことばは、母語とも目標言語とも異なる独自の体系を持っていると主張しました。母語（第一言語）とも目標言語（第二言語）とも異なる、その中間にある言語ということで「中間言語」と名付けられたこの考え方は、その後さまざまな言語で検証が行われました[2]。

　このように、初期の SLA 研究は言語そのものや、学習者個人の言語形式の習得プロセスに焦点を当てるものがほとんどでしたが、1980 年代に入ると、ロングのインタラクション仮説（Long, 1981; 1983）やスウェインのアウトプット仮説（Swain, 1985）など、学習者と他者とのインタラクション、すなわち「やりとり」に注目する研究が現れます。インタラクション仮説では、外部から与えられるインプット（言語情報）を学習者にとって理解可能なものにするために聞き返したり言い換えたりするやりとり、すなわち意味交渉（negotiation of meaning）が重要と考えます。さらにアウトプット仮説では、学習者自身が対話者（主として目標言語の母語話者）とのやりとりの中で、自分が産出するアウトプットに含まれる誤りに気づき、アウトプットを対話の相手にとって理解可能な形に修正するプロセスが第二言語の習得を促進すると主張しました。これらの研究では、学習者と対話者のやりとりは、学習者が使用している言語形式と目標言語形式の違いに目を向けさせるために重要と考えられていました。しかし、これらの研究には大きく分けて三つの観点からの批判があります。

2）日本語学習者を対象とした SLA 研究には、長友ほか（2016）、迫田（2020）などがあります。

　第一に、やりとりを情報伝達という側面のみに注目して論じているということです。話し手が持っている情報を正確に滞りなく伝えるというのは確かにコミュニケーションの重要な側面の一つではありますが、私たちが他者とコミュニケーションを行うときには、相手との関係性、当該の話題について何をどれだけ知っているか、お互いの感情など、情報伝達とは異なる関係的な（relational）側面にもさまざまな注意を払っています。これは母語を使用するときだけではなく、第二言語でのやりとりにも当てはまると言えるでしょう。

　第二に、SLA 研究において分析の対象とされるインタラクションでは、話者の少なくとも一人が非母語話者（第二言語学習者）であることが所与の前提とされています。言語教室の中でのやりとり、あるいは初対面に近い話者同士のやりとりでは、参加者が「（非）母語話者であること」「学習者であること」が強く意識される場面が多いかもしれません。しかし、会話や相互行為の研究においては、私たちが何者としてコミュニケーションに参加するか、すなわちアイデンティティは、やりとりが始まる前に固定的に決められているわけではなく、やりとりの進行に応じて変化するダイナミックなものだと考えられています（Gardner & Wagner, 2004）。第三に、本来は多様であるはずの参加者のアイデンティティを「非母語話者」と「母語話者」という二項対立的なものに限定すると同時に、「非母語話者」が常に母語話者に従属した存在として扱われることがあげられます。「非」母語話者という語が端的に示す通り、非母語話者は母語話者が持っている能力を持たない人、何か欠けたところや問題がある人として描かれているのです（大平, 2001）。これらの批判については、本章4で改めて検討したいと思います。

　インタラクション研究への批判は1980年代から行われていましたが（Aston, 1986など）、特に大きな反響を得たのは Firth & Wagner（1997）でしょう。Firth & Wagner（1997）はそれまでの SLA 研究の多くが認知的アプローチに基づくものであったとして、上記のような批判に応えるためには、社会的アプローチに基づく研究が必要だと指摘しました。また、研究者が設定した実験的な状況だけでなく、自然に行われる会話やワークプレイス（働く現場）でのデータ収集を行い、やりとりの中で参加者のアイデンティティがどのように構築されていくかを明らかにすることが重要だと述べ、会話分析の視点を SLA 研究に導入することを提案しました（会話分析については第5章に詳しい紹介があります）。Firth & Wagner（1997）が掲載された学術誌 The Modern Language Journal では、その後複数回にわたって、SLA 研究における認知的アプローチと社会的アプローチの代表的な研究者たちが議論を戦わせています（義永, 2009）。両者の対立は、一時は SLA 研究の中に全く異なるパラレルワールドが存

在するようだ（Zuengler & Miller, 2006）と言われるまでになりましたが、近年は両者を統合する試みも行われています（The Douglas Fir Group, 2016; 義永, 2021a, b でも、これらの議論を紹介しています）。

3　VUCA の時代における言語の学習・教育

　前節では、SLA 研究においてインタラクション（やりとり）が注目されるようになった背景と具体的な研究例、そして、それに対する批判について簡単に説明しました。前節の最後に示した SLA 研究における認知的アプローチから社会的アプローチへの転換は、より大きな枠組みで言えば、20 世紀最大の思想的発見とも言われる言語論的転回（linguistic turn）に基づくものと言えます。「言語の発見」、すなわち、言語は事物を指し示したり伝達したりするだけではなく、意味の産出を通じて現実を構成する実践そのものであることの発見は、20 世紀における思想的な発見の一つであり、これによって実証主義から社会構成主義へと向かう「言語論的転回（linguistic turn）」が生じたと言われています（上野, 2001）。21 世紀に入ると、SLA 研究の中でも社会的転回（social turn: Block, 2003）、多言語的転回（multilingual turn: May, 2013）、二言語・多言語的転回（bi/multilingual turn: Ortega, 2013）など、さまざまな「転回（turn）」が主張されるようになりました（これらの「転回」については、青木・バーデルスキー（2021）所収の諸論文で詳しく説明されています）。

　こうしたさまざまな「転回」が声高に主張されるようになったのは、私たちが大きな変化の時代を生きていることとも関連しています。過渡期・転換期にある今日の世界の特徴は、しばしば VUCA と呼ばれています。VUCA とは、変動性（Volatility）、不確実性（Uncertainty）、複雑性（Complexity）、曖昧性（Ambiguity）の頭文字を並べたもので、先の見通しがつかず、不安定な状況にあることを示しています。VUCA はもともと軍事上の戦略的リーダーシップを定義する中で使われ（U.S Army Heritage & Education Center, 2021[3]）、それが経済やビジネスの現場でも広く言及されるようになったものですが、先行き不透明な状況に置かれているのは言語教育やその関係者も同じです。このような先の見えない状況の中、私たちは時代の波に翻弄されながら、目先の変化を追い続けるしかないのでしょうか。

　難しいことではありますが、私はこのような時代だからこそ、自らの立ち位置や私

3）https://usawc.libanswers.com/faq/84869（2024 年 2 月 4 日確認）

たちが生きている社会の暗黙の前提を捉え直すことが大切だと考えます。つまり、自分や自分の周りにいる人々がどのような過程を経て今ここにいるのか、私たちが当然だと考えていることの背景にはどのような社会構造や価値観があるのかを、メタ的、俯瞰的に考えることです。本章2で紹介した The Douglas Fir Group（2016）は、言語の学習と教育の多面的な特徴を記述するためには、ミクロ（社会的活動）とメゾ（社会文化的制度とコミュニティ）、マクロ（イデオロギー構造）が相互に影響しあっていることを理解する必要があると述べています。私たちが所属するコミュニティで日々行っているやりとりはミクロな社会的活動ですが、その社会的活動が可能になるのは、その背後に社会文化的な制度やイデオロギー構造があるからだと言えます。また反対に、私たちのやりとりを通じて、社会文化的制度やイデオロギー構造が構築されていく側面もあるでしょう。

　こうしたことへの気づきを、何人かの研究者は「批判的認識（critical perspective: Flores & Rosa, 2015）」、あるいは「アウェアネス（awareness: Cenoz et al., 2017）」という用語を使って説明しています。日々の雑事に追われる中でアウェアネスを高めていくのは簡単なことではありませんが、生活の中でのちょっとした違和感を口に出して他の人たちと共有すること、さらに、同じようなモヤモヤを考えている人たちが書いた文章を読むことで、少しずつ目の前の霧が晴れていったり、実際の行動を起こす原動力となったりすることがあるのではないかと思います。私自身も、さまざまな研究者・実践者の議論を読んだり聞いたりすることで目から鱗が落ち、自分の実践の改善や新しい実践方法の導入のきっかけになることがよくあります。VUCAの時代を生きる私たちにとって、対話や研究の価値はこのようなところにあるのではないでしょうか。次節では、さまざまな研究に触れることがどのような気づきや実践の改善につながったのか、私自身の経験をもとにもう少し説明していきます。

4　「母語話者」「非母語話者」の再考

　前にも書きましたが、大学院時代の私は「NS-NNS インタラクション」、つまり日本語の母語話者と非母語話者の二者間のやりとりを分析対象としていました。母語話者と非母語話者のやりとりには、多くの場合「言い直し」や「聞き返し」などが発生します。これらは「意味交渉（negotiation of meaning）」や「コミュニケーションストラテジー（communication strategy）」あるいは「修復（repair）」と呼ばれ、第二言語を用いたコミュニケーションをスムーズにしたり、第二言語の習得を促進したりする役割があると考えられています。私はこれらを含むやり取りのデータを、主に

擬似実験的状況で集めていました。ここで言う擬似実験的状況とは、調査者が調査協力者 2 名（そのうち 1 名は母語話者、もう 1 名は非母語話者）を引き合わせ、話題や話す時間などをあらかじめ設定した上で、話している過程を録音または録画するというものです。ある程度会話参加者の関係性や話題をコントロールすることで、複数のペアの会話を比較可能にするといったメリットがあるのですが、当時発表されたばかりだった Firth & Wagner（1997）を読み、擬似実験的状況ではなく、調査者が介入しない自然状況でのやり取りを分析する必要があるのではないかと考えるようになりました。

　そこで、私は留学生の後輩に頼んで、一番仲良しの友達とのおしゃべりを録音してもらうことにしました。そうして入手した録音データを聞いてみたところ、そこで行われているやり取りは、私がそれまで分析していたやりとりとは全く異なるものでした。私がそれまで分析していたやりとりでは、「意味交渉」に加え、「○○さんの国ではどうですか？」といった出身国に関する質問や、母語話者の方が会話を主導しようとする傾向が頻繁に見られたのですが、友人同士のやり取りにはそうした特徴は全くありませんでした。そこにいる 2 人はあくまで「仲のいい友人」であり、1 人が日本語学習者 / 非母語話者で、もう 1 人が日本語母語話者であることを明確に示すような会話上の特徴は何ら観察されなかったのです。残念ながら、当時の私にはこのデータをうまく扱う力量がなく、データはお蔵入りとなり、私は「留学生が日本人に対してインタビューをする」という、比較的自然状況に近いけれども参加者の母語話者性・非母語話者性が前景化されやすい場面でのデータを集め直して博士論文にまとめました。しかし、人間のアイデンティティが色々ある中で、日本語非母語話者・学習者であることだけに焦点を当てることへの違和感は、その後の私の研究に大きく影響することになりました。

　こうした違和感は、決して私だけが感じていたものではありません。「非母語話者」「母語話者」という区別については、本章 2 でも述べたように、母語話者が非母語話者の言語使用の基準や目標であるとみなす考え方（母語話者主義：native-speakerism）への疑問や批判が広く提起されています（大平, 2001; Holliday, 2006 など；本書第 12 章も参照）。母語話者を基準とすることで、ある言語が使用される環境で生まれ育った人だけがその言語に関する完全な能力を持つとみなされてしまい、幼少期までに当該言語に触れていない人（非母語話者）は、どれだけ努力しても決して母語話者並みの能力を持つことができない従属的な存在とされてしまうという大きな問題があるからです。

　この問題は、私たちに色々なアウェアネスをもたらしてくれます。一つは、母語話

者主義の考え方が普及することによって、私たちの言動が知らず知らずのうちにそれに影響を受けたものになっているのではないか、ということです。Holliday（2006）は、英語教育（ELT）の現場において西洋の英語圏に属さない人々（非母語話者）を「ヨソ者（other）」とみなす傾向があり、そうした人たちの文化に対して「依存的で集団主義的である」といった、西洋英語圏の考え方からすると否定的なレッテルを貼った上で、西洋英語圏で正しいとされるやり方に矯正する（correct）というイデオロギー的・偏見的性質があること、そして、そうした傾向が英語教育専門家の話や各種の報告書、教員養成・研修の現場で繰り返されていることを指摘しています。本章3では私たちが日々行っているミクロな社会的活動の背後に社会文化的な制度やイデオロギー構造があると同時に、私たちのやりとりを通じて社会文化的制度やイデオロギー構造が構築されていく側面もあることに言及しましたが、Holliday の指摘はまさにこのことを示していると言えるでしょう。日本語教育の現場を振り返っても、「日本では〜する」「日本人は〜とは言わない」のような言い方で、非母語話者・学習者の言動を「日本的なやり方」に合わせるように強制しているきらいはないでしょうか。単に「日本的なやり方」への適応を強いるのではなく、その人らしいことばづかいを模索したり、複数のことばが交差することで生じる創造的なことばづかいを肯定的に捉えたりすることが重要なのではないかと思います。

　もう一つのポイントは、「母語話者のようになること」を目指すのではないとしたら、第二言語・外国語の学習は何を目指せばよいのか、ということです。これに対して、ヨーロッパ評議会が提唱した「欧州言語共通参照枠（Common European Framework of Reference for Languages: 以下 CEFR）」は社会的行為者そして部分的能力という概念を示しています。社会的行為者とは「社会的に行動する者・社会的存在」を意味し、各自がそれぞれの具体的な能力を戦略的に用いて行動し、一定の結果を出すことを重視します（Council of Europe, 2001/2004）。この考えでは、ある言語の完全な熟達度に達することよりも、一人一人が手持ちのリソースを駆使して行動し、目的を果たすことが言語学習の目標とされるのです（これを行動中心アプローチ action-oriented approach と呼びます）。もしかするとその人の能力は限定的な範囲になる（例えば、新聞は読めてもくだけた会話はできない、など）かもしれませんが、その人の「したいこと」が遂行できるのであれば、そうした部分的な能力も肯定的に捉えられます。近年は行動中心アプローチに基づいてさまざまな「できること」の一覧（Can-do リスト）が開発されていますが、より重要なことは、一人一人の学習者が実際に「何ができるようになりたいのか」をよく考えることだと思います。学習したい言語は同じでも、その言語を使って論文を読みたいのか、映画やドラマを見たいのか、

友人と会話を楽しみたいのか、「したいこと・できるようになりたいこと」は人によって違うはずです。こうした一人一人の「したいこと・できるようになりたいこと」こそ、これからの第二言語・外国語学習の目標となるのではないでしょうか。これに関して、CEFR の中で重視されているのが「オートノミー（autonomy: 自律性）」という概念です。次節ではオートノミーの概念と学習者オートノミーを育てるための教師の役割について検討していきます。

5　学習者オートノミーと教師の役割[4]

　国境を超えた人の移動が増加するにつれて、言語や文化に関する学びの重要性が指摘されるようになりました。またヨーロッパを中心に、二度にわたる世界大戦への反省から、社会の現状や歴史的背景を理解して責任ある行動をとることができる市民を育てるためには、教育が民主化されなければならないという主張をもつ人が増えました（Brumfit, 1984）。そのための方法として重要視されるようになったのがオートノミー、すなわち「自分自身の学習を管理する能力」（Holec, 1981; 青木・中田, 2011）です。オートノミーの理念は欧州評議会の開発した CEFR の理論的根拠の一つとされています。

　また、学習者の自律的・主体的な学習をどのように支援・促進すればよいかという点から、教師の役割についても再考が求められるようになりました。梅田（2005）は、クラントン（1992/1999）の成人学習論に基づき、教師の役割を表1のように整理しています。梅田（2005）によると、学習への取り組み方が、教師が決定権を握る「他者決定型学習」から学習者自身による「自己決定型学習」へ、そして「相互決定型学習」の段階へと進んでいく中で、教師の果たすべき役割は変化していきます。他者決定型学習の段階では、教師は「専門家」として講義をしたり、「計画者」としてコースデザインや教材開発を行ったり、「教授者」として直接指示・指導をしたりする役割を担います。一方、自己決定型学習の段階では、「ファシリテーター」として学習や対話を促したり、「情報提供者」としてリソースの所在などの情報を提供したり、「学習管理者」として学習の記録を管理したりします。またこれらの段階を通じて、教師は直接的または間接的に、学習者にとっての「モデル」となるのです。さらに相互決定型学習の段階では、教師側の指導や助言に学習者が従うだけでなく、学習者が最終的な決定権をもって選択できるような双方向性のある関係性になっていきます。相互

---

4)　本節の記述は、義永（2018）の記述に加筆修正したものです。

表 1　教師の役割（梅田, 2005, p.71）

役割	主な特徴	使う場面	
専門家	• 専門知識を伝える	• 詳しい説明と洞察を提供する • 学習者に学習経験がない • 教材を開発する	他者決定的
計画者	• 企画する	• 学習者に学習経験がない • 教材を開発する	
教授者	• 何をすべきか教える • 指示する、指導する	• 特定の技能に関する目的がある • 学習者に学習経験がない	
ファシリテーター	• ニーズに応える • 奨励する、援助する	• 学習者が自己決定的である • 学習者に学習経験がある	自己決定的
情報提供者	• 教材を提供する	• 個別的な一括プログラム • 上級学習者	
学習管理者	• 記録する、評価する、準備する	• 個別教育と遠隔教育 • 学習者が自立している	
モデル	• 行動や価値観のモデルになる	• ほとんどの場合（特に価値観や複雑な認識にかかわる学習）	相互決定的
メンター	• 助言する、指導する	• 長期にわたる関係 • 個人が互いに認めあって、それぞれ自立している	
共同学習者	• 学ぶ、学習者とともに計画する	• 教育者と学習者が到達目標を共有する • 上級学習者	
改革者	• 問い直す、問いを引き出す、意識を変容させる	• 到達目標が個人の意識変容や社会の変化である • エンパワーメントをめざす	
省察的実践者	• 実践を検討する • 考え方や理論を展開する	• どんな場合にも	
研究者	• 観察する • 仮説を立てる • 実践の理論を作る	• どんな場合にも	

決定型学習のサポートにおいて、教師は「メンター」として個人に助言したり、「共同学習者」となって学習者集団の一員となって活動したり、「改革者」としてエンパワメントを行ったりするわけです。ただし、これらの学習段階や役割は直線的・一方向的に進むものではなく、同じ時期に複数の段階や役割が現れる場合もあります。例えば、教室でディスカッションを行う際に、学習者の意見表明を促す「ファシリテーター」としての役割を担い、ディスカッション終了後に「専門家」としてコメントを述べるような場合です。また、「内省的実践家」として自らを振り返りその結果を教育実践に

生かすことや、「研究者」として学習者の協力を得て教育実践の発展に寄与することも教師の役割とされています（梅田, 2005, p.71）。

　このように考えると、あらかじめ決められたシラバスや教科書に沿って日本語の規則や使い方を教えるだけでなく、何のために学ぶのか、何ができるようになりたいのかといった目標設定から、学習の計画や実施、目標や計画に沿った学習活動ができているかの評価や振り返りといった一連の過程に学習者とともに取り組み、伴走者として学習者を支援することも教師の重要な役割と言えるのではないでしょうか。2018年に文化審議会国語分科会が発表した『日本語教育人材の養成・研修の在り方について（報告）』[5] においても、日本語教師に求められる資質・能力として「学習者の自律学習を促進し、主体的に学ぶ力を育てるための教育実践ができる」(p.25, 26)、「学習者の自律学習を促進し、主体的に学ぶ力を育てようとする」(p.25, 26, 28) といった項目が含まれており、こうした力量を持った日本語教育人材の養成が課題とされています。私は日本語教育者の一人として、学習者の自律的な学びを支援する役割を果たせるようになりたいと考え、この数年にわたり、新しい授業の開発に取り組んできました。次節ではこうした取り組みについて簡単にご紹介します。

6　学び方を学ぶ ── 学習者オートノミーを育む授業の実践

　この節では、私がここ数年取り組んでいる、学習者オートノミーの育成を目標として、受講生が学習したい言語を一つ選び、自分で目標設定や計画を立てて学習を進めていく授業を紹介します。これは「第二言語学習方法論」という授業で、大阪大学の学際融合教育科目（全研究科の大学院生を対象とし、複眼的視野を養うための横断型教育を実施する科目群）の一つとして、2020 年度春〜夏学期に開設されました。この授業の目標は、「第二言語の学習・習得過程及び学習者オートノミーや自律学習に関する知識を得る」「言語学習の目的や過程を理解し、自律的・主体的な学びを促進する技術を習得する」「受講生自身の第二言語学習を振り返り、常に学び続けようとする」の三つです。教材としては、青木（2013）を採用しました。青木（2013）は、第二言語の使用や学習に関する研究成果に基づきながら、目標の設定、現時点での自分の能力の評価、学習計画の作成、モチベーションの維持のように、第二言語学習を自律

---

5)　2019年にはさらに改定版の報告書が発表されています。 https://www.bunka.go.jp/seisaku/bunka shingikai/kokugo/kokugo/kokugo_70/pdf/r1414272_04.pdf（2024 年2月4日確認）。

的に行う過程を段階に分けて紹介しています。また、各章にエクササイズの項目が置かれ、実際的かつ具体的に各自の学習を振り返り、計画的な実行が可能になるように配慮されていることから、この授業の教材として最適であると考えました。

表2　第二言語学習方法論の授業構成

回	授業項目	内容
1	オリエンテーション	授業の進め方の説明 PC・インターネット利用環境調査
2	外国語学習の科学（1）	言語適性、性差、認知スタイル、学習スタイルに関する講義と討論
3	外国語学習の科学（2）	学習者の態度・感情、動機づけ、学習ストラテジーに関する講義と討論
4	言語学習の目的	目標言語の決定、「目標言語ができるようになった私」を考える
5	今できることの評価	CEFR に基づく能力の自己評価
6	目標を設定する	中期目標、短期目標の設定
7	課題達成能力を上げる	課題達成能力の構成要素の検討、これまでの学習方法の振り返り
8	学習計画	学習計画の設定
9	学習計画のシェア・リソースを選ぶ	各自が考えた学習計画の共有、目標と計画に合った学習リソースの選択
10	リソースの使い方を考える	各自が探したリソースの紹介、効果的な使用方法の検討
11	学習計画の振り返り	学習の進捗確認、課題や悩みの共有、相互アドバイス
12	よくある困難の克服法	前回示された悩みの解決法の検討
13	やる気を維持する	やる気を維持し学習を継続させる方法の検討 学内で利用できる言語学習サポートの紹介
14	最終まとめ・振り返り（1）	授業で学んだことの振り返り
15	最終まとめ・振り返り（2）	学びの自己評価・レポート提出

　全体としては90分の授業15回で構成されており、具体的な流れは表2の通りです。初回にオリエンテーションとして授業の概要を説明した後、第2・3回は「外国語学習の科学」と題して、言語適性や学習スタイル、動機づけ、学習ストラテジー、学習者の個別性などのトピックに関する講義とディスカッションを行いました。第4回から第13回は、青木（2013）を参考にしながら、受講生各自が選択した目標言語の学習を自己主導的に進めるための各種の課題に取組み、その結果を受講生間のグループワークやクラス全体のディスカッションによって共有しました。第14・15回は個々

の学習活動の振り返りと総括に関する課題を示し、個々のペースで課題に取り組み提出する、非同期型の授業として実施しました。2020年度と2021年度は8名、2022年度は4名、2023年度は7名の大学院生が受講しましたが、大学院の共通教育科目のような性格を持っているので、人文学系だけでなく、社会科学系や理系の研究科に所属する学生も受講しています。また、これまでの受講生合計27名のうち13名が留学生、14名が日本人学生で、授業で学習した言語は英語14名、日本語3名、イタリア語・ドイツ語・韓国語・ロシア語各2名、フランス語・中国語各1名と多岐にわたります。

　義永（2021c）はこの授業の受講生が書いた振り返りレポートを分析し、「受講生は本授業での学習事項と以前から持っていた知識や信念を関連付けて〈言語学習に関する知識の獲得・深化〉や〈言語学習に関する信念の転換〉を実感していた。また、〈自らの言語学習上の特性の（再）認識〉ならびに〈多様な学習方法の発見〉を通じて、〈新しい学習習慣の獲得〉に至ることが明らかになった。〈多様な学習方法の発見〉は、授業担当講師の講義のみならず、〈仲間との関わり〉を通じて達成されていた。〈仲間との関わり〉はさらに、有能感の強化や動機づけの維持にも貢献していた。」（p.81）と述べています。〈　〉で括られた文言は、レポートを分析して得られたカテゴリーを示していますが、具体的には表3のような記述が観察されました[6]。

　この授業を数年間実施してみて、私自身も気づいたり、学んだりすることが多くありました。一つは、一言で大学院生といっても非常に多様な学習ニーズがあるということです。この授業には、ロシア語の詩が好きでロシア語を学ぶ、eスポーツの実況を生で聞くために韓国語を学ぶ、専門（法学）の勉強のためにドイツ語を学ぶなど、さまざまな「好きなこと、したいこと」のためにさまざまな言語を学ぼうとする方が参加してくれました。また、私はロシア語や韓国語やドイツ語は全くわかりませんが、「何がしたいか」「今何ができるか」を話しあって中長期的な目標と短期的な目標を決める、使用するリソースや学習方法を決める、計画を立てる、計画に従って学習を進める、進捗を確認して必要に応じて改善方法を考える、といった一連のプロセスを示して伴走することで、それなりに彼・彼女らの背中を押すことができました。さらに、お互いの学習の進捗や学習言語の特徴などを話し合うことで、受講生の間に「学び合う関係性」が生まれ、そのことが受講生にとって大きな学習の原動力になることもよ

---

6)　具体的な記述例には、義永（2021c）で引用した2020年度の受講生の記述に加えて、2021年度・2022年度の受講生の記述も含めています。また、表3の具体的な記述例の表現は、受講生が書いたものをそのまま引用しました。

表 3　第二言語学習方法論の受講生が学んだこと

カテゴリー	具体的な記述例
言語学習に関する知識の獲得・深化	● can-do の評価方法に対しても疑問を呈していたが、結果でなくプロセス重視であることを学び納得することができた。
言語学習に関する信念の転換	● 昔、言語学習には「語学のセンス」によって決められるところが多いと深く信じており、「センスのある」語学者はできる人であり、「センスのない」人は決して比べ物にならないと断言したことがあるが、そんなに簡単に分けられるはずではないことが、この授業を通じてわかるようになった。
自らの言語学習上の特性の（再）認識	● 自分は英会話学習をするなかで、言語適性が無い方だと思い、半ば諦めつつ学習を続けていたが、それは学習スタイルと学習法のミスマッチの可能性があり、これからより学習を加速できるのではないかと再び自信を取り戻すことが出来た。
多様な学習方法の発見	● みんなの学習経験や計画を聞いたら、言語学習にこんなに多様なやり方があるんだと考えた。 ● 当授業を履修するまで、中高の学生生活で利用した学習リソース以外は詳しく知らなかった。そのため、文字ベースの個別学習型リソースにのみ焦点を当てており、それが言語学習に対する忌諱感（原文ママ：筆者注）につながっていた。しかし、聴覚型、身体動作型、グループ学習型などの多様な学習リソースの存在を知り、実際に利用することで自分には聴覚型が適していることに気づいた。また、一つが自分に合わなくても、その他の多様なリソースの存在を認識していれば、言語学習のモチベーションを低下させることなく自身に最適なリソースを探すことができる。このように学習リソースの多様性を理解することで言語学習の幅が広がり、余裕が生まれた。
新しい学習習慣の獲得	● 自主的に学習計画を立てることについて、授業で大きな影響を受けた。英語と日本語の学習歴を振り返ると、学習計画をたてたことがない。自身の目的に基づき、長期計画、短期計画を立てることで、学習スピードと進捗度を確認することができた。 ● 単語学習の方法についても、自己分析をすることで、自分が楽しい！続けられる！と思える方法を模索することが出来るようになった。今までは、単語をひたすら発音しながら書くといった機械的な方法をとっていたが、自己分析をしてみるとそれでは毎日続いていないことに気が付いた。［中略］同じ単語に何度も出会うことが重要だから、毎日単語帳を見るだけでもいいのではないか？、学習と行動を結び付けられないか？自分が得意な聞くことを活かした単語学習リソースはないのか？など、学習方法に対して柔軟な発想が出来るようになった。その結果、学習を習慣化することに成功した。
仲間との関わり	● 授業に出て自分の学習の進捗を話したり、悩みを共有したりすることが、こんなにモチベーションに関わってくるとは思わなかった。 ● 授業中に他の学生と成果を報告し合ったりする機会があったので、何か話せることを作らなきゃと思い、その思いが行動を促す一因だったと思う。

くわかりました。

　もう一つ印象に残っているのは、「言語学習がこんなに楽しいものだとは思わなかった」という受講生のことばです。実はこの授業を始める前、この授業の対象は大阪大学の大学院生ですから、いわばすでに自分なりの学習スタイルを持っている「言語学習の成功者」であり、そんな人にわざわざ学習の方法を教える方法があるのか、というコメントを頂いたことがありました。しかし実際に授業を行ってみると、彼・彼女らの多くは試験に通るための勉強しかしたことがなく、言語学習について「嫌だけどやらないといけないこと」「間違ったら減点される」「自分は適性がない」などと考える人もいることが徐々にわかってきました。ところが、自分のやりたいこと・できることを中心に据えて、自分に合った学習方法で自分のペースで学習を進めてよいとなると、みんな本当に生き生きと学習に取り組んでくれます。授業が終わった後も一緒に勉強したいからといって連絡先を交換する様子や、言語学習だけでなく他のいろいろなことにもこの授業で学んだことが応用できそうだというような声を見聞きすると、とても嬉しく思います。

　この授業の開設と同じ時期に、大阪大学には OU マルチリンガルプラザ（以下、プラザ）という言語学習のためのセルフアクセスラーニングセンター（SALC）がオープンしました（義永ほか, 2021; 2022）。プラザでは日本語・英語だけでなく、大阪大学で開講されている 25 言語の自律的な学習をサポートするいろいろな取り組みを行っていますが、この授業を受けた大学院生がプラザのサービスを利用したり、学生スタッフとして活動に参加したりする循環が生まれつつあります。Murray（2018）は岡山大学におけるセルフアクセスセンターの取り組みを、複雑でダイナミックな生態社会システムとして機能するソーシャルラーニングスペースと位置付け、このようなシステムを発展させるためには、学生同士の交流や参加者間の相互扶助的な関係が不可欠であると指摘しています。大阪大学でも、本章で紹介した授業の受講生がプラザの活動に参加する流れを促し、学生同士の交流や相互扶助を発展させるという好循環を継続させることによって、相互に学び合うコミュニティの構築につなげていきたいと考えています。

7　おわりに

　本章では私自身の研究・実践上の問題意識の変遷を紹介し、母語話者・非母語話者のような一見「当たり前」の想定を捉え直すための批判的認識・アウェアネスの重要性を指摘しました。また、「母語話者のようになる」に代わる言語学習上の目標として

「学習者自身のしたいこと・できるようになりたいこと」に着目し、学習者オートノミーに基づく学習を促進するための実践例を紹介しました。

　冒頭で私は「人間万事塞翁が馬」ということばを引用しました。私の個人的な経験において、「父親を早く亡くしたこと」は間違いなく不幸なことでしたが、そのために比較的早い年齢から自分の将来について真剣に考えることができました。また、「政治学を専攻したこと」も、当時は選択を間違ったと思っていましたが、言語の学習や教育を取り巻く社会文化的制度やイデオロギー構造の重要性に目を向けることができたのは、学部生の頃に学んだことや読んだ本の影響も大きいと思います。考えてみれば、私たちが従事する実践も、私たちの生活や人生そのものと同じように、自分一人ではどうにもできない事態への対処や迷いを伴う選択の連続だといっても過言ではありません。ともすれば独りよがりになったり、目の前のことに囚われたりすることも多いですが、長い目で見た時に「これでよかった」と思えるような納得感のある選択や決定を行うためには、広い視野を持って考えることが非常に重要だと思います。研究や対話を通して培われるメタ的・俯瞰的な視点は、こうした点でも意義のあるものと言えるのではないでしょうか。

付記

　本章は筆者が 2023 年 2 月に中東・北アフリカ日本語教育シンポジウム（JLEMENA 2023）で行った講演「VUCA の時代における言語の学習・教育を考える―オートノミーと教師の役割―」にもとづくものです。また、本章の執筆にあたり、JSPS 科研費 19K00708・20K00713・23K00607 の助成を受けています。

ディスカッション課題

1　あなたはなぜ、日本語教育の実践や研究をしようと考えるようになりましたか。日本語教育の実践や研究に取り組むことと、あなたの人生はどのように関わっていますか。

2　日本語を第一言語とする人と、第二言語とする人がペアになっている会話を録音して聞いてみましょう。その会話にはどのようなアイデンティティが現れているでしょうか。

3　あなたが関わっているコミュニティ（例えば職場、学校、趣味のサークルなど）を一つ取りあげてください。そこではどのような活動が行われていますか。また、その活動には、どのような社会文化的な制度やイデオロギーが影響を与えているでしょうか。

4　外国語／第二言語を学んでいる／いたとき、あなたは何ができるようになりたいと思っています／いましたか。日本語または他の言語を教えている人は、あなたの学生は何ができるようになりたくてその言語を学んでいるかも考えてみてください。

5　p.24 の表 1 に示した教師の役割を見てください。あなたが今までに出会った先生は、これらのうちどの役割を果たしていましたか。もしあなたが教師なら、あなた自身がどの役割を果たしているかも考えてみてください。この表に書かれたもの以外に、教師の役割と言えるものがないかも話し合いましょう。

さらに学ぶための参考図書・資料

田中望, 春原憲一郎, 山田泉（2012）『生きる力をつちかう言葉—言語的マイノリティが
"声を持つ" ために—』大修館書店.

Anderson, B. (1991). *Imagined communities: Reflections on the origin and spread of nationalism.* Verso.
アンダーソン, B.（2007）白石隆, 白石さや（訳）『定本　想像の共同体—ナショナリズ
ムの起源と流行—』書籍工房早山.

Burr, V. (1995). *An introduction to social constructionism.* Routledge. バー, V.（1997）田中一彦
（訳）『社会的構築主義への招待—言説分析とは何か—』川島書店.

Fromm, E. (1941). *Escape from freedom.* Farrar & Rinehart. フロム, E.（1965）日髙六郎（訳）
『自由からの逃走』東京創元社.

Mercer, S., & Dörnyei, Z. (2020). *Engaging language learners in contemporary classrooms.*
Cambridge University Press. マーサー, S., ドルニェイ, Z.（2022）鈴木章能, 和田玲（訳）
『外国語学習者エンゲージメント—主体的学びを引き出す英語授業—』アルク.

第3章

日本語教育における言語観の再検討

自他関係に支えられる発話行為とナラティブ的現実

佐川祥予

キーワード

言語観　対話　自己　他者　ナラティブ

1　はじめに

　筆者は、日本語教育を主なフィールドとして、相互行為分析やナラティブ分析およびそれらに関連する言語観や能力観を検討しています。研究のきっかけとなったのは、学習者との日々の交流の中から生じたさまざまな気づき —— 初級学習者の豊かな言語活動の様相をどのようにとらえるか、コミュニケーションの本質を探究しつつ導き出される有益な授業活動とは何か、教育者は実践と理論をどのように往還するべきかなど —— です。実践現場での気づきは曖昧としたものであることが多く、とらえづらいものです。時間をかけてその人の実践知になっていくかもしれませんが、そうならずに見落とされてしまうこともあるでしょう。そうした日々の気づきを丁寧にすくい上げ、理論的基盤を築き上げていく作業は、言語の教育に携わる者にとって、とりわけ重要ではないでしょうか。曖昧とした事象を言語化すること、そして、論理的に理解し、他者へ共有していくこと、こういったプロセスは、学習者にも教育者にも、大切なことであると思います。

　教育者側がどのような言語観を持つのかによって、学習者のコミュニケーション過程の見え方は異なってきます。また、教室でどのような言語活動を設定したらよいか、

といったことを考えていくことにも繋がります。本章では、言語活動をどのようにとらえるかを考えていく糸口となるようないくつかの視点を先行研究とともに示したいと思います。これから言語の教育・研究に携わる人や、コミュニケーションについて考えてみたい人などにとって、役立つ視点を提供できればと思います。

2　ことばとは何か──L. S. ヴィゴツキーとM. M. バフチン

2.1　ラングとパロール

　言語活動をどのような事象としてとらえるのか。非常にシンプルな問いですが、その答えは一様ではなく、研究者によって視点も立場も異なります。今、ここでは、ラングとパロールという観点から、異なる立場を示してみます。ラングを重視する立場とパロールを重視する立場があります[1]。前者は、F. ソシュール[2] によって示されたものです。ソシュールは、規則性のある抽象的な言語知識の体系（ラング）を重視しており、ラングは社会的な性質を持つものと考えていました。また、パロール（発話）を均質性がなく個人的な性質のものととらえていました。このようなラングを重視する立場は、言語学や言語教育で今も根強く残っています。その一方で、M. M. バフチンの提示した言語観は、パロールの言語学をかたち作るものでした。バフチンは、実際の言語使用というパロールこそが言語の本質であると考えており、パロールの持つ社会的で歴史的な側面を重視していました。言語を抽象的に物象化してとらえることはできないという立場です。バフチンの言語観は日本語教育学において、すでに示されており、教育者にとっての有益な視点も提供されていますが、まだ一つの潮流を成すには至っていません[3]。筆者は、バフチンの言語観に主に依拠しながら、言語を静的なものとしてではなく、発話行為というダイナミックな現象としてとらえる立場から、以下、論を進めていきます。

---

1)　詳しくは、ロッジ（1990/1992）、Holquist（1981）、バフチン（1986a/1980）を参照。

2)　ソシュールの言語観は、19世紀末から20世紀前半に生じた言語観の転換（言語論的転回, linguistic turn）を生み出しました（第2章参照）。言語論的転回によって、言語そのものが着目されるようになりました。ごく大雑把に言うと、転回以前は、言語が意味や事物を写しとるものとしてとらえられていましたが、転回以降は、言語が私たちの意識を構成し現実世界に意味を与えるという考え方に変化しました。さらにその後は、また別の転回を迎え、人文社会科学分野全体において、言語の使用の側面が重視されるようになっていきました。

3)　日本語教育学においては、西口（2013; 2015）がバフチンの言語観を示し、対話原理にもとづく自己表現活動の教育枠組みおよび実践を提示しました（第1章、第10章参照）。

2.2　ヴィゴツキーとバフチンが残したもの

　L. S. ヴィゴツキーと M. M. バフチンを手掛かりに、ことばとは何かを考えてみます。心理学者のヴィゴツキー（1896-1934）と、哲学や言語学などの分野で活躍したバフチン（1895-1975）は、今日でも、人文社会科学の幅広い分野に影響を与え続けており、二人によって残された理論は今なお、色褪せていません。また、二人には共通した言語観があることもしばしば言及されます。その一つの例として、社会文化的アプローチがあります。この点に詳しい J. V. ワーチの著作を以下、見てみましょう。

　ワーチ（1998/2002）は、社会文化的（sociocultural）アプローチの目的を、人間の行為と、その行為が生起している文化的、制度的、歴史的文脈との関係を解明することにあると述べています。このアプローチの前提には、人間が「媒介手段（mediational means）」を用いて行為をし、その媒介手段が行為を方向付けているということがあります（ワーチ, 1991/2004）。媒介手段とは、道具や言語のことです。ヴィゴツキーは、事物そのものを変化させる手段を技術的道具、自分自身や他者の心理・行動に働きかける手段を心理的道具[4]と述べています（ヴィゴツキー, 1997a/1987）。心理的道具の中でも、言語はとりわけ非常に高度で文化的な道具で、私たちが日々絶え間なく使用しているものです。媒介手段は人間が生み出したものですから、媒介手段そのものが、文化的、制度的、歴史的な要素を持つものです（ワーチ, 1998/2002）。ワーチは、こうした媒介手段を用いた私たちの行為の社会的性質に着目し、行為者と媒介手段に焦点を当てて人間の行為を研究しています。ワーチ（1991/2004）は、ヴィゴツキーとバフチンのいくつかの共通点を指摘しています。媒介手段という考え方のみならず、人間の活動と記号（言語）の関係、人間の精神機能とコミュニケーション過程の関係、人間の精神機能を発生的な視点から理解すること、といった重要な観点について共通性が見られることは、興味深いと思います。

　言語観に関する議論とは、このように、人間の生の営みの観点から取り組む姿勢が求められるものであると考えます。日本語教育学では、西口編（2005）において社会文化的アプローチが提示されましたが、そのアプローチの根幹にある言語観についての議論は十分になされてきてはいません。今、改めて、言語観の検討のために、ヴィゴツキーやバフチンの思想に向きあうことが必要だと考えます。

---

4)　ヴィゴツキーは、心理的道具として、言語や記号、数式、芸術作品、図表、地図、設計図などを挙げています。例えば、何かを記憶するという場面では、単にそのまま記憶するのと、記憶を助ける道具（記号や図など）を用いて記憶するのとでは、記憶という活動の範囲や質に差が生じます。心理的道具を媒介することで、私たちの活動は拡張し、知的かつ複雑なものとなります。

2.3　「ことばを使って、自分の考えを相手に伝える」──「ことばを使って」

　筆者は、先述のヴィゴツキーやバフチンの言語観に立つと、言語活動というものが異なった視点から見えてくると考えます。そのことを、「ことばを使って、自分の考えを相手に伝える」というありふれた日常の場面を例に考えてみましょう。

　まず始めに、「ことばを使って」という部分に、注目してみたいと思います。

　ヴィゴツキー[5]は『思考と言語』の中で、思想を雨雲に、ことばを雨雲から降り注ぐ雨に、そして、思想の背後にある動機を雲を動かす風に喩えています[6]。ことばを理解するという行為は、雨雲、雨、風の全体をとらえることを指しています。いわゆる、行間を読むとか空気を読むといった行為を思い浮かべればよいでしょう。文字通りのことばの意味を見るのではなく、相手が「言わんとしていること」を汲みとるという行為を私たちはごく自然に行っています。この言外にあるものを、ヴィゴツキーは、ことばの背後にある意図として「ポドテキスト（内面的意味、subtext）」と呼んでいました。または、「内言（inner speech）」とも言います。内言とは、内的なことばのことで、心の中で何かを思い浮かべたり、自問自答したりする際に、自分自身に向けられることばのことです[7]。中村（2004）は、感情的なものや知的なものを含めた統合的なイメージが内言の意味を構成していると述べています。つまり、内言はイメージのようなかたちで存在するもので、その場の思いつきの考えや、ぼんやりとした体験といったイメージ的なものも内言に含まれると言えるでしょう。一方、「外言（outer speech）」は、私たちが日常的に行っている発話のことで、他者に向けられる音声を伴う発話を指します。

　バフチンも、内言に着目していました。バフチン（1986a/1980）は『言語と文化の記号論』の中で、外言と内言を連続したものとしてとらえ、内言を海に、そして、その海の中から浮上した島を外言に喩えています。バフチン（1986a/1980）によれば、発話行為は内言と外言をひとまとめにした総体であり、コミュニケーションでは、私たちは、ことばそのもの（外言）ではなく、ことばの背後に込められた意味（内言）を見ていると言います。その内容が、本当なのか、大切なことなのか、良いか悪いか、といった具合です。

---

5)　教育の分野では、ヴィゴツキーの「最近接発達の領域（zone of proximal development, ZPD）」がよく知られています。近年、教育現場でよく聞かれる「協働」という用語は、ヴィゴツキーのZPDに由来するものです。

6)　ヴィゴツキーの言う動機とは、情動や意志といった人々の意識のことを指し、思想の源となるものです。

7)　自己に向けられた発話では、話のテーマや方向性、結末の了解のプロセスが必要ないため、文法や音声は、「最大限に単純化され、凝縮し、最小限」（ヴィゴツキー、2012/2001, p.414）必要なレベルで表されます。

　以上のように、ことばを使うということは、内言と外言の領域を含むダイナミック
な活動であり、言語の教育や研究にあたっては、そうした視点が重要となります[8]。ご
く当たり前のことのように思われますが、ともすると、教育や研究では、言語を対象
物として眺めてしまい、言語を行為としてとらえるという視点がしばしば見落とされ
ます。静的な事物としてではなく、一つの活動の総体として、言語をとらえていくと
いう視点は、常に言語の教育に携わる者が意識的に認識しておくべき事柄だと思いま
す。

2.4　「自分の考えを相手に伝える」── 自己の形成、経験の構成

　2.4および2.5では、「自分の考えを相手に伝える」という部分について、自己と他
者をキーワードに考えてみたいと思います。「自分の考え」というのは、本当に自分の
ものなのか、「相手」には誰が含まれているのかを考えます。

　まず、先述の内言と外言を人間の発達の観点から見ていきます。ヴィゴツキー
（2012/2001）は、子どもの思考が言語活動と共に発達していくことを指摘していま
した。その過程は、外言から内言へ、あるいは、精神間機能から精神内機能へという
道筋で表すことができます。これは、他者とのやり取りを内化し、次第に、自らの内
面でも高度な思考活動を行う発達した精神を持つ人へと成長していくことを指してい
ます。つまり、社会における振る舞いや態度、そして、さまざまな言語的な思考様式
を個人の中に取り込んでいき、人は成長していくということです。さらに、人の成長
は、人格の形成とも関係しています[9]。個人の中へ内化される他者とのコミュニケー
ション過程は、内化された後、今度は、自己との対話というかたちで存在し続けます。
ヴィゴツキー（1997b/2005）は、私たちの精神的な活動は、疑似社会的なものであ
り、人格も社会的なものであると述べています。

　バフチン（1986a/1980）も、以下のような、外的なものと内的なものという興味
深い議論を展開しています。バフチンもヴィゴツキーと同様に、外から内へというベ
クトルによる言語の作用を指摘していました。何かを表現するときは、心の中にある
ものを表現するという内から外への力が働くのではなく、むしろその反対で、表現し

8）　内言に関連する議論として、Kramsch（1986）の「メタ言語スキル（metalanguage skills）」があり
　　ます。クラムシュは、コミュニケーションにおいて重要となるのは、発話者の世界観やことばの背後に
　　ある考えなどをとらえていく間主観的な能力であるメタ言語スキルであると指摘しています。
9）　社会過程における自我の形成については、社会学や社会心理学の分野で活躍した G. H. ミードが有益
　　な視点を与えてくれます。ミードは、『精神・自我・社会』の中で、「I」と「me」を用いて自我の形成
　　について論じています（ミード, 2015/2018）。

たことが自己の内面へ影響を与えるという、外から内への力が働いています。これは、経験が個人の内面に存在するのではなく、言語化されることによってかたちづくられること、さらに言えば、個人の経験は私秘的なものではないということを意味します。この点について、バフチン（1986a/1980）は、ごく個人的なものと思われる飢えの感覚を例に挙げ、飢えに対するさまざまな感情が、その人の置かれた社会的な状況によって方向付けられることを示しています。意識や経験は、社会性を帯び、常に状況に紐づけられているため、個人的あるいは私秘的なものではありません。外に向けられた発話も、未だ音声になっていない内的な声も、全て社会的な状況から生じているという点では同じなのです。

　ここまで、人の発達過程や経験の構成には、他者の存在や社会との繋がりがその根底にあることを概観してきました。次に、言語活動の場面に焦点を当てながら、他者の存在を検討していきます。

2.5　「自分の考えを相手に伝える」――先行する他者の存在

　バフチンは「対話」という概念を用いていますが、その意味合いは、私たちがイメージする一般的な対話とはやや異なっています。バフチンのいうところの対話とは、独立した価値を保ちながら、「互いに融け合うことのない」異なる他者の声が響き合う「真のポリフォニー」が見られるような状況を指しています（バフチン、1984/1995）。バフチンは異質なものを歓迎し、異なる意見を持つ自己と他者が共に存在することを重視していました。対話は、均質化されない不協和音に喩えることができます（クラーク＆ホルクイスト、1984/1990）。

　他者の存在を重視するバフチンは、発話のテーマにも、人々のイデオロギーが染みついていることを指摘します（バフチン、1986b/1988）。日々のやり取りでは、さまざまなテーマが話題となりますが、それらのテーマというのは、すでに過去の人々によって扱われてきたものであり、一定の評価や見解が入り込んでいます。そのため、発話の背後には、一連の他者のことばや他者の表情が隠されているのであって、発話というのはさまざまな他者によって支えられているコミュニケーションの連鎖と位置づけることができます（バフチン、1986b/1988）。

　さらに、記号として表現される発話や書かれたものを検討してみると、他者性は一層、はっきりします。J. クリステヴァ（1980/1983）は、バフチンの対話論を下敷きに、「間テクスト性（intertextuality）」という理論を提示しました。クリステヴァは、「あらゆるテクストは引用のモザイクとして構築されている。テクストはすべて、もうひとつの別なテクストを吸収、変形したものである」（クリステヴァ、1980/1983,

p.61）と述べています。このことは、私たちが使用することばは、過去に誰かが使用したことばであり、テクストの間にはなんらかの繋がりがあることを示しています。

　このように、言語活動の背後には、先行する見えない他者の声がイデオロギーとして含まれており、私たちはそうした他者の声にも答えていくこととなります。バフチン（1986a/1980）は、発話行為の参加者について、目の前にいる者だけではなく、こうした過去のさまざまな人々の存在も指摘していました。また、バフチン（1986a/1980）は、対話を、話し手と聞き手の間に架けられた橋に喩え、支え合って行われるものであることを示していました。その橋というのは、実際には、多数の他者が陰で支えているということになります。

2.6　まとめ

　以上のように、「ことばを使って、自分の考えを相手に伝える」という事態を例に、ヴィゴツキーとバフチンの言語観を概観しました。コミュニケーションにおいては、表出されることばだけではなく、その背後でどのような意図が働いているのか、つまり、人々がどのような意味の交渉を行っているのかという部分が重要です。コミュニケーション過程の内化によって促される自己形成、言語によってかたちづくられる意識や経験、テーマやことばの背景にある他者の声なども見えてきました。こうした視点が言語教育の現場に投げかけるものは何でしょうか。例えば、学習者の発話を社会的文化的なコンテクストからとらえることや、テーマ性のある内容重視の活動の設定、言語活動の経験の場としての教室、協働的で経験的な学習プロセスの重要性、といった観点を提供してくれるでしょう。また、言語活動の豊かさとは何かを考えていくきっかけにもなるでしょう。

3　物語るという行為

　ここまで、言語は動的な活動体として人々の行為の中に位置づけられるものであり、他者との関係性に支えられて発話行為が生み出されていくことを見てきました。そのような私たちの言語活動は具体的にはどのようなものとしてとらえることができるでしょうか。この点について、ナラティブをキーワードに考えてみたいと思います。

3.1　解釈装置としての物語行為

　ナラティブの定義は研究者によって異なりますが[10]、本章では、ストーリー、物語、語り、と同義のものとして緩く設定しておきたいと思います。

　社会構成主義（social construction）を掲げる社会心理学者の K. J. ガーゲン（1997/2004）は、自己や現実がナラティブによって共同的に構成されることを示しました。そこでは、言語が現実を構成するという言語論的転回以降の考え方がベースとなっていますが、他者との関係性や言語の実際の使用といった観点が含まれています。自己や現実を生み出すことを可能にしているナラティブとは何でしょうか。ナラティブの機能について、以下、見ていきましょう。

　私たちは、言語という記号の使用によって、現実世界にかたちを与え、意味づけを行っていますが、私たちの経験は、常に更新されていきます。今、目の前にある現象をどのように描き出し得るのかは、その時々の手元にある素材によって決まります。例えば、法廷でそれぞれの側の主張が繰り広げられるとき、どちらに真実味があるのかは、話の筋立てに左右されます。新たな事実が見つかれば、筋立ては変わってきますし、真実味も変化します。日常でも、A だと思っていた現実が、実は、B であった、というように全く見え方が異なってくる場合があります。つまり、自分の経験というものは、いくらでも書き換えが可能なのです。

　ここで重要となってくるのが、物語の基本的な構成である「始め―中間―終わり」の時間軸です。目の前に広がる時空間上のさまざまな物事を、特定の範囲に絞って焦点を定め、出来事を切り取り、自分なりの視点で現象としてとらえていく。点と点になっているバラバラの出来事を線で結んでいくようなイメージですが、どのように結びあげるのかは、その人次第です。それらが発話というかたちを得れば、物語やストーリー、ナラティブと呼ばれるものになります。ここでは、物語やストーリー、ナラティブという用語を、時間軸に沿って整序立てられたひとまとまりの語りという意味で用います。そして、整序立てながら一つの語りをつくりあげていく行為を「物語行為」と呼びたいと思います。

　物語行為には、周囲の出来事の描写のみならず、自分自身を描くことも含まれます。P. リクール（1990/1990）は、物語として自己を描くことが、その人の自己同一性を生み出すと述べています。昨日と今日、それから明日以降、私が私であり続ける保

---

10) Ryan（2007）は、ナラティブという用語が学術的な研究の領域で使用されるものであること、そして、spatial / temporal / mental / formal / pragmatic といった側面からの緩やかな定義を示しています（第 4 章ではディスコース研究の観点からみたナラティブが紹介されています。）。

証は、その人の自己の物語の一貫性の有無にかかっているということです。自己も現実世界と同様に、予めそこにあるものではなく、生み出されるものであるので、自己もテクストであると言えます。このように、物語行為は私たちのアイデンティティの形成とも密接な関係があります。ここで、具体例として、医療現場におけるナラティブ・セラピー[11] を挙げておきたいと思います。ナラティブ・セラピーでは、さまざまな悩みを持つクライエントが訪れますが、そこでは、問題だと感じる自己の物語がどのように生成されているのかを検討し、新たな自己物語作成のための糸口を共に見出していくということが行われます。つまり、クライエントをドミナント・ストーリー（その人を支配してきた語り）から引き離し、オルタナティブ・ストーリー（従来のものに代わる新たな語り）を制作するという、自己物語の書き換え作業を行うわけです。

　以上のように、言語を使用することは解釈活動であり、その活動の実態は物語行為であることがわかりました。物語るという行為は、現実世界を描き出すだけではなく、自己形成をする上でも不可欠です。次に、こうした物語行為が、人間の認知の発達や、言語の発達にどのように関わっているのかを見ていきたいと思います。

3.2　物語る生き物としての人間

　A. マッキンタイア（1981/2021）は、人間は「物語を語る動物（story − telling animal）」であると述べています。これは、私たち人間の性質とでも言えばよいでしょうか、人間とナラティブの関係を表しています。さらに言えば、私たち人間は、ナラティブ、ストーリー、物語といった枠組みから抜け出すことができないということでもあります。この点について、以下、検討してみます。

　文化心理学の分野の発展に寄与した J. S. ブルーナーは、人間の認知機能としての物語の能力に着目していました。ブルーナー（1986/1998）は、ナラティブ・モードと、パラディグマティック（論理科学的）・モードという相補的関係にある私たちの二つの思考様式を示しました。パラディグマティック・モードは、形式に則り、論理的かつ実証的に真理を追究する際の思考のあり方です。抽象的で体系的なものを生み出すのに適しており、例えば、数理的な処理や科学的な思考において力を発揮します。一方、ナラティブ・モードは、理解可能なあらすじをもとに、話に真実味を持たせていく際の思考のあり方です。こちらは、人の意図や行為を理解するといった日常の場面で力を発揮しています。ナラティブ・モードの方が、日常的で身近なものと言えるでしょう。さまざまな現象を物語やストーリーとして、ナラティブ的に理解している

11）ナラティブ・セラピーについては、エプストン＆ホワイト（1992/2014）を参照のこと。

ということになります。では、もう少し、ナラティブについて、ブルーナーを参照しながら見ていきましょう。

　ブルーナー（1990/1999）は、人は生まれながらにして物語をつくる能力を兼ね備えていると述べています。ブルーナーが挙げる物語行為の特徴として、（1）時系列に沿って出来事を構成する、（2）事実上のことでも、想像上のことでも、ストーリーが制作できる、（3）規範から逸脱した出来事を理解可能なものとする、（4）「二重の風景（dual landscape）」[12] を持つ、がありますが、とりわけ重要なのは、（3）です。ブルーナー（1990/1999; 1986/1998）は、幼児が、通常とそうでないものを見分ける知覚の能力を持っていたり、反規範的で意外な結末を持つ物語を聞いて、辻褄を合わせるために物語を積極的に創作したりすることを示しています。先述のように、物語行為は解釈行為であり、自己の物語の書き換えを日々行っています。異質なものや出来事に出会った際に、それらを自己の物語の中へ回収し、物語を刷新していくのです。そうした行為は、幼児期にすでに始まっています。

　物語行為は、安定した一貫性を与える一方で、柔軟性も持ち合わせています。ナラティブ・セラピーの箇所で見たように、自己の物語を確固たるものとするとともに、新たに書き直していくことも可能なのです。ブルーナーが特に重視していたのは、後者の柔軟性です。それは、異質なものを取り込み、通常のものへと繋いでいく生成力を指します。ブルーナー（1990/1999）は、物語行為が状況を緩和させたり、他者との折り合いを円滑にするものであることを指摘しています。

　また、ブルーナー（1990/1999）は、言語の発達についても、物語行為との関連を指摘し、語ろうとする意識が言語の習得を促していると述べています。その例として、出来事を順序立てるのに必要となる接続詞や、通常のものとそうでないものを区別するための頻度などの表現を習得していくこと、そして、「たぶん」「……と思う」などの表現によって、自分の見方や評価を意識の風景として表すようになったことを示しています。

　このように、ブルーナーの研究からは、誰に教わることもなく、人が自ら本能的に物語行為へと参入していく様子が見えてきます。認知や言語の発達にも物語行為が重要な役割を担っていることがわかります。

12）「二重の風景」とは、物語に含まれる二つの景観のことで、一つは、実際に見えている事象や行動といった「行為の風景」、もう一つは、行為に関わる人々の意識や心情といった「意識の風景」のことを指します。

3.3　まとめ

　以上のように、私たちは、物語行為によって、経験を解釈し、現実や自己を作り出しています。物語行為は人の認識機能のあり方そのものでもあり、人間の発達に深く関わっています。人はナラティブ的な視点を養いながら、成長していきます。人に備わっている根源的な能力とでも言うべき物語行為という切り口は、言語の教育や研究を考えていく上で、有益な視点を提供してくれるのではないでしょうか。例えば、どのような言語活動を教育内容として設定するとよいか、あるいは、言語現象を眺める際にどのようなアプローチをとるか、といったことについてです。その一つの例として、筆者自身の教育実践や研究のアプローチについて、最後に触れたいと思います。

4　言語活動の実践現場

　ここまで、内言や外言をキーワードに言語の性質を概観し、また、言語の機能について、物語という観点から検討してきました。では、最後に、実際の言語活動をどのように記述していくのかを、研究手法とともに少し紹介したいと思います。

　内言や外言の総体として言語活動をとらえていく際、とりわけ、内言、つまり、発話に込められた意味を見ていくというのは、なかなか難しいことです。とはいえ、内言というのは表出されたことばと地続きですから、現われた発話をなんらかのフィルターを通して見てみれば、浮き出てくるものであるとも言えます。内言そのものを見るのではなく、外言との繋がりから、発話者の内面を見ていこうという発想です。ヴィゴツキーは発話を雨雲から降り注ぐ雨に喩えていましたが、その逆の、雨から雨雲へというプロセスを辿るわけです。

　一つは、社会学者であるE. ゴフマンの「フレーム（frame）」の分析です。Goffman（1981; 1986）のフレームというのは、ごく簡略化して言うと、経験を組織立てていく枠組みのことです。ゴフマンのフレームは、文化人類学者のG. ベイトソンから着想を得たものです。ベイトソン（2000/2000）は、猿が、噛み付きの行為の意味を場面によって使い分け、「遊び」というフレームを共有している様子を示しました。フレームを用いたコミュニケーションは、メタコミュニケーションができる動物のみが行えるものです。つまり、「噛み付き」という記号をどのように解釈するのか——噛み付きを「戦い」として、あるいは、「遊び」としてとらえるのか——というメタレヴェルでのコミュニケーションができなければ、このようなフレームを用いたコミュニケーションはできないのです。フレームの中では、一つひとつの「ムーヴ（相互行為の指し手、move）」が次々に生じ、それらが、フレームの維持や変容へと結びつい

ていきます。相手との関係性によって、メタレヴェルのメッセージは変化していきますが、そこで重要となるのが、「役割距離（role distance）」[13] です。これは、その人のアイデンティティを表出するものです。「役割」とは、簡単に言うと、個々人が演じる規範的な社会の行動指針ですが、その役割から、どの程度どのように距離を取っていくのかによって、その人らしさが生まれるのです。フレームの中には、さまざまな「舞台装置（setting）」があり、また、発話者が他者との関係性を調節しながら「活生者（animator）」「著者（author）」「本人（principal）」（Goffman, 1981）といった立場を使い分けて発話します。「表舞台（front region）」と「舞台裏（back region）」の効果的な切替えも行われます（ゴフマン, 1959/1974）。このようなフレームの構成要素を踏まえて、相互行為過程の一つひとつの発話を分析していくことで、フレーム内で展開されるメタコミュニケーション・レヴェルのメッセージを読み取っていくことが可能となります。

　もう一つは、ナラティブ研究の領域における手法です。物語の構造を見る W. ラボフの手法と、物語世界の内と外を見る K. G. ヤングの手法を見てみましょう。ナラティブ研究を大まかに二つに分けると、語られたものに着目して表現形式を検討するものと、語る行為に着目して現実を生み出す過程を検討するものがあります。ラボフの手法は前者に向いており、ヤングの手法は後者に重心を置く研究に適したものです。

　Labov（1972）では、要約（abstract）、時・場所・登場人物・状況の説明（orientation）、筋立てて行動を並べること（complicating action）、語り手の物語に対する評価や感情（evaluation）、筋立てられた出来事の結末（resolution）、ストーリーを終えて語り手のいる現在の地点へ戻ること（coda）、といった物語の六つの要素が示されており、これらを用いた分析手法が示されています。語り手の視点が物語へどのように反映されているのかを観察でき、先述のブルーナーの意識の風景と行為の風景についても、具体的に分析可能となります。物語構造を通して、語り手が表現しようとしている「風景」が見えてくるわけです。語ることによって何を表現したいのか、という語り手の背後にあるメタコミュニケーションの部分がわかります。

　一方、Young（1987）は、物語の構造に加え、語り手のいる現実世界での相互行為場面をも対象に含めた分析手法を提示しています。その手法の理論的基盤は、現象学的社会学や実存主義の思想と幅広いですが、中心となるのはゴフマンのフレームの概念です。「物語世界（taleworld）」と、その外側にある「ストーリー領域（storyrealm）」に分け、それぞれを独立したクロノトポスを持つ世界としてフレームで囲っています。

13）役割距離については、ゴフマン（1961/1985）を参照のこと。

ストーリー領域は、語り手のいる現実世界のことを指しています。そして、物語世界と現実世界の境目は、物語世界の開始から終わりまでの部分（beginning-end）、現実世界から物語世界への導入部分と、物語世界の終了と現実世界への移行を示す部分（opening-closing）、話し手と聞き手が物語世界・現実世界の中でやり取りを伴って関わる部分（preface-coda）を把握することで可視化できます。物語行為の背後にある二つの世界の存在に目を向けたメタコミュニケーション的な分析手法と言えます。ヤングの手法を用いると、語り手と聞き手によって共構築されていく語りのプロセスをとらえることが可能となります。

　上記のように、フレーム分析では、自他関係に焦点を当てて、発話者と周囲の聞き手との関係性によって発話行為がどのように展開されていくのかが見えてきます。また、物語構造の分析では、物語に焦点を当てることで、物語の描き方や、物語世界と語り手のいる現実世界との間のクロノトポス的交わりを見ることができます。この他、自己の形成に焦点を当てて、語り手の認識の変化がどのように語りのスタイルを変化させているのか、ということを、ドミナント・ストーリーとオルタナティブ・ストーリーという物語の循環構造を枠組みとして見ていくことも可能です[14]。先述のように、自己物語という言語活動は、誰もが慣れ親しみ、かつ、個々人の人格形成の基盤ともなるもので、私たちの存在を支えています。そこでは、とりわけ、自己をどのように表現し、理解してもらうかということが重要となるため、意味を交渉していく過程も非常に活発となります。以上のような手法を用いた分析を実施したところ、従来見過ごされてきた学習者の豊かな語りの様子や、異なる日本語レベルの学習者間に共通する言語現象が見えてきました（佐川, 2022）。このことは、能力をどのような観点から評価するのか、教育的に有意義な言語活動とは何か、さらには、教室という場はどのような場であるべきか、といった問いを投げかけるものです。

　本章の内容が、言語観を考える上での何かきっかけとなればうれしいです。言語教育の領域では、他分野の知見を取り入れながら、理論的検討を活発に行っていくような土壌が今後広がっていくことが期待されます。

---

14) 佐川（2022）では、本章に記載した分析手法を用いながら、日本語学習者が自己物語を展開させていく様子について分析を行いました。

ディスカッション課題

1 言語観について考えるという機会はこれまであったでしょうか。ある場合、それはどのようなときでしたか。ない場合、それはなぜでしょうか。自分の経験と共に、話してみましょう。

2 ヴィゴツキーとバフチンの言語観を概観して感じたことを自由に話してみましょう。

3 次のようなAとBのストーリーをそれぞれ作る場合、どちらのほうが、多様なシナリオが生まれやすいでしょうか。
　　A.「ある子供が遊園地へ出かけ、夕方、満面の笑顔で帰ってきた」という内容のストーリー
　　B.「ある子供が遊園地へ出かけ、夕方、泣きながら帰ってきた」という内容のストーリー
　　また、何かについて語るという行為（ナラティブ）はどのようなときに、特に、活発になるかを考えてみましょう。

4 出来事や現象が異なる視点から見えてくる（Aだと思っていたが、実はBだった）といった経験はありますか。小さなことでも構いません。意見交換をしてみましょう。

5 言語教育に携わる教師自身の成長や学びについて、どのように考えますか。何をもって成長や学びと言えるのか、また、特に重要だと考えるのはどのような点かなど、自由に話し合いましょう。

さらに学ぶための参考図書・資料

佐藤公治（2022）『ヴィゴツキー小事典』新曜社.

野家啓一（2005）『物語の哲学』岩波書店.

Bakhtin, M. M.（1981）*Forms of time and of the chronotope in the novel in The dialogic imagination.* Translated by Emerson, C. & Holquist, M., University of Texas press, 84-258. バフチン, M. M.（1987）北岡誠司（訳）『小説の時空間』新時代社.

Bruner, J. S.（2003）*Making Stories: Law, Literature, Life.* Harvard University Press. ブルーナー, J. S.（2007）岡本夏木, 吉村啓子, 添田久美子（訳）『ストーリーの心理学—法・文学・生をむすぶ—』ミネルヴァ書房.

Gergen, K. J.（1999）*An Invitation to Social Construction.* SAGE Publications. ガーゲン, K. J.（2004）東村知子（訳）『あなたへの社会構成主義』ナカニシヤ出版.

第4章
ナラティブとアイデンティティ
自分の世界を創造するために

嶋津百代

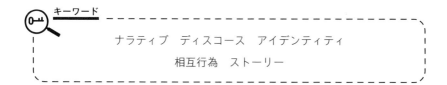

キーワード

ナラティブ　ディスコース　アイデンティティ
相互行為　ストーリー

1　ナラティブと私

　研究者は自分の苦手なことや自分に足りないと感じていることを、無意識に研究分野に選んでいると聞いたことがあります。社会的公正教育の実践家であるD. J. グッドマン（2000/2017）の著書の冒頭にも、似たようなことが述べられています。

> 　私は博士論文の指導教官が言った言葉を今も覚えている。「人は得てして、自分の人生において解決したいと感じている問題を研究対象に選ぶものだ」という言葉だ。その頃の私はまさにそうだったし、それは今でも変わっていない。
> （グッドマン, 2000/2017, p.1）

　大学院生の頃から現在まで、私が行ってきた研究を振り返ると、「自分の人生において解決したいと感じている問題」を研究テーマに選択してきたように思います。
　私は、自分のことを話すのが好きではありませんでした。自分のことをよく理解していませんでしたし、自分でもよくわからない自分について人に話すことが難しかったからです。また、私は理路整然と話をするのがあまり得意ではありません。感覚的

に物事をとらえてしまうので、頭の中にぼんやりと在る「なにか」を言語化すること
が苦手です。グッドマンの言う「自分の人生において解決したいと感じている問題」
は、私の場合、自分についてうまく話せないことや、言いたいことがなかなかことば
にできないことでした。

　大学院修士課程で、研究方法論の授業科目を受講していたときのことです。ある日
の授業で、インタビューの技法を学びました。クラスメイトとペアになって、お互い
の背景情報を得るために、質問しあいます。質問によっては、過去の経験やエピソー
ドを引き出すことがあり、さらに深く相手について知ることができます。これが「ナ
ラティブ（narrative）」との出会いでした。この「ナラティブ」ということばは、日
常であまり使われることのない用語ですので、何を意味しているのか、知らない人も
いるのではないでしょうか。英語の"narrative"は、日本語で「物語」や「語り」、
「経験談」などに訳されます。最近では、カタカナで「ナラティブ」と呼ばれることが
多いので、私も「ナラティブ」という用語を使います。

　当時は、修士論文のために教室談話（classroom discourse）を研究していたので
すが、研究方法論の授業で学んだインタビューの技法を用いて、教室外で教師や学習
者たちの話を聴く機会が増えてきました。そこで語られた話は、数多くある過去の経
験やエピソードの中から「語るべきもの」として選ばれた点で、その人にとって特別
なものでした。一人ひとりの経験やエピソードは、ひとつとして同じものはありませ
ん。また、たとえ同じような経験であっても、人それぞれ経験の語り方や経験のとら
え方が異なっていました。そこから、語り手によって経験がどのように語られるか、
経験がどのようにとらえられているかを明らかにすることに興味が湧いてきて、少し
ずつ研究の軸足を、ナラティブ分析にシフトしていきました。

　言語化の苦手な私が教師を続けていられるのも、ナラティブに出会って、ナラティ
ブを研究し、ナラティブを実践してきたおかげです。人のナラティブを聴きながら、
私も少しずつ自分のことを話せるようになりました。私たちの経験や感情の記憶とい
うのは、断片的なものです。その記憶を掘り起こし、記憶にことばを充て、語り手と
聴き手が協働的に記憶の断片を紡ぎ合わせ、ナラティブという形式にまとめあげてい
きます。このような機会をこれまで何度も繰り返してきたので、私のような拙い話し
方でも、少しは伝わるようになったかもしれません。そして、私自身のナラティブを
創造していく中で、自分自身も理解してあげられるようになりました。

　ナラティブは、研究分野によっても、研究目的や研究対象によっても、そのとらえ
方や分析方法などが異なります。本章では、私の研究分野である「ディスコース研究
（discourse studies）／談話分析（discourse analysis）」との関連で「ナラティブ」を

とらえたいと思います。先述のように、教師になりたかった私が大学院で最初に選んだ研究テーマは、授業中の教師と学習者のやり取りである「教室談話」でした。そこで、「ディスコース（談話）」について勉強を始めました。ディスコース研究の文献として読んだ Gee（1999）は、「ディスコース」を「適切な時と場所で、考え、行動し、交流し、価値を認め、感じ、信頼し、そして記号や道具や物を用いるさまざまな方法」（p.13）ととらえています。Gee にとって、「ディスコース」は単なる「文のまとまり」を意味する言語的側面だけではなく、自分が所属する社会集団のメンバーとして考えたり行動したり感じたりすることの社会的側面も含んでいます。また、「ディスコース」は、時代の価値判断を表象するものであると同時に、その時代を生きる私たち個人の「アイデンティティ」を表現する手段でもあります。

　Gee（1999）がとらえているように、ディスコースが人々の思考や行動や感情を表すものであるならば、ナラティブもディスコースの1つの形と言えます。私たちが何を考え、どう行動し、何をどう感じているのかが、ナラティブを通して明らかになります。ナラティブに、私たちの「人となり」や「人がら」をうかがい知ることができます。つまり、ナラティブを分析することによって、そのナラティブにかかわっている人の「アイデンティティ」を考察することができるのです。私が自分のことを理解できるようになったのも、ナラティブを語るようになってからです。

　今、私が日常的に活動している「場」は、大学での「日本語教育」と「日本語教師教育（教師養成）」です。外国人留学生に日本語を教えることと、将来日本語教師をめざしている大学生・大学院生を指導することが、私の主な仕事です。さらに、学外で教師養成に携わっている日本語教師教育者のコミュニティを創設し、情報交換・意見交換を中心に、日本語教師教育者の専門性と経験知の共有をめざした活動を続けています。これらの「場」で、その「場」にかかわる人たちの「ナラティブ」とともに、仕事をしています。教師や教育実習生や学習者のナラティブを分析し、同時に、彼らとともにナラティブを中心に据えた実践を行っています。

　ナラティブを媒介に、このような場を往来しながら、研究と実践を往還しつつ、そこに従事している人々と対話することが可能になりました。私にとって「研究」も「実践」も、日本語教育にかかわっている人々をよりよく「知る」「理解する」ことが、その前提にあります。自分のことを「知る」「理解する」のにも、ナラティブが役立ちます。なぜなら、ナラティブを通して、人を知る、自分を知る、そして社会を知る―私たちは、語ることを通して、自分の世界を創造しているからです。

　それでは、ナラティブと、ナラティブが明らかにするアイデンティティについて、具体的に説明していきます。

2　ナラティブとアイデンティティ ── 私たちの価値観と世界観

　冒頭で触れましたが、学問分野や研究内容の違いによってナラティブの定義やとらえ方は多岐にわたります。ここでは、私の専門分野であるディスコース研究において扱われているナラティブとアイデンティティの研究（De Fina et al., 2006など）に着目します。

2.1　ナラティブが伝えること

　北出・嶋津・三代（2021）の『ナラティブでひらく言語教育』の 1 章で、「ナラティブ」は、以下のように説明されています。

> 　ナラティブは、経験を形づくるという過程を通した意味づけである。それは、自身と他者の行動を理解するための一つの方法であり、その関係性において出来事、事象、感情、考えを統制化する方法でもある。また、過去、現在、未来といった時空間を超え、行動、事象、感情、考えを関連づける方法でもある。
> 　　　　　　　　　　　　　　　　　　（Chase, 2018, p.549, 北出訳, 2021, p.3）

　この説明にありますように、ナラティブは「経験を形づくるという過程を通した意味づけ」です。つまり、語り手本人の過去の経験を、現在の自分の観点から意味づけして「語る行為」、あるいは、そのようにして語られた「語り」ととらえられます。
　そして、Chase（2018）によれば、ナラティブは「自身と他者の行動を理解するための一つの方法」です。また、「その関係性において出来事、事象、感情、考えを統制化する方法」です。ナラティブを観察すると、語り手が（1）数多くの経験の中からどの経験を選び、語るのか、また（2）その経験をどのように意味づけして語るのか、という 2 つの観点から、語り手の価値観や世界観を推しはかることができます。語る行為において、あるいは語られたものの中に、語り手が何を大切に思っているか、どのように世界をとらえているかをつかむことができます。この「価値観」や「世界観」が、私たちのアイデンティティを形成していますので、それらを検討することによって、「私たちが何者であるかを、私たちがどう考えているか」が明らかになります。
　さらに、上記の説明の最後に述べられているように、ナラティブは「過去、現在、未来といった時空間を超え、行動、事象、感情、考えを関連づける方法」でもあります。私たちは経験を語る際に、現在から振り返って過去を眺めます。過去の経験を現在からみて意味づけする過程で、内省が自然と促され、自覚していなかった自分自身

の新たな側面を知るきっかけにもなりえます。その意味で、ナラティブは過去の経験の単なる再生産ではなく、新たな自分の創造であるとも言えるでしょう。このように考えると、ナラティブも、そしてアイデンティティも、固定化された静的なものではなく、常に変容を続けるダイナミックなものであるととらえることができます。

2.2　アイデンティティのとらえ方

　ここで、「アイデンティティ」について、もう少し説明を加えておきたいと思います。「アイデンティティ」と言えば、従来は、国籍・人種・民族・階級・性別・世代・職業などの分類をもとに、個人を識別するものとしてとらえられていました（Woodword, 2002）。言語学や社会言語学の分野では、このような単一のカテゴリーを前提に、そのカテゴリーに属する人のことば遣いや言語使用を資料として、アイデンティティが研究されてきました。

　最近では、アイデンティティを可変的で動的なものととらえる研究が増えてきました。アイデンティティは、対人関係、場面や状況、話題などに応じて交渉されるもので、言語を通して構築される多面的なものとされています。第二言語習得や日本語教育の先行研究におけるアイデンティティの定義を参考にして、嶋津（2017, p.4）では、アイデンティティを、以下のようにまとめています。

　　1）社会や他者との関連において形成される。
　　2）複合的で多面性を持ち、過去・現在・未来と常に変化するものである。
　　3）自分自身に関する個人の感覚や意識である。

　上記の3）の「自分自身に関する個人の感覚や意識」というのは、自分自身を既存のカテゴリーに当てはめることを指しているのではなく、私たちが持っている「価値観」や「世界観」を意味しています。言い換えれば、ある現象や事象に対してどのような態度で接するか、あるいは、どのような距離感を保つかなど、私たちが世界とともにどう生きるかという観点にもかかわっています。

　先述のように、ナラティブには「私たちが何を考え、どう行動し、何をどう感じているのか」が明らかにされており、私たちの「人となり」や「人がら」が観察できます。アイデンティティを広義にとらえると、この「人となり」や「人がら」というのも、研究の射程に入ってきます。

　この点がまさに、ナラティブとアイデンティティが出会うところです。ナラティブとアイデンティティは、密接に関わっています（De Fina, 2015）。私たちの語るナ

ラティブが私たち自身を形作っていくと主張する研究者もいます（Linde, 1993）。ここから、ナラティブとアイデンティティは、どのような方法で研究されているかをみていきたいと思います。

3　ナラティブとアイデンティティを研究する

　ナラティブを分析して、私たちのアイデンティティを研究するには、大きく分けて「伝記的アプローチ」と「相互行為的アプローチ」という 2 つの方法があります（De Fina, 2015; De Fina & Georgakopoulou, 2012; イェルガコポロ, 2011/2013; 北出・嶋津・三代, 2021, 第 4 章参照）。以下、それぞれについて説明します。そして、ナラティブとアイデンティティの研究に、理論的枠組みとしてよく用いられているポジショニング理論（Davies & Harré, 1990）について紹介しておきます。

3.1　伝記的アプローチ

　伝記的アプローチをとるナラティブ研究では、その人のライフストーリー[1]や過去のエピソード、特に非日常的な出来事などの語りを分析対象とします。このような語りは、インタビューの中で聞き出され、データとして収集されます。その伝記的、あるいは自伝的な語りに、語り手が過去の出来事をどのような表現で語っているか、また、過去の出来事を踏まえて自己をどのように意味づけているかを観察します。

　このような伝記的アプローチでは、アイデンティティが構築されるということは、首尾一貫した自己が形成されることであると考えます。個人的な経験の語りには、「自伝的衝動」（Rosen, 1988）というものが少なからず影響をもたらすと言われています。Rosen（1988）は、自分の人生を語ることによって、自己を首尾一貫したものにしたいという衝動の結果が、ナラティブになると述べています。また、Linde（1993）は、私たちが「社会において適切にふるまう、善良で安定した人間である」という心地よい感覚をもって世界に存在するためには、首尾一貫したライフストーリーを持つ必要があると言います。

　こうした一貫性は、ナラティブという形式にも必要とされます。ある構造化された枠組みに沿って、時間の流れや空間の設定が秩序立って示されると、ナラティブは首

1）　日本語教育で行われているライフストーリー研究には、「伝記的アプローチ」だけでなく、後述の「相互行為的アプローチ」の立場をとるものもあります。インタビューで調査協力者が語る「あのとき、あそこ」での過去の経験が、調査者と調査協力者の相互行為によって「いま、ここ」でストーリーとして構築されると考えます（桜井, 2002; 三代, 2015）。

尾一貫したものになります (Labov, 1972; Labov & Waletzky, 1997 [1967])。また、伝記的アプローチにもとづく研究は、ナラティブには一貫性とともに、真実が語られているという前提で、そこにアイデンティティをとらえます。つまり、ナラティブで「語られた自己」は真正で統一されたものとみなします。ライフストーリーには、「語り手がどのような人となり／人がらであるか」が描写され、唯一無二の自己が織り込まれているとします。したがって、伝記的アプローチの方法による研究は、その人が語る自伝的なナラティブに、その人のアイデンティティを探究するわけです。

　現在からみて、すでに過ぎ去った出来事に対しては時間的にも空間的にも距離があるため、人生の過程や過去の出来事を語るということは、それを振り返ることができるという体験にもなります。自分のライフストーリーを語ることを通して、アイデンティティが形成されたり更新されたり、変容したりすることもあるでしょう。伝記的アプローチでは、さらに、ライフストーリーを語る過程自体が、アイデンティティに肯定的な影響をもたらすととらえ、認知的・心理的にも重要な意味を持つとしています。このようなナラティブとアイデンティティのとらえ方が、省察や自己理解を目的とした当事者研究などの発展に寄与したと考えられます。

3.2　相互行為的アプローチ

　相互行為的アプローチは、伝記的アプローチとは全く異なる前提に立っています。語り手のナラティブ自体がアイデンティティ形成に貢献するかどうか、あるいは、語り手が首尾一貫した自己を達成しているかどうかは、相互行為的アプローチをとる研究にとって、さほど重要ではありません。相互行為的アプローチは、過去の経験や出来事を話す語り手と、それに耳を傾ける聴き手のやり取りを分析の資料にします。伝記的アプローチ同様、インタビューの中で、インタビューする人が聴き手になり、インタビューされる人が語り手になります。あるいは、日常会話などで、誰かが過去の経験や出来事を話し始めると、その人がナラティブの語り手になり、その他の人は聴き手になります。

　相互行為的アプローチにもとづく研究は、こうした語り手と聴き手の相互行為を通じて、アイデンティティがその時、その場で呈示されたり構築されたりする過程そのものに着目します。相互行為の文脈によって、語り手と聴き手が特定のアイデンティティを交渉したり、形成したり、再構成したりする過程を明らかにします。アイデンティティは、個人の内面にとどまるものではなく、他者との相互行為において観察が可能だと考えます。そのため、ナラティブの分析においては、語り手個人の認知的・心理的な側面を取り上げるよりも、聴き手の存在も含めた社会的な側面に注目します。

そして、語り手が「何を語ったか」よりも「何をどのように語ったか」に焦点が当てられます。

　昨今、ディスコース研究の分野では、この相互行為的アプローチからアイデンティティを考察するナラティブ分析が主に行われるようになりました。伝記的アプローチでは、私たちがライフストーリーを語りながら首尾一貫したアイデンティティを構築しようとする過程で、自己理解が可能になることを指摘しましたが、相互行為的アプローチでは、多種多様なアイデンティティが個人の中に共存していることが明らかになることがあります。それこそが、他者との相互行為の産物です。聴き手とのやり取りの中で、異なる、ときには矛盾した語り手のアイデンティティが示されたりすることもあります。このような形で、それまで認識していなかった自己の一側面に気づくこともあるでしょう。

　伝記的アプローチでも、この相互行為的アプローチでも、分析資料としてのナラティブが、インタビューの形式で収集されることが多くあります。ナラティブにおけるアイデンティティ研究のために行われるインタビューは、一方向性のものではなく、双方向で行われる言語的・社会的活動としてとらえる必要があります。なぜなら、インタビューされる側であるナラティブの語り手が、インタビューする側の聴き手とのやり取りにおいて、自分のアイデンティティを 1 人で構築しているわけではないからです。インタビュアーは、インタビュイーがナラティブで呈示しようとするアイデンティティをカテゴリーづけしたり、アイデンティティにことばを与えたりするなどして、「協働構築」（Jacoby & Ochs, 1995）の場に参加しているのです。

3.3　ポジショニング理論

　上述の「伝記的アプローチ」と「相互行為的アプローチ」は、ナラティブの語り手の（あるいは聴き手の）アイデンティティについて検討するための考え方と方法論でした。ここで、ナラティブ分析におけるアイデンティティ研究の際に重要な、もう 1 つの見方を補足しておきます。

　会話中に、ある参加者によって開始されたナラティブは、その他の参加者とのやり取りに埋め込まれながら展開していきますが、嶋津（2021）は、そのようなナラティブの協働構築を「語られる世界（narrated world）」と「語りの世界（narrating world）」の往還として紹介しています。「語られる世界」というのは、過去の経験や出来事が実際に起こったとされる「あの時、あの場所」が、語り手によって描写される物語世界を意味します。「語りの世界」というのは、そのような物語世界を、語り手と聴き手が「今、ここ」で共有するために相互行為を行っている現実世界のことです。語り手と聴

き手は、これら 2 つの世界を行き来しながら、ナラティブを協働的に展開しています。

　過去の経験や出来事が描写される「語られる世界」の登場人物の人となりや人がらも、語り手によって紹介されます。語り手自身が「語られる世界」に登場する場合もちろん、語り手が「過去の語り手」を描写するわけです。そして、語り手が「語られる世界」の登場人物をどのように位置づけているかを分析すれば、語り手のアイデンティティを検討することができます。このような分析に有効なのが、ポジショニング理論です。

　Davies & Harré（1990）によって提唱されたポジショニング理論は、ナラティブ研究に援用されるようになり、アイデンティティの分析の枠組みとして発展してきました。その貢献者の 1 人、Bamberg（1997）は、語り手がナラティブを通して自分自身を位置づけるポジショニングを 3 つのレベルからとらえることを提案しています。

　第 1 のレベルは、「語られる世界」に登場する人物のポジショニングです。語り手は、自分自身やその他の登場人物に関する人がらやイメージをことばで伝え、かれらの行動に対する評価を表します。これらを分析することによって、語り手が「語られる世界」の中でどのように自己を位置づけたいのかをうかがい知ることが可能になります。

　第 2 のレベルは、「語りの世界」における語り手自身のポジショニングです。語り手は、「今、ここ」の場、すなわち、ナラティブが語られている場において、聴き手との相互行為の中で自分自身をどう位置づけているかを示します。聴き手に好印象を与えるために、語り手はナラティブを利用することがあります。過去の経験や出来事を語る中で、そこに登場する語り手自身の行動を、例えば、模範的な行為として描写することで、「語りの世界」にいる現在の自分についてもよく見せたりすることがあるでしょう。

　第 3 のレベルは、語り手自身に関するポジショニングです。語り手が「語られる世界」や「語りの世界」を離れても成立する、ある意味、移動可能なアイデンティティです。語り手が、「私は何者か」、「常にどのように見られたいのか」を示すことです。例えば、語り手自身について語るときに用いられる特定の表現、語り手の社会的役割や帰属カテゴリーを表す用語などに、語り手のポジショニングが観察できます。

4　日常にナラティブを見つける

　ここまで、ナラティブとアイデンティのとらえ方や、その研究の方法を紹介しました。ここで、研究のために収集する会話やインタビューの場から離れて、私たちの日

常に目を向けてみましょう。私たちの身近に、どのようなナラティブを見つけることができるでしょうか。そこから再び、ナラティブとアイデンティティの研究の可能性を考えてみたいと思います。

4.1　ソーシャルメディアにおけるナラティブ

　コロナ禍によって、私たちのコミュニケーションの形態はすっかり様変わりしました。以前は対面が当然であった出会いや集まりも、オンラインツールによって、身体的・地理的な距離を超えて行うことが可能になりました。Zoom などの同期型のビデオ通話や、Slack などの非同期型のソーシャルネットサービス（以下、SNS）を用いた文字チャットも、コミュニケーションの一形態として主流になりました。

　新しいコミュニケーションの形態をもたらしたメディアやテクノロジーの発展は、ナラティブのあり方にも影響を及ぼしています。これまでは口頭で語られるナラティブが研究の対象であったのが、画像や映像など、さまざまな媒体で生み出されるナラティブが注目されています。ソーシャルメディアを通して、ナラティブを発信することも、ナラティブを受けとることも、日常的にルーティン化しています。

　このような SNS をはじめとしたコミュニケーションツールを用いた交流は、私的なものと公的なものの境界が曖昧になっています。友人間や既知の関係だけでなく、実際に会ったことのない人々と、かつ不特定多数の人々と相互行為が生じることもあります。そうなると、「誰が、どのストーリーを、誰に伝える権利を持っているか」といったナラティブの著作権や所有権の問題が浮上します（Duranti, 1986）。ソーシャルメディアでは、1 人の語り手によって語られるナラティブという概念は、いまや過去のものと言っても過言ではありません。一たび SNS にナラティブが投げられると、誰でも自由に素早くナラティブに参加することができ、語り手の手を離れて、話が展開していきます。最初に語り始めた人の意図とは関係なく、話が作られていくこともあります。X や Instagram などでそのような経験がある人は少なくないのではないでしょうか。

4.2　日常会話に埋め込まれたスモールストーリー

　以上のように、ソーシャルメディアは、特殊なナラティブの形態を生み出しました。口頭で語られたナラティブであれ、文字で書かれたナラティブであれ、現代のコミュニケーションツールによって運ばれるナラティブは、速く強い伝播力が特徴です。以前は、このようなナラティブは定義に含まれず、標準から逸脱したものとされ、研究の対象にはなりませんでした。

　インタビューなどで、時間軸に沿って首尾よく構造的に語られたナラティブは「ビッグストーリー（big story）」と呼ばれ、短く断片的ではあるけれど、日常会話での語り手と聴き手の相互行為がより敏感に影響を及ぼすナラティブは「スモールストーリー（small story）」と呼ばれています（Bamberg & Georgakopoulou, 2008; Georgakopoulou, 2007）。スモールストーリーは、現在進行中の出来事についての語りや、未来や仮の出来事についての語り、聴き手との間ですでに共有されている、あるいは既知の出来事についての語り、以前語られた話のほのめかしや、語ることへの拒否なども含まれた、ナラティブ活動を総称したものです。

　かなりの時間が経っている過去の出来事ではなく、先述のように SNS などで、ごく最近の出来事について速報的に語られる場合、出来事の連続性よりも、描写的で感情的な表現が中心となってナラティブが展開していきます。そのような表現に、ナラティブにかかわる参加者の価値観や世界観が観察できます。語り手と聴き手によって紡がれていくスモールストーリーの展開に、アイデンティティの交渉や関係性の構築も映し出されます。スモールストーリーを分析すると、私たちのアイデンティティが「今、ここ」に立ち現れ、揺れ動く様相が明らかになります。

　日常のやり取りに溶け込んでいるスモールストーリーは、ナラティブには多様な形態と機能があることを教えてくれます。こうして、ナラティブやアイデンティティの研究は新たな分析単位を得て、研究の射程範囲を拡げています。

5　おわりに —— 私のことばの教育、ナラティブとともに

　学術研究の世界では、長らく、客観性や合理性によって世界を理解するのが当然とされてきました。しかし昨今は、私たち自身や私たちを取り巻く世界を理解する方法として、ナラティブが受け入れられるようになってきました。ナラティブは、数字などの量的尺度ではとらえることが難しい、私たちの質的側面を掬いとることができます。そのため、言語学や社会言語学、言語人類学など、ことばやアイデンティティを扱う分野はもちろん、人々の質的側面を扱う社会学や心理学、政治学や看護学、経済学やマーケティングなどの分野でも、ナラティブを用いた研究が飛躍的な成長を遂げています。

　日本語のディスコース研究や日本語教育研究においても、2000 年代以降、ナラティブ研究が積み重ねられてきました（北出・嶋津・三代, 2021; 佐藤・秦, 2013; 嶋津, 2018; 秦・村田, 2020）。私も大学院からずっと、日本語教師や教育実習生や学習者のナラティブの研究を続けてきましたが、教育現場に携わるようになってからは、ナ

ラティブを用いた実践も行ってきました。そして、実践を振り返り、そこで生じた課題を検討する研究を行い、ふたたび実践に戻る、という往還の作業を繰り返しています。日本語教師として、私はどのような実践を行いたいのかを考えたときに、学習者の言語能力を高めることだけをめざすこれまでの画一的な教育ではなく、学習者の経験や感情、学習者の価値観や世界観が表現できることばを、学習者とともに見つける教育をめざしたいと思いました。また、そのように、学習者を支援できる日本語教師を育てる教師教育者になりたいと思いました。そこで、ナラティブの力を借りて、学習者の人間的な成長をもサポートするような実践のあり方を探求するようになりました（北出・嶋津・三代, 2021 参照）。

　冒頭で述べたように、ナラティブは、過去の経験や出来事に意味を与える方法の1つです。ナラティブを「語る」という行為は、現在から過去を振り返って経験に意味づけするため、内省が自然に生じます。内省は、自己発見や自己理解、自己受容に導きます。また、内省が何らかのブレイクスルーを起こすこともあり得ます。そうすると、自己のとらえ方に変容が起こり、未来にも影響を与えます。これが、ナラティブの力です。

　しかし、「語る」だけでは、ナラティブという活動は成り立ちません。ここまでみてきたように、「語る」ためには「聴き手」が必要です。語り手のナラティブの提示、それに対する聴き手の応答や質問、さらに語り手の反応や返答という相互行為の織り合わせによって、ナラティブは紡がれていきます。ナラティブに観察できる語り手の価値観や世界観だけでなく、この聴き手の「応答」や「質問」の内容やあり方にも、聴き手の価値観や世界観が反映されます。そして、語り手と聴き手の間において、それぞれに固有の、相手とは異なる価値観や世界観に触れると、新たな気づきや発見、視野の拡がりなどが生まれます。ナラティブを「聴く」という行為は、他者を知ることです。そして、他者を知ることは、自己を知ることにもつながるのです。

謝辞

　本稿の内容の一部は、JSPS 科学研究費（国際共同研究加速基金（国際共同研究強化（B））「言説の変革を実現する言語教育観の国際比較研究」（研究代表者：嶋津百代、令和4～8年度、課題番号22KK0033）の助成を受けました。

ディスカッション課題

1　本章 2 では、ナラティブを分析することによって、語り手の「アイデンティティ」が観察できると述べられています。本章では「アイデンティティ」をどのようにとらえていますか。本章のように「アイデンティティ」をとらえると、ナラティブのどのような点に注目することで、アイデンティティが考察できるでしょうか。

2　本章 3 では、ナラティブ分析によってアイデンティティを研究するには、大きく分けて「伝記的アプローチ」と「相互行為的アプローチ」という 2 つの方法があることが説明されています。これら 2 つのアプローチの共通点と相違点を考えてみましょう。

3　ナラティブは関係性の構築に用いられることがあると言われています（西川, 2005）。本章 4 では、日常のナラティブの例として、SNS で語られる話が挙げられていますが、SNS で発信されるナラティブは、SNS のやり取りに関わる人たちの関係性にどのような影響をもたらす可能性があるでしょうか。

4　本章 5 で述べられているように、ことばやアイデンティティを扱う分野（言語学、社会言語学、言語人類学）以外に、社会学や心理学、政治学や看護学、経済学やマーケティングなどの分野でも、ナラティブを用いた研究が行われるようになりました。それらの分野では、ナラティブが具体的にどのように用いられているか、調べてみましょう。

5　ナラティブやアイデンティティを研究することは、日本語教育にどのように貢献すると思いますか。今後のナラティブ研究とナラティブ実践の可能性についても、自由に考えを巡らせてください。

さらに学ぶための参考図書・資料

国重浩一（2013）『ナラティブ・セラピーの会話術―ディスコースとエイジェンシーという視点―』金子書房.

藤田結子, 北村文（編）（2013）『現代エスノグラフィー―新しいフィールドワークの理論と実践―』新曜社.

細川英雄（編）（2012）『言語教育とアイデンティティ―ことばの教育実践とその可能性―』春風社.

やまだようこ（2021）『ナラティブ研究―語りの共同生成―』新曜社.

Adams, T., Holman Jones, S., & Ellis, C.（2015）. *Autoethnography: Understanding qualitative research*. Oxford University Press. トニー, E. A., ステイシー, H. J., キャロリン, E.（2022）松澤和正, 佐藤美保（訳）『オートエスノグラフィー―質的研究を再考し、表現するための実践ガイド―』新曜社.

第5章

会話分析で何がわかるのか

「当たり前」を創り出す相互行為のリアリティ

森本郁代

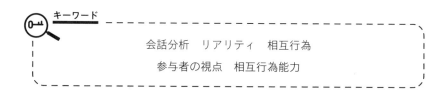

キーワード

会話分析　リアリティ　相互行為
参与者の視点　相互行為能力

1　はじめに

　私が会話分析を知ったきっかけは、大学院の授業で『会話分析への招待』という本を読んだことです。当時、現職の日本語教師であった私は、成人の初級日本語学習者に対して、挨拶や身の回りのことなど、ごく日常的なやりとりに必要な表現から始める文型積み上げ式で日本語を教えることに違和感を持っていました。確かに、日本語の語彙や文型は彼らにとって新しいものですが、コミュニケーション行動にかかわる能力や知識は、すでに母語で身に付けているはずだと思ったからです。実際、彼らの語彙や表現が間違っていたり不完全であっても理解できたり、また、私たちの発話を彼らが理解していると感じることも多くあります。また、私は家族に重度の自閉症者がおり、彼とのコミュニケーションに難しさを感じつつも、彼の言いたいことがわかったと感じたり、こちらが言ったことを理解してくれたと感じたりする経験がやはり日常的にあります。言語でのコミュニケーションが難しい一方で、「理解した・してもらった」という感覚がなぜ生まれるのか、という問いは、私の教育者としてだけでなく生活者としての疑問でもありました。そんな時に『会話分析への招待』と出会ったのです。この本の編者である好井裕明氏は、本の冒頭で以下のように述べています。

　　大切なのは、示されるエスノメソドロジー[1]、会話分析的解読が、読む側にとっ
て、読む側がもっている「生活者の関心」にとって、どれくらい、新たに新鮮な
驚きや新鮮な納得を示し得るのか、ということなのです。(好井ほか, 1999, p.
ii)

　この本を読んで、会話分析は、私の教育者としてだけでなく、生活者としての関心
や疑問にも答えてくれる研究分野だと感じました。そして実際その通りだったと思っ
ています。
　本章では、会話分析についてまず簡単に説明したのち、会話分析に対する一般的な
疑問のいくつかを紹介することで、他の方法論とは異なる、会話分析のユニークさに
ついて説明します。そして、会話分析が日本語教育の実践や研究とどのような接点を
持ち得るのかについて、具体的な事例をあげながら述べていきたいと思います。

2　会話分析とは何か

2.1　会話分析の目的
　会話分析とは、人々が社会生活を送る上で用いている方法を記述することを目的と
した研究分野です (Sacks, 1984)。「社会生活」という言葉は、一般には「学校生
活」や「家庭生活」の上位にある概念として解釈されるでしょう。しかし、会話分析
の創始者であるサックスが1984年の論文で用いた「社会生活 (social life)」という
言葉は、そうした人々の日常生活におけるさまざまな領域を意味するのではなく、人々
の実際的活動を意味します。挨拶をする、停留所に並んでバスを待つ、友達と食事を
する、レストランで注文をするために店員を呼ぶ、など、極めてありふれた行為や活
動を対象とし、それらの実際的な活動を行うために人々が用いている方法を、会話分
析は明らかにしようとするのです。串田・好井 (2010) は、伝統的な社会学の研究
者が、社会を諸々の概念を用いて分析し説明しようとしてきたのに対し、会話分析と
その理論的源流であるエスノメソドロジーは、「私たち日常生活者が普段、すでに多様
な『方法』を駆使して創造しつつある『社会』を発見し、『人々の社会学 (folk
sociology)』をそれ自体として読み解こうとするアプローチ」(串田・好井, 2010,

---

1)　エスノメソドロジーとは、人々が日常生活の中で実際に行っているさまざまな活動を遂行するために用
　いている方法を解明する研究分野のことです (串田・好井, 2010)。エスノメソドロジーは会話分析の
　理論的源流です。

p.8）だと述べています。会話分析は、社会をアプリオリに存在するものとしてではなく、人々が相互行為を通して絶えずつくりあげているものであるととらえるのです。

　では、「社会生活を送る上で用いている方法」とはどのようなものでしょうか。たとえば、挨拶をする際、教室に入って隣の友人に挨拶するときと、その友人が廊下の向こうからやってきた場合とで、私たちは同じように「挨拶」をするでしょうか。前者の場合は、友人の隣の席に座りながら「おはよう」と言うでしょうし、後者の場合は、例えば手を挙げながら「おはよう」と言うか、まず「おーい」と声をかけてから「おはよう」と言うかもしれません。このように、そのつどの状況に応じて、私たちは「挨拶の方法」を変えているのです。そして、多様な方法が用いられているにもかかわらず、それがどれも「挨拶」であるとわかるのは、そのときの発話や身体的なふるまいが、それらが行われる際の状況と互いに照らし合わせされることによってです。このようにして、私たちの発話やふるまいは「挨拶」という行為として理解されるのです。

　私たちは日々、家族や友人、同僚と雑談を交わしたり、議論をしたりします。また、家電量販店に行って店員と欲しい家電製品について相談をしたり、病院に行って医師や看護師に自分の症状を説明したり治療について説明を受けたりすることもあります。このようにいくつか例を挙げるだけで、私たちが実にさまざまな相互行為を日常的に行っていることがわかります。と同時に、これだけ多様な相互行為を、私たちは、相手や内容、場所などに応じた適切なやり方で行えているのです。では、多様な相互行為において、今ここでの「適切なやり方」はどのように決まるのでしょうか。通常、それは、相手や内容、場所などの要因によって決まると考えられています。例えば、先生には敬語を使うけれども、友達には「ため口」を使う、と言ったようにです。言いかえれば、「先生と学生」「友人同士」「家族」という関係性は、実際に相互行為を行うよりも前に存在し、それを前提に適切なやり方を選択しているのだという考え方です。他方、会話分析では、「先生と生徒であること」、「友人同士であること」、「家族であること」は、今、ここでの相互行為の中で成し遂げられているという見方を取ります。そして、今進行中の会話が、「先生と生徒の会話」として理解できるのは、会話の参与者が用いている方法（例えば言語表現など）を通してであると考え、相互行為を行う方法そのものを分析します。その方法にはさまざまなものがあり、適切な表現の選択（先生には敬語を使うなど）もその中に含まれます。そして、会話中のある発話がどのような行為として理解可能なのか、そしてなぜそのように理解可能なのか、さらに、その発話に対する応答・反応としてどのような発話・反応が適切なのか、といった、相互行為を前に進める際に参与者が無意識のうちに参照している秩序を記述します。

　例を挙げてみましょう。「こんにちは」と言われたら、私たちは「こんにちは」と返します。そのとき、私たちは、相手が「挨拶」をしていると理解しているでしょう。問題は、なぜ挨拶をしていると理解できたのかということです。「こんにちは」が挨拶の言葉だからでしょうか？ところが、店員に「こんにちは」と言われたらどうでしょうか。「こんにちは」と返すこともももちろんできますが、「あのー、○○はありますか」など、店に来た用件を開始することもあるでしょう。このとき、私たちは、店員の「こんにちは」を、客である私の用件に応じることができる状態であることを示すものとして理解しているといえるでしょう。ところが、店員がたまたま学校の友人だとしたらどうでしょうか。友人でもある店員の「こんにちは」に対して、どう返すでしょうか。「友人同士」か、それとも「店員と客」なのかは、最初の「こんにちは」をどのような行為として理解し、そしてそれにどのように応答するかによって示されるのです。

　ここまで読んで、「こんにちは」という挨拶に対して「こんにちは」と返したり、お店の人の「こんにちは」に対して用件を切り出したりするのは当たり前では？と思われる方も多いことでしょう。会話分析は、まさに、私たちが当たり前にやっていることを対象に、「当たり前にできる」ことを支えている相互行為の秩序を解明することを目的としています。サックスによれば、「あらゆるところに秩序がある」（Sacks, 1984, p.22）のであり、その秩序の上に私たちの日常は成り立っています。そして、その秩序は、相互行為が行われる前に存在して相互行為のやり方を拘束するという性質のものではなく、相互行為に参加している人々自身によって生み出されているものです。会話分析は、私たちが当たり前のことを当たり前にやるための能力や方法を解明することを目指す研究分野なのです。

2.2　会話分析の方法論

　会話分析は、「特定の問題意識に動機づけられずに」（Sacks, 1984, p.27）観察することを重視します。もちろん、「こういう現象を見てみたい」という動機を持ってデータを見ることも少なからずあることでしょう。動機を持つこと自体は否定しませんが、実際に参与者が行っていることを、観察者の視点で、観察者の動機に即して解釈してしまう恐れがあります。そうした危険性を回避するためには、データの、一見些細に見えるようなディテールにも注目し、参与者が何に注意を向けているのかに焦点を当てて、参与者の視点に立った記述を行う必要があります。

　事例（1）は、2人の人物（LとR）の会話を書き起こしたものです。事例の中に多くの見慣れない記号が使われているのに気づくと思います。会話分析では、会話が実際にどのように行われたのかをできるだけ精確に示すためにこれらの特有の記号を用

います。精確さには、音の大きさ、音の伸び、発話の速度、イントネーション、呼気・吸気音、沈黙などが含まれます。以下に、会話分析で用いられるトランスクリプトの記号の一覧を示します。会話分析では、これらの記号を使うことによって、「何を話したか」だけでなく、「どのように話したか」についても精緻に書き起こします。発話の大きさやイントネーション、会話中の沈黙も、「人々が用いている方法」の一部だからです。

[	この記号をつけた複数行の発話が重なり始めた位置。
]	この記号をつけた複数行の発話の重なりが解消された位置。
＝	前後の発話が切れ目なく続いている。
（数字）	沈黙の秒数。特に0.2秒以下の場合は（.）と表記。
文字::	直前の音が延びている。「:」の数は音の延びの相対的な長さを示す。
文字-	直前の語や発話が中断されている。
文字.	直前の語末の音調が下がっている。
文字？	直前の語末が上昇調の抑揚。
↑文字	直後の音が高くなっている。
↓文字	直後の音が低くなっている。
文字	強く発話されている。
°文字°	小さい声で発話されている。
hh	息を吐く音。hの数が多いほど長い。笑いの場合もある。
.hh	息を吸う音。hの数が多いほど長い。笑いの場合もある。
文(h)字(h)	笑いながら発話されている。
＞文字＜	早く発話されている。
＜文字＞	ゆっくり発話されている。
（文字）	はっきりと聞き取れない音声。
（　　）	まったく聞き取れない音声。
（（文字））	非言語行動やデータについてのさまざまな説明。
→	分析において注目する行。

これだけ多くの記号を用いていることに驚かれる方も多いことでしょう。しかし、会話が実際にどのように行われたのか、発話がどのように産出されたのかをできるだけ精確に示すためには、少なくともここに挙げたぐらいの記号は必要になるのです。

　では、事例をみてみましょう。

事例（1）「日本語話し言葉コーパス」D03F0001（前川, 2004）

```
01 L ： お願いし　［ま::す.
02 R ：　　　　　　［お願いしま::す.
03 L ： .hhh 今日は(.)おつか(h)れ(h)さ(h)ま(h)で(h)　し(h)たh
04 R ：　　　　　　　　　　　　　　　　　　　　　［お疲れ様でした:.
05 L ： .h どうでしたか？(0.6)［緊張しま s-
06 R ：　　　　　　　　　　　［そうですね,＝はじめはすごい緊張［しました.＝
07 L ：　　　　　　　　　　　　　　　　　　　　　　　　　　　　［hh
08 R ： ＝ huhuhuhuh
```

　さて、この会話から何がわかるでしょうか。L と R はどういう人たちで、どういう関係性なのか、この会話が行われているのはどのような状況なのかなど、わかることはかなりあります。私は大学院の会話分析の授業でこのトランスクリプトを示しながら音声を受講生に聞かせて同じ質問をしています。すると、「初対面に近い人同士」「何か労力がかかることを一緒にやった後の会話」「L さんが R さんにインタビューをしている」など、それぞれに「わかった」ことを答えてくれます。そして、これらはすべて正解です。

　では、どうしてこの会話だけでこれだけのことがわかるのでしょうか。実は、私たちはこの会話の参与者である L と R の発話内容と発話の仕方から理解しているのです。1 行目の「お願いしま::す」は、これから相手に何かをお願いしようとしているように聞こえます。すると R は、L が言い終わる前に「お願いしま::す」と返しています。このことから、L が一方的にお願いしようとしているのではなく、R と一緒に何かを始めようとしていること、そしてこのやりとりがその何かを始めるための挨拶であることがわかります。続く 3 行目の「今日はおつかれさまでした」という発話は、R の労をねぎらっていますが、同時に、R がこの会話の前に何か労力を要することを行っていたことを示しています。さらに、R の応答も同じく「お疲れさまでした」であることから、それが L と R が共にかかわっていたことであることもわかります。ただ、この時点では、この会話が何のために行われているのかまではわかりません。続く 5 行目で、L が R に「どうでしたか？」と質問をしています。この質問は、直前の「お疲れさまでした」の対象を指しているように聞こえます。というのも、「どうでしたか」の対象が 5 行目の発話では明示されていないからです。また、この質問から、どうやら L と R が共に同じ活動に従事していたわけではないことがわかります。となると、上で述べた 3・4 行目の「おつかれさまでした」の分析と矛盾しているように

思えます。しかし、その活動で L と R が異なる役割を担っていたとしたらどうでしょうか。実際には、この会話の前に、R が講演を行い、それを L が聞いていました。この情報を聞いて、なるほど、やっぱり、と思った方もいらっしゃることでしょう。

　ここまでのやりとりを見ると、1・2 行目、3・4 行目、5・6 行目のやりとりはいずれも L が開始し、5 行目では R から情報を引き出そうとしています。このことから、「L さんが R さんにインタビューをしているのではないか」と推測できるのですが、実際その通りで、この事例は、R の講演を聞いた L が、その講演内容についてインタビューをする会話の冒頭部分です。「初対面に近い人同士」という理解も、お互いが「です・ます体」で話していることから親しい関係性ではなさそうだということ、そして、一緒に何かに参加したことが 3・4 行目で示されていることから、このとき初めて会ったわけではないこともわかります。

　事例（1）からもわかるように、参与者の関係性や、会話が行われている状況などを事前に知らなくても、私たちはかなりのことが理解できます。それは、お互いの関係性や状況に対する参与者自身の認識が、発話の構成や産出の仕方に組み込まれているからです。そしてその仕方こそ、人々が社会生活を行うのに用いている方法であり、この会話を聞く（見る）第三者もまた、自らの社会生活の中で用いているからこそ、この会話を聞くだけで多くのことがわかるのです。

3　会話分析に対する疑問

　1960 年代に生まれた会話分析は、言語学をはじめ、人類学、認知科学、人工知能などさまざまな分野に影響を与えてきました。ですが、この研究分野や方法論に対してさまざまな疑問も投げかけられてきました。例えば、以下のような疑問です。

　　「『会話の分析』とどう違うの？」
　　「どうして当たり前のことを研究するの？」
　　「研究者の主観的な分析で一般性がないのでは？」
以下では、この 3 つの疑問に対して答えていきながら、会話分析というユニークな方法論についてさらに説明していきたいと思います。

3.1　疑問①「『会話の分析』とどう違うの？」

　まず強調したいのは、会話分析は、「会話の分析」ではないということです。さらに言うと、分析の手法でもありません。会話分析は一つの独立した研究分野です。創始者のサックスは以下のように述べています。

> 私は、既存の科学に属さない研究分野が存在するのだと提言したい。それは、エスノメソドロジー／会話分析と呼ばれるようになった分野である。この分野は、人々が社会生活を送る上で用いている方法を記述することを目指している。(Sacks, 1984, p.21)[2]

　この引用が示しているように、会話分析は、人々が社会生活を送るために用いている方法を研究対象とします。会話を対象とするのは、私たちが会話を通して社会生活を営んでいるからです。会話分析は、私たちが社会生活を営む際の秩序を明らかにするとともに、社会生活を行うのに必要な相互行為能力や、相互行為に用いている方法を解明することを目指します。これらを解明するのに最適なのが「会話」なのです。

3.2　疑問②「どうして当たり前のことを研究するの？」

　会話分析は、「当たり前のこと」ではなく「当たり前のことを当たり前に行う方法や能力」を研究しています。会話分析の創始者のひとりであるシェグロフは、この方法や能力のことを「社会の構造基盤」と呼んでいます（Schegloff, 2006）。当たり前のことを行う方法や能力がなければ、日常生活を支える、人と人との相互行為を遂行することができないのです。シェグロフは、大学での講義で、私たちにとって当たり前のことが、実に緻密な秩序によって成し遂げられていることを、時計の比喩で説明しています。私たちは、正確に時を刻む時計の文字盤を見ることで時間を知ることができますが、この「正確に時を刻む」ことは、時計の裏面にある精密な機械によって成し遂げられています。会話分析が見出そうとするのは、この時計の裏面の部分なのです。

　例えば、私たちは会話をしている時、誰かが話し終わるとほぼ同時に次の人が話し始めます。沈黙や重なりが生じても非常に短く終わるのが普通です。普段意識もしない、当たり前のことですが、この一見些細な現象に秩序があることを見出したのが、サックスとシェグロフ、ジェファーソンの3人です。彼らは、「話し手の交替が繰り返し（もしくは最低1回）起こる」こと、そして「一度に一人が話す」という事実がさまざまな会話の中に共通して起こっており、そこには秩序が存在することを見出しました。この秩序を生み出すメカニズムが順番交替組織（Sacks, Schegloff & Jefferson, 1974）です。順番交替組織は、会話の中の話し手の交替に見られる秩序であると同

2）　脚注の1）でも述べたように、エスノメソドロジーは会話分析の理論的源流です。現在、方法論の違いから両者の間には緊張も見られますが、人々の実際的な活動をそれ自体としてとらえ、実際的活動の秩序を明らかにしようとするという立場は共通です。

時に、その秩序を生み出す装置でもあります。このように、当たり前に行われていながら、実は私たちが意識していない行為や実際的活動の秩序を明らかにするのが、会話分析の目指すところなのです。

　ところで、相手の発話の途中で、聞き手が発話を開始するということは、実際にはよく見られますが、これは順番交替の秩序に対する違反なのでしょうか。事例（2）を見てみましょう。この断片の前でＦが「うちの猫とくにかわいい」と自慢し、他の参与者から「猫ばか」だと揶揄されます。以下の断片は、それに対してＦが「うちの猫なんて暗いところで目赤くなるんですよ」と、かわいいと主張することの根拠を述べて反論するところから始まっています。そして17行目のＢの発話の途中で、Ｆが発話を開始しています。

事例（2）　JAIST

```
01 F ：うちの猫なんて暗いとこで<u>め</u>:赤くなるんですよ.
02 A ：赤く［なる
03 D ：　　　［何？赤く［なるって.
04 C ：　　　　　　　　　［だからそれかわいいっすか？
05 B ：えっ？それは　［あっ
06 D ：　　　　　　　　［純粋に赤？その赤？（（テーブルの上の赤ワインを指さす））
07 F ：［こうゆう赤
08 E ：［それ珍しいんちゃう
09 D ：明るいじゃなくて本当の赤？
10 E ：［あっこっこのぐらいだとめずらしいと思うけど
11 B ：［えっ？それが:　［それがかわいいの？
12 C ：　　　　　　　　　［あっうち緑だ.
13 F ：これ黄色　［でしょ
14 D ：　　　　　　［ふつう緑やんね:うちも緑（　　　　）
15 B ：［えっ？それかわいい［根拠なんですか::？なんかそれとも＝
16 E ：［緑　　　　　　　　　［黄緑くすんだ　（　　　　）
17 B ：＝他の猫とは(.)［ち<u>が</u>:う<u>ぞ</u>:::
→18 F ：　　　　　　　　　［ち<u>が</u>::う.huhu
```

　18行目のＦの「ちが::う」は、は、Ｂの発話が完了する前に産出されています。しかし、データをよく見てみると、Ｆが無秩序にこの発話を産出したのではないことが

わかります。そのことを、やりとりを詳しく見ながら記述してみましょう。15行目の
Ｂの「えっ？それかわいい根拠なんですか」は、Ｆに対する質問の形を取りながら、
「うちの猫がかわいい」ことの根拠としての適切さに対して疑問を投げかけています。
続く「なんかそれとも」は、Ｆの自慢を正当化する別の根拠を選択肢として与えよう
としているように聞こえます。そしてそれが「他の猫とは違う」ということであるの
が明らかになった時点で、短い間の後、Ｆが「ちが::う」と、Ｂとほぼ同時に同じ発
話を産出し、Ｂによって開始された発話を完了させています。このＦの発話は、Ｂの
発話に統語的に接続する形式で、かつその続きとして聞こえるタイミングで産出され
ていることから[3]、進行中のＢの順番の侵害ではなく、むしろ共同的に参加しているよ
うに聞こえるでしょう。とはいえ、Ｂの順番中であることは明らかです。ここでポイ
ントとなるのは、18行目のＦの発話が、15行目のＢの質問に対する応答である同時
に、Ｂによる代替案の提示に対する応答でもあるということです。Ｂの質問はYes/no
質問であるため、「はい/いいえ」で応答することが一般に期待されますが（Raymond,
2003）、ＦはＢの発話を完了するという形式で応答しています。このように、質問者
の発話を引き取って完了することで、その代替案がそもそも自分のものであることを
主張しているのです。

　このように、会話分析が見出した秩序は、アプリオリに存在し会話での人々のふる
まいを統制するものではなく、人々によってそのつど生み出されるものです。と同時
に、その秩序は、人々がさまざまなことを行うことを可能にしていることもわかりま
す。しかも、私たちはそれを当たり前にやっていて、普段気に留めることもありませ
ん。こうした「当たり前にやっていること」を当たり前に行うための方法を私たちは
身に付けており、その方法を用いることができる能力を、会話分析ではコミュニケー
ション能力、もしくは相互行為能力と呼ぶのです。串田（2006）は「コミュニケー
ション能力とは、会話分析の観点からは、たんなる言語能力でも情報伝達能力でもな
く、やりとりの中で言葉や動作をそのつど**相手の出方に合わせてデザインする**ことに
よって、さまざまな行為を理解可能な形で遂行していく能力である」（p.188：強調マ
マ）と述べています。

---

3)　こうした聞き手の発話は、日本人の会話が「共話」的であることを示す特徴の一つとされています（水
　谷, 1993）。共話とは、「対話」に対置される概念で、話し手と聞き手が対立せず一体となって話す会
　話の進行の仕方を指し、日本語会話に特有のスタイルだとされてきました。しかし、実際には英語会話
　でもこうしたふるまいはしばしばみられることが指摘されています（Lerner, 1996など）。

3.3　疑問③「研究者の主観的な分析で一般性がないのでは？」

　この疑問は、量的な分析を採用する研究分野からのものと、フォローアップインタビューを重視する方法論からのものとの大きく２つに分かれています。それぞれ見ていきましょう。

　非常に単純化していうと、言語研究における量的な方法論は、話し手の属性（性別や年代、母語、出身地など）、話し手と聞き手の親疎関係、聞き手に与える心理的・物理的負担など、相互行為の「外側」にある要因が、言語形式の使用頻度や分布に影響を与えるという前提に立っています。その上で、ある言語形式の使用頻度を、これらの要因の有無や程度の違いによって区別される集団間で比較し、どちらが有意に多いかを統計的に測定して、影響を与える要因を特定しようとします。

　他方、会話分析の関心は、相互行為の「内側」にある秩序がどのようなものであり、それがどのように生み出されるのかにあります。このことを解明するために、その言語形式を用いて参与者がやっていることを、前後のやりとりの詳細を含めて精緻に記述するのです。その言語形式がどのような人々の間でよく使われるか、その言語形式がどのような状況で用いられるのかといった、現象の分布についての知見を得ることが目的ではありません。量的方法論からの疑問は、会話分析の目的に対する誤解から生まれた、いわばボタンのかけちがいの結果から来るものだといえるかもしれません。

　そうであっても、会話分析の記述に対する「主観的である」との批判は存在するでしょう。これは、会話分析の立場からいうと、記述の妥当性をどのように考えるかという問題です。串田（2006）は、量的な研究が妥当性を確保する方法が「理論的観点から測定すべきだと定められたことがらが、実際にそのデータにおいて測定されているか」（p.195）という形を取っているのに対し、会話分析にとっての妥当性の問題は、この形を取らず、「参与者自身がこの言葉によって行っていることを記述が的確に捉えているか」（p.195）という観点から検証されるものであると述べています。

　この記述の妥当性をめぐる問題は、フォローアップインタビューを重視する研究者からの疑問とも関係があります。フォローアップインタビューとは、「一次調査の行動のどの個所にどのような留意、評価などの意識があったかを調査する方法」（ネウストプニー, 2002, p.29）です。例えば、収録した会話のある特定の部分を見せて、なぜそのようは発話をしたのかや、その際、何に留意していたのかなどを尋ねるなどの方法がこれに該当します。フォローアップインタビューは、研究者の分析の妥当性を確かめる方法としても用いられます。他方、会話分析による記述は、本人に確かめていないので、妥当性に疑問があるとみなされるのです。しかし、会話分析が記述するような、非常に微細な出来事（ミリ秒単位の沈黙や声の大きさ、速度などのパラ言語的

特徴、視線の向きや身振りなどの非言語的ふるまい）の意味を、参与者がすべて覚え
ていることをあてにできるでしょうか。そもそも、そこまで「細かく」記述する必要
があるのか、という疑問もよく向けられますが、会話分析者にとっては、細かく見る
からこそ、相互行為を成り立たせている秩序が見えてくるのです。事例（1）を思い
出してください。1 行目の L の「お願いしま::す.」という発話の「お願いし」の時点
で R が「お願いしま::す.」を開始しています。「お願いします」が完了した後に開始
していたら、このやりとりは「挨拶」には聞こえないでしょう。相手が「お願いしま
す」と言おうとしているのがわかった時点ですぐに「お願いします」と返すことで、
1 行目の発話が依頼ではなく挨拶であるということ、そしてそのタイミングで応答す
ることで挨拶を返すということが成し遂げられているのです。また、5 行目で L が「ど
うでしたか？」と質問し、0.6 秒の沈黙の後、L は再び発話を開始しますが、R の「そ
うですね」が重なると、L は「緊張しま s-」と途中で発話をやめています。この発話
の重なりとその後の L のふるまいは、質問の後、すぐに R が答えなかったために、「緊
張しましたか」という Yes/no 質問に言い換えたそのタイミングで R が答え始めたこ
とが理由であることが、ごく短い 0.6 秒の沈黙をきちんと記述することではじめて明
らかになります。つまり、会話分析の方法論においては、そうした微細な出来事をあ
りのままに記述することが不可欠なのです。

　また、フォローアップインタビューは、研究者がデータを見て理解したことを参与
者自身の理解と突き合わせるという作業でもあります。これに対し、串田（2006）
は、会話分析が記述しようとしているのは、「いかにしてある行為が理解可能になって
いるのか」ということであるため、分析者の理解と参与者自身の理解の一致は、記述
されるべき現象の一部であり、記述の妥当性を保証する証拠としての地位を有するも
のではないと述べています。会話分析が解明を目指す、なぜ参与者や分析者がそのよ
うな理解ができるのか、何がそのような理解を成り立たせているのかという問いは、
フォローアップインタビューでは明らかにならないのです。

4　日本語教育と会話分析の接点

　本章 2 で述べたように、会話分析の目的は、私たちがふだん当たり前にやっている
ことを対象に、「当たり前のことを当たり前にやる」ための能力とそのための方法を解
明することです。日本語教育では、学習者が「日本語を当たり前に使えるようになる」
ことを目指していますが、そのためには、「当たり前のこと」がどのような秩序によっ
て支えられているのかをまず明らかにする必要があります。この観点に立ち、本節で

は、会話分析の日本語教育への応用可能性について述べていきたいと思います。

4.1　相互行為の観点から日本語使用の実態をとらえる

　言語教育では、新しい語や文型を教える際、語や文型の意味と、どのような状況や場面で用いられるのかを教えます。会話教育の教科書を見ると、大まかな会話の流れと、使用可能な表現例が提示されていますが、それらの表現が会話中のどのような場所なら使えるのか、また、類似の表現はどのように使い分けられるのかを提示したものはほとんどありません。その理由の一つに、言語教育が依拠する言語観があります。

　言語教育は一般に、言語は自律的な記号体系であるとの前提に立っています。そして、語や文型といった形態をとる記号と対応する意味を、学習者が知識として獲得することを目標としています。そのため、文脈は、あくまでもその語や文型がよく使われる場面や条件を体現するものとして類型化されます。例えば、「目上の人にはです・ます体を使う」「『はい』は丁寧で『うん』はカジュアルである」などです。言語を知識の体系として教える上で、実際、こうした類型化は便利です。問題は、こうした類型化が必ずしも私たちの言語使用の実態に合っていないということです。例えば、同じ相手に対して「はい」と「うん」の両方を使うこともしばしばみられます（高木, 2008; 山本, 2016）。このように、実際の会話を観察してみると、類型化に基づいて提示された規範に合わない言語使用はいくらでも見つかります。そのたびに、規範の見直しが行われますが、今度は別の逸脱事例が生じるという、いたちごっこが生じます。

　他方、会話分析では、言語を、今ここで展開されている相互行為に参与者が参加するための資源の一つであるととらえます。こうした観点で言語をとらえるには、相互行為中の「今、ここ」での言語使用を見ることが不可欠です。進行中の相互行為の実際の文脈から切り離され類型化された文脈のパターンに発話の言語形式を結び付けて解釈するということはせず、相互行為の「内部」で起こっていることを精緻に記述するのです。具体的には、相互行為の展開において、人々のふるまいや発話がどのように配置されているのか（例えば、そのふるまいや発話が、どのようなふるまいや発話の「次」になされているのか）と、それらが、どのような言語的・非言語的要素によって構成されているのか（発話の文法構造や発話速度、声の大きさ、イントネーション）に注目します。このような記述を行うことで、「はい」と「うん」の使い分けには相互行為の展開に即した秩序があることが見出されるのです（高木, 2008; 山本, 2016）。

　ここで例を見てみましょう。日本語教育で会話を扱う際、話し手の発話のみが重視されがちですが、堀口（1997）が指摘するように、聞き手のふるまいも会話の進行に大きく関わります。事例（3）は、アメリカ在住の女性の友人同士 WM と ON の電話会

話で、WM が愚痴を語り、聞き役の ON は「うん」と「うんうん」の両方を使って反応しています。この「うん」と「うんうん」はどのように使い分けられているのでしょうか。

事例（3）（japn1605）[4]
```
  01 WM ： .h なんかうらやましいです. ＝そういうこう忙し::い, なかに:,
⇒02 ON ： う:んうん.
  03 WM ： あのいる:っていうのが.
  04 ON ： ↑どうして:::.
  05 WM ： いやあたし::: [ワイオミング i-] (.) 来て:,
→06 ON ：            [う::ん.        ]
⇒07 ON ： うんう:ん.
  08    (.)
  09 WM ： とってもここ田舎なんですよね:？
⇒10 ON ： そうだって↑ねえ. [う:んうん.     ]
  11 WM ：             [う::ん. ＝ほん]っとひどいんですよ:.
  12       .h [hh だか]ら::.hhh なんかあの::(0.7) う↓:::んなんか i-
  13 ON ：    [ふ::ん.]
  14 WM ： >コロラド< にいたときは::,
→15 ON ： う:ん.
  16 WM ： 生活にこう調和が (.) あったんです [ね？
⇒17 ON ：                    [>うんうんうんうん.< ＝
  18 WM ： ＝でも::ここにきて:,
→19 ON ： う [:ん.
  20 WM ：   [(その) 調和が崩されて:,
→21 ON ： うん.
  22 WM ： 何もない::(0.6)っ [て, 家族   ] だけでしょ:う.
⇒23 ON ：          [うんう:ん.]
⇒24 ON ： うんうん  [°ん°]
  25 WM ：        [とも] だちもいない l::, ＝
  26 ON ： ＝まだ友達できな:い::？
  27 WM ： ↓っていうか::.hhhh(.) [あの::,]
```

---

4) 事例中の「うん」は→で、「うんうん」は⇒で示しています。

→28 ON　：　　　　　　　　　　　　　　　[う::ん.]°う:ん.°
　29 WM　：　ぜんぜんこ::う>なんていうのかな<[ち↑がうんですよあの:.h共[通の点が＝
→30 ON　：　　　　　　　　　　　　　　　[°うん°　　　　　　　　　　　[°うん°
　31 WM　：　＝ないんですぜんぜ::ん.
⇒32 ON　：　う::んうん°うん.°

　ON が「うん」で反応しているのは、「あたし:::」(5行目)、「コロラドにいたとき
は:」(14行目) など、語り手 WM の発話が表現的に完結せずまだ続くように聞こえ
る場所です (西阪, 2008)[5]。ここで「うん」で反応することは、相手の発話を「聞い
ている」「理解している」ことを示すことになるでしょう。他方、「うんうん」は、「とっ
てもここ田舎なんですよね:?」(9行目)、「生活にこう調和があったんですね:」(16
行目)、「共通の点がないんですぜんぜん」(29・31行目) など、語り手の発話が一区
切りついた時点で産出されています。岩田・初鹿野 (2012) は、強く共感するとき
は、同じ言葉を繰り返すこともあると述べています。では、これらの「うんうん」は、
強い共感を示しているのでしょうか。
　語り手の発話をよく観察すると、「うんうん」の直前の発話では、今語っている内容
に対する語り手自身の感情や評価などが述べられていることがわかります。そのよう
な発話に対しては、「うん」という反応で単に聞いていることを示すだけでは不十分
で、語り手に対する理解や共感を示すことが通常期待されるでしょう。そのため、「う
んうん」は、確かに「強い共感」を示していると言えるかもしれません。しかし、重
要なのは、そうした共感が期待されるような位置で産出されていることです。共感を
示すことが期待される位置が、相互行為の展開の中で語り手の発話によって用意され、
その位置で聞き手は、その期待に適合的な反応を「うんうん」という発話形式を用い
て行っているのです[6]。つまり「うんうん」は、聞き手による一方的な共感の度合いの

---

5)　この場所は、西阪 (2008) が呼ぶ反応機会場でもあります。反応機会場については、4.2の事例 (4)
　　で説明します。
6)　2行目の「うんうん」は、1行目の WM の発話が、ON をうらやましいと思っていることの表明に加え
　　て、その理由についても話そうとしていることがわかった時点で産出されています。さらにそれが愚痴
　　であることも予測可能になっています。7行目の「うんうん」も、ON の質問に対する WM の応答が、
　　ワイオミングに来てからの出来事についての語りとなることがわかった時点で産出されています。つま
　　り、これらの時点で ON は、単に相手の話を「聞いている」「理解している」ことを示すだけでなく、
　　「愚痴を話そうとしている」「これから語りが始まる」ということに対する理解も同時に示す必要があ
　　り、この2つの課題を解決する方法として「うんうん」が用いられています。なお、28行目の一つ目
　　の「う::ん」は27行目の「っていうか」に対する反応で、二つ目の「う:ん」は「あの::」に対する
　　反応のため、「うんうん」ではありません。

表出ではないということです。

　もう一つ重要なのは、共感を示す表現が他にもあるにもかかわらず、なぜ「うんうん」を用いているかという点です。「うんうん」は「うん」の繰り返し形です。「うん」という発話は、応答としては最小限の形式であり、だからこそ、「聞いている」「理解している」ことを示しつつ、自分が順番をとるのをパスして相手に話を続けてもらうための手段としてよく用いられます。WM による愚痴の語りの展開を見てみると、「うんうん」で反応された発話は、まだ語りが続くように聞こえます。つまり、ON は、WM に共感を示しつつ、同時にまだ語りが続くと理解していることも示す必要があります。「うん」の繰り返し形である「うんうん」は、ON が直面しているこの 2 つの課題を同時に解決するための方法として選択されているのです。

　会話分析によって得られた知見は、文脈の類型化に基づくものではないため、日本語教育にとって使い勝手がよくないように見えるかもしれません。しかし、会話分析的な観点から会話を見ることで、なぜ今そこでそのような発話が行われているのかを理解できるようになります。例えば「うん」と「はい」の使い分けを、単に丁寧さの度合いというだけではなく、相互行為の展開の中で使い分けられていることを学習者に示すことができるでしょう。また、会話分析にもとづく理解を授業活動のデザインに活かすこともできます[7]。学生にグループワークを指示しても、なかなか活発な議論が盛り上がらないとき、教員は学生のやる気などのせいにしがちですが、グループをよく観察すると、そもそもどのように話し合いを開始したらよいのか戸惑っている場合もあります（手塚, 2021）。また、相手の意見に同意できない場合、あえて最小限な反応しかしないことで、意見の対立を避けつつ、暗に不同意であることを伝える方法を取っている場合もあります（森本, 2020; Feng, 2022）。このように、学生たちの活動やふるまいを会話分析者の視点から見ることで、教育実践に有益な示唆を得られることができるのです。

4.2　相互行為能力という観点から学習者の日本語能力をとらえる

　近年、第二言語習得（second language acquisition: SLA）や言語教育の分野で、学習者の相互行為能力に対する関心が高まり、多くの論文が発表されていますが、そのきっかけを作ったのがファースとワグナーの論文です（Firth & Wagner, 1997）。

7）　岩田・初鹿野（2012）は会話分析の考え方を基盤とした会話教育の教科書です。他の教科書と同様、類型化された会話のスキットが提示されていますが、「なぜ、今」そのような発話をするのかを、学習者自身の第一言語での経験を踏まえて考えさせる活動が盛り込まれている点で、会話分析の知見が取り入れられています。

彼らは、それまでの SLA 研究が、言語能力を学習者個人の認知的側面からのみとらえてきたと指摘し、実際の相互行為を当事者の視点からとらえる必要性を主張しました。

　ファースとワグナーの主張で特に重要な点として、学習者はまだ目標言語を十分に使えない「不完全なコミュニケーター」であるという前提を明確に否定したことが挙げられます。彼らの相互行為能力が第一言語を通して培われているからです。他方、Roever & Kasper（2018）は、学習者が、第一言語話者が用いるのと基本的には同じやり方で会話に参与する一方で、目標言語についての彼らの限られた知識が、言語を資源として会話に参与する上で制約となることも指摘しています。したがって、学習者の相互行為能力を分析する際、その限られた言語知識を相互行為の資源としてどのように利用しているのかという観点が重要です。

　ファースとワグナーの論文以降、学習者の相互行為上の実践に対して多くの分析がなされるようになりました。Mori & Nguyen（2019）は、会話分析がそうした分析に多大な貢献をしてきたと述べています[8]。学習者の相互行為能力の一端を、具体例の分析を通して見てみましょう。

　事例（4）は、反応機会場（西阪, 2008）における日本語初中級レベルの中国人日本語学習者の反応を、会話分析を用いて分析した唐（2019）の事例を再分析したものです。反応機会場とは、表現的にも発言順番構成的にも完結していないところで、事例（3）で聞き手による「うん」という反応が観察された場所がそれに該当します。反応機会場で産出される反応には「はい」や「うん」がありますが、高木（2008）は、基本的には「うん」が用いられるものの、「何らかの形で相互行為上のトラブルに（もしくは事後に）対処する発言が産出されている時」（p.59）に「はい」が用いられることを示し、「はい」と「うん」の使い分けにはそのつどの状況に応じた秩序があることを明らかにしています。これに対し、唐（2019）は、学習者が反応機会場で通常はうなずきだけで反応する一方で、高木が指摘したような箇所においては「うん」を同時に用いていることを見出しています。（4）のトランスクリプト中の小文字の e で始まる行は、E のうなずきがそこで行われたことを示しています。

事例（4）（唐, 2019, pp.38-40, 断片 8 を修正）

（（初対面の留学生 E と日本人大学院生 S が学校や課程について話している））
　01 E ：　で. ちなみに［あの：大学の：

8）　例えば、Caroll（2005）や佐野（2017）は、学習者の言語能力不足によるエラーに見えるものが、実は次の順番をとるための手段となっている例を分析しています。

```
  02 S :              ［うん
  03 S ： うん.
  04 E ： あの：ぶん：(.)ぶん：ぶん：かの ［°あの°］専攻はなんですか？
  05 S ：                         ［ははい.］
  06 S ： 文化の専攻ていうのは？＝なんか英語圏文化とかそういう：＝
  07 E ： ＝あっそうそう. ＝
  08 S ： ＝というかんじ？
  09 E ： ［あの. ありますか？］
  10 S ： ［あうん：うん：　　］なんかとくにない：( ).>やけど< 今なんか, 自分が
  11      やってるのは, そのヨーロッパの.< 研究 >¿
⇒12 e   ((うなずき))
  13 S ： ヨーロッパの文化？うんなんかセファールって聞いた°こと ( )°？
  14      (.)
  15 E ： あ：.あの (0.4) 文学？(.) ですか？hhhhh
  16 S ： あ::ちょ(h)っ(h)と(h)違(h)う h. ちょっと違う.hhhh
  17 E ： す(h)い(h)ま(h)せ(h)ん h.
  18 S ： °大丈夫°.>全然大丈夫<.セファールは全然あの教育をする人がしっ err あの
  19      使う用語だから,
  20 E ： はあ：
  21 S ： まあ, (.)なんかヨーロッパのその文化,
  22      (.)
⇒23 e   ((複数回のうなずき))
  24 S   となんかその教育のシステム↑が,
→25 E   うん.((複数回うなずきながら))
  26 S   混ざったような感じのやつなんだけど：
```

　1・4 行目の E の質問に対し, S は 10 行目から CEFR[9] の研究をしていると答え始
め, E は 12 行目の反応機会場でうなずきます。ところが, 13 行目の質問に対する答
えから, E が CEFR について知らないことが明らかになり, S は 21 行目から CEFR

---

9) CEFR とは、ヨーロッパ言語共通参照枠 (Common European Framework of Reference for Languages)
　の略で、ヨーロッパの言語教育、学習、評価のための共通の枠組みとして 2001 年に発表されたもので
　す (Council of Europe, 2001/2004)。

について説明を始め、それに対し E は 23 行目の反応機会場でうなずきを行います。他方、24 行目の直後の 25 行目では、うなずきとともに「うん」という言語的反応を産出しています。24 行目は、17 行目で E が自分の無知を謝り、18・19 行目で S が大丈夫と慰めた後、CEFR の説明を始めた発話です。すなわち、聞き手の E にとって、それまでの「脇道」的なやりとりが終わり、元の専門の話に戻ったことが認識できる位置です。そのため、ここでは、単に「聞いている」「内容を理解している」ことを示すだけでなく、その発話が、直前で問題となった CEFR についての説明が再開されたことに対する理解を示すことも同時に期待されます。もし「うなずき」だけだったら、後者の理解ができているのかどうか、話し手 S にとってはわからなかったでしょう。「うん」を同時に発することは、この 2 つの課題を同時に解決する手段なのです。

　この事例は、学習者が、適切な言語表現や言語使用に関して限られた知識しか持たないにもかかわらず、その知識を用いながら適切にふるまうことができることを示しています。学習者の相互行為能力は、テストで測ることはできません。実際の相互行為の中で経験するリアリティに彼らがどのように対処しているのかを精緻に記述することによって、はじめて明らかにできるのです。

5　おわりに

　会話分析は、人々が社会生活を行う上で日々直面しているリアリティを、あるがままにすくいとる方法論です。私は、会話の中の微細な現象に目を凝らし、そこに存在する複雑な秩序を見出すという経験を積み重ねる中で、相互行為のリアリティを見る目を少しずつ培うことができ、その結果、多様な文化的背景を持つ学習者のふるまいに対して、彼らが今ここで直面している相互行為上の課題にどのように対処しているのかという観点から見ることができるようになったと感じています。この観点は教室活動をデザインする際にとても有用ですし、何より、「不完全なコミュニケーター」とは違う見方で学習者のふるまいをとらえることができます。それは、第一言語話者同士の会話に対しても同様です。会話分析は、「日本人は○○だ」「中国人は△△だ」といったステレオタイプに基づいて、相互行為中のふるまいを解釈することの危険性を教えてくれます。

　人々のリアリティを追求する会話分析は、日本語教育を含む言語教育一般に対して新たなコミュニケーション能力観を提示し、教育の方法論の再考を迫る研究分野なのです。

ディスカッション課題

1 実際の会話例を分析してわかったことは、日本語教育においてどのように役に立つと思いますか。話し合ってみましょう。

2 あなたはこれまで、日本人のコミュニケーションの仕方の特徴についての言説を聞いたことがありますか（「日本人はあいまいだ」など）。なぜそのように言われるのかを、具体的な会話例を思い描きながら話し合ってみましょう。

3 実際の会話例に即して、2 で挙げた理由が本当に当てはまるかどうかを話し合ってみましょう。

4 あなたは、日本以外の国・地域の人のコミュニケーションの仕方の特徴についての言説を聞いたことがありますか（「○○人は直接的だ」など）。なぜそのように言われるのか、それが本当に当てはまっているのかを、上記の 2 と 3 と同じような順番で話し合ってみましょう。

5 コミュニケーションの特徴を、その人の出身国や母語、年代やジェンダーと結びつけることはよくあります。そしてそれがコミュニケーションの規範として語られることもしばしばみられます（「女性は丁寧に話すべきだ」など）。このような見方についてあなたはどう考えますか。

6 会話分析は、5 のような見方に対して、どのような議論の材料が提供できるでしょうか。

さらに学ぶための参考図書・資料

串田秀也, 好井裕明（編）(2010)『エスノメソドロジーを学ぶ人のために』世界思想社.

串田秀也, 平本毅, 林誠（2017)『会話分析入門』勁草書房.

高木智世, 細田由利, 森田笑（2016)『会話分析の基礎』ひつじ書房.

平本毅, 横森大輔, 増田将伸, 戸江哲理, 城綾実（編）(2018)『会話分析のひろがり』ひつじ書房.

好井裕明, 山田富秋, 西阪仰（編）(1999)『会話分析への招待』世界思想社.

第6章

日本語教育政策研究は何をめざすのか

人文学としての日本語教育学と学際性

神吉宇一

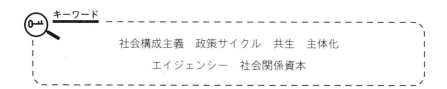

キーワード

社会構成主義　政策サイクル　共生　主体化

エイジェンシー　社会関係資本

1　私と研究の関わり

　私が教育者として、研究者として、そして一市民として社会に関わる際、考え方の基盤としているのは、社会に存在するありとあらゆるものは対話を通して創られたものであるという社会構成主義の視点です。私は大学院生の頃に状況論（レイヴ & ウェンガー, 1991/1993; サッチマン, 1987/1999 など）や社会文化的アプローチ（ヴィゴツキー, 2012/2001; ワーチ, 1991/2004 など）などの状況主義的な研究に触れました。そして、意味や社会が人々のやりとりを通して対話的に相互構成されるという視点や、学習を知識やスキルの習得だけにとどめず社会・コミュニティへの参加として考えるというとらえ方（Sfard, 1998 など）に、自分なりに強く深い納得感を得ました。以後、社会は対話的に創られているという社会構成主義が、私の思想的基盤となっています。

　私が現在、日本語教育研究や日本語教育実践において持っている問題意識は、なんのために日本語教育を行うのかということです。私は大学院で学んだ後、一般財団法人海外産業人材育成協会（AOTS）で、日本語教育の専門職として働きました。AOTSは、主に経済産業省の予算と民間企業の予算を使いながら、いわゆる「産業人材」に

対する研修を行うところでした。私が携わった主な仕事は、アジア人財資金構想事業という留学生の就職支援事業や経済連携協定（EPA）による看護・介護従事者の受け入れ事業、企業の研修生[1]に対する日本語教育プログラムの企画・運営・改善などでした。また、企業から個別に日本語教育のコースを受注するオンデマンド日本語教育事業を拡大し収益化していくことなどにも取り組みました。それらの事業を行っていく中で、組織内でも顧客企業からも、経済産業省や外務省などの省庁からも「なぜ日本語教育が必要なのか」「なんのために日本語教育を行うのか」と問われることが多くありました。残念ながら、当時の私はこのことにうまく答えることができませんでした。また、企業や省庁と仕事をする中で、日本語教育が社会や現場の文脈から切り離され、教室の中だけで完結するような取り組みを求められることも多くありました。これは端的に言うと、「日本語教育の人は日本語部分だけやってくれたらよくて、人が育つとか組織がよくなるということは考えなくてもよい」ということの現われでもありました。日本語教育を社会的文脈から切り離して考えるという社会一般のとらえ方と、日本語教育を教育として位置づけ、日本語教育を通して対話的に社会を創っていくという私自身の思想的立ち位置はどのように折りあうのか、なかなか答えを見出しづらい課題でした。2013年から大学教員となり、実務の世界から研究の世界に入りました。AOTS では政策に近いところで仕事をしていたこともあり、日本語教育の政策研究という切り口から、日本語教育の社会的位置づけや社会的意味について考えるようになりました。

　本章では、対話的に社会が構成されているという私自身の思想的立ち位置を踏まえた上で、日本語教育政策研究の課題と展望について議論します。日本語教育政策研究は、「（日本語学習者に限らず）すべての人が幸福な状況にあり、平和で安定的かつ公正な社会をつくり維持するために、どのような日本語教育のあり方が考えられるか」についてゆるやかな形を示すことをめざさなければなりません。それは、私の問題意識である「なんのために日本語教育を行うのか」という問いに対する当面の回答を模索することでもあります。また、私たちが専門家として日本語教育政策研究に関わるのであれば、いわゆる根拠やエビデンス、数値化された指標などとも向き合っていかなければなりません。エビデンスを踏まえることで、心理学で言われる「素朴理論（naïve theory）」や、社会学・経済学などで言われる「経路依存性（path

---

1）　技能実習生ではなく研修生を対象としていました。現状の出入国管理に関する仕組みでは、技能実習と研修はその違いが明確に分けられていますが、過去、技能実習制度が創設された際には、技能実習生も「研修」という在留資格で在留していました。そのことから、研修生と技能実習生が混同されることがありますが、実態は全く異なるものでした。

dependency)」に対して新たな見方を提示することができるようになります。しかし一方で、エビデンスには限界もあり、個々人がエビデンスに対するリテラシーを身につける必要もあります[2]。これらのことを、ことばの教育という文脈で考えるのであれば、ことばそのものやことばの教育を社会から切り離していわゆる「科学的分析」の対象とするのではなく、ことば、人、社会がどのような関係にあるのかという観点から、日本語教育政策研究のあり方について考えることが求められます。本章では現在の社会において日本語教育がどのように位置づけられているか考えることを通して、日本語教育政策研究の展望について述べたいと思います。

2　日本語教育政策への注目

　日本社会は深刻な人口減少局面を迎えています。2015 年以降の日本国内の人口動態を見ると、表 1 のような推移を示しています。

表 1　2015 年以降の日本の人口動態

年	総人口	純増減	自然増減	社会増減
2015	127,094,745			
2016	127,041,812	-52,933	-296,364	133,892
2017	126,918,546	-123,266	-377,148	150,727
2018	126,748,506	-170,040	-425,163	161,456
2019	126,555,078	-193,428	-485,426	208,783
2020	126,146,099	-408,979	-500,848	41,907
2021	125,502,290	-643,809	-608,621	-35,188
2022	124,946,789	-555,501	-730,616	175,115

「人口推計」（総務省統計局）（https://www.stat.go.jp/data/jinsui/pdf/202303.pdf）より筆者作成

---

2)　エビデンスにどう向きあうかという議論は、政策決定に私たちが専門家としてどのように関わることができるのかという議論でもあります。政治におけるポピュリズムの広がりやその影響による特定の属性に対する排斥的に運動に対抗するには、エビデンスや専門性が重要な役割を担います。一方で、エビデンスの扱いに関する課題についてはすでに多方面で論じられています。教育分野では杉田（2021）や亘理ほか（2021）などが参考になりますし、政策とエビデンスの関係における一般的な課題については杉谷（2022）が参考になります。

人口データ[3] は各年の 10 月 1 日のもので、2015 年から 2016 年の 1 年間では、総人口が 52,933 人減っています。その後、人口減少幅は大きくなっていますが、特に自然増減については 2020 年以降約 50 万人、60 万人、70 万人と急速に減っていることがわかります。そして、その減少を社会増で補っている状態であることもわかります。人口の社会増がなければ、日本社会は著しい人口減少に直面することは明白です。

　日本政府はこのような状況への対応として、労働者を中心とした外国人の受け入れ政策を進めています。政府は毎年 6 月に「経済財政運営と改革の基本方針」を発表し、翌年度に実施する政策の重要事項を取りまとめていますが、2018 年以降、外国人受け入れ政策について積極的に記載されるようになりました（神吉, 2020）。近年は、「外国人材の受入れ・共生のための総合的な対応策」や「外国人との共生社会の実現に向けたロードマップ」なども発表されており、実質的な移民政策が進んでいると言ってよいでしょう[4]。

　法的・政策的な整備は日本語教育についても進んでいます。従来、日本語教育を行うための法的な根拠は、2001 年に成立し公布された「文化芸術振興基本法[5]」でした。当該法律の第 19 条に「日本語教育の充実」という項目があり、外国人が日本の文化芸術の理解を進められるように、国が日本語教育を行うとされています。しかし、2019年 6 月に公布・施行された「日本語教育の推進に関する法律（以下「日本語教育推進法」）」では、以下のように日本語教育の目的が記されています。

　　（前略）多様な文化を尊重した活力ある共生社会の実現に資するとともに、諸外国との交流の促進並びに友好関係の維持及び発展に寄与することを目的とする。

日本語教育推進法の成立により、国が日本語教育を行う法的な目的は、外国人の日本文化理解から共生社会の実現や世界との友好関係の促進へと変化しました。

　この日本語教育推進法を根拠として、日本語教育の質の維持向上を図るという目的で、さまざまな日本語教育政策の整備が進んでいます。教師の資格を国家資格とする

---

3)　人口データは、前年の総人口と当該年の総人口の差が純増減となります。また、自然増減は出生による増加と死亡による減少の和を示したもので、社会増減は入国による増加と出国による減少の和を示したものです。ただし、2020 年以前の純増減には 2020 年の国勢調査をもとにした補間補正値を含むため、自然増減と社会増減の和と純増減の数は一致しません。

4)　ただし、日本政府は公式には相変わらず「いわゆる移民政策はとらない」と言い続けています。しかし、「移民政策をとらない」とわざわざ言わなければならないというところにこそ、政府政策が移民政策だという証があると言えるでしょう。

5)　2017 年には法律が改正され「文化芸術基本法」とされました。

ことや日本語教育機関の認定制度の創設[6]、「日本語教育の参照枠」による日本語教育のあり方や目標などの明確化、そして地域の日本語教育において B1 レベルをめざすという「数値目標」の設定など、さまざまな動きがあります。このような社会的動向を踏まえたとき、日本語教育政策研究にはどのようなことが求められるでしょうか。

3　これまでの日本語教育における政策研究

　日本語教育に関連する政策研究は、歴史的研究という潮流、現在の政策の成り立ちを政策文書などの分析から明らかにする潮流、そして社会言語学分野の知見を踏まえた言語政策のあり方を提言する潮流に大別できると思います。政策の成り立ちに関しては、国会での議論を分析したもの（山本, 2014）や、省庁の専門委員会の分析を行なったものなど（布尾, 2016）があります。また、社会言語学における言語政策研究の知見を援用したものとしては、Cooper（1989）の研究を踏まえた日本語教育政策に関する提言を論じたものもあります（野山, 2007）。しかしこれらの研究の範囲では、実際にどのように政策が動いているのか、実施された政策をどのように検証し改善するのかということについては十分に議論しきれません。

　このような日本語教育政策研究の現状に対して、いくつかの批判的検討が行われています。上村（2020）は、日本語教育に限らず幅広く言語政策研究について論じる中で、言語政策研究の射程として、政策の提言や実施過程、政策評価に関する研究が十分に行われていないことを指摘しています。また、嶋津（2011）や寺沢（2019）は、日本語教育政策研究において、政策サイクル[7]を意識した研究が行われていないという批判を行なっています。神吉（2022）はこれらの批判を乗り越えるために、政策科学分野の研究や海外の言語教育政策研究など、日本語教育研究者が今まで触れていない学際的分野の知見を活用することを提案しています。

　すでに述べたとおり、日本語教育推進法の成立によって、ようやく本格的な政策の動きが見られるようになってきた今こそ、日本語教育政策研究は政策と社会のつながりをダイナミックにとらえていく必要があります。今まで、日本語教育政策研究が研

---

6)　2023年6月に「日本語教育の適正かつ確実な実施を図るための日本語教育機関の認定等に関する法律」が国会で成立し、日本語教育機関に関して国が認定を行うことや、「登録日本語教員」という日本語教師の国家資格が創設されました。
7)　政策サイクルとは、1) 問題の発見と定義、2) 解決案の検討という政策の設計、3) 専門家会議や政府内での決定や国会審議という決定、4) 政策の実施、5) 政策による業績の変化や効果測定などの評価、という各段階のサイクルのことを指します（秋吉ほか, 2020）。

究分野として十分に活性化しているように見えなかったのは、いくつかの要因が関係していると言えます。明示的な研究対象となる言語・日本語教育政策が日本にはほとんどないと認識されていた結果、日本語教育政策研究に取り組む研究者はごくわずかしかいませんでした。そのため、テーマや内容もごく限られており、国内他分野の政策研究や海外の言語政策・言語教育政策などの研究知見があまり共有されていません。現在、世界的な言語政策・言語教育政策研究は、国や地方公共団体などの政策立案者のみを対象とするのではなく、政策に対して人々がどのように対応し、振る舞い、その結果、政策が社会的現実となっているかを明らかにすることが主流になっています。近年、年少者日本語教育・継承語教育における、ファミリー・ランゲージ・ポリシーへの注目などは、このような潮流に関わる萌芽と言えると思います。そこで本章では、神吉（2022）の議論をさらに発展させ、これからの日本語教育政策研究のあり方について提案をしたいと思います。その手がかりとして、まずは人々の関心にもとづいた日本語教育の見取図を提示することで、日本語教育が何をめざしていくのかということを整理します。その上で言語政策研究などの学際的な取り組みを参照しながら、日本語教育政策研究の展望を示します。

4　日本語教育に対する人々の関心と政策的な目的

　共生社会実現のために政策として日本語教育に取り組むと言われるようになりましたが、共生社会の実現と日本語教育がどのように関係するのかについて政策的に十分に議論されているわけではありません。日本語教育推進法や関連する政策文書を見ていても、まず共生社会の実現にことば・日本語がどう関係するのかには触れられていません。「日本語教育をやれば共生社会が実現する」「非母語話者が日本語ができるようになれば共生できる」と素朴に考えられているようにも見えます。ですが、この素朴な見方には、二つの点で問題があると思います。一つ目は、共生できない原因・理由をことばの問題だけに矮小化してしまうということです。ことばは、それを使う人、使われる社会との関係性の中で意味を持つものです。例えば日本語が十分にできない人がいたとしても、非言語の利用や仲介してくれる人の存在、テクノロジーの活用などがあれば、日本語は「問題」にはなりません。二つ目は、非母語話者の側だけに責任を負わせてしまうということです。ことばが通じる者同士でも争いや対立は普通に起きます。日本語教育の専門家としては、日本語教育と共生社会の実現にどのような関係があるのか、そしてことば・人・社会がどのような関係にあるのかを分析的にとらえ、それを実現するための政策・方策を考えていく必要があると思います。

　一般的な教育と政策の関連については、さまざまな分野で研究が行われており、膨大な知見があります。村上・橋野（2020）は、教育をその目的の性質によって表 2 のような四つの見方で考えられるとしています。教育の目的を社会のためか個人のためかという縦軸と、教育そのものが目的となるのか、教育は手段でありその先に他の目的があるのかという横軸で整理した表です。

表 2　教育の性質

	自己目的	手段
社会のため	A）福祉としての教育	B）社会の形成・維持としての教育
個人のため	C）消費としての教育	D）私的投資としての教育

村上・橋野（2020）表 1.1 をもとに筆者改変

　村上・橋野自身が「ただし、以上の 4 つの類型は、現にあるさまざまな教育をいずれか 1 つに分類できるということではなく、あくまでも理念型としての分類である（村上・橋野, 2020, p.22）」と述べているように、実際の教育がこの四つに明確に分類できるというものではありません。この表を参考にした上で、日本語教育に対する人々の関心をベースにして、日本語教育のあり方を図式化したものが図 1 です（以下「関心の見取図」と言う）。

　表 2 と図 1 の対応関係は A→Ⅱ、B→Ⅰ、C→Ⅲというように表と図のそれぞれの位置で対応しています。ただし、表 2 の D と図 1 のⅣは対応関係にはありません。図の縦軸は政策の軸、横軸は教育の軸です。政策の軸は表 2 の個人のためか社会のためかという軸と類似したもので、上の方が公的責任や政策管理の色合いが強く、下の方がより私的な領域としてとらえられます。ただし、「私的領域」というのは、表 2 の「個人のため」とは異なり、公的な制度に乗らないことと位置づけました。言語・言語教育がしばしば公的な支配の道具として使われてしまうことを批判的にとらえ、そのような動きにオルタナティブを提示するということで、図 1 では「Ⅳ市民教育型」としました（詳細は後述）。教育の軸は表 2 の自己目的か手段かという軸を参考にしました。日本語教育の活動や場そのものが今ここにあることを重視するのか、それとも、その活動や場がより未来志向で準備されているのかという違いで表しました。左は現在を中心とした議論、右は未来を見据えた議論と言えます。

　四つの象限については、縦横の軸を踏まえ「Ⅰ成長社会型日本語教育」「Ⅱ社会福祉型日本語教育」「Ⅲ言語習得型日本語教育」「Ⅳ市民教育型日本語教育」というように名づけました。Ⅰは社会発展や経済発展したいという関心にもとづいた日本語教育で

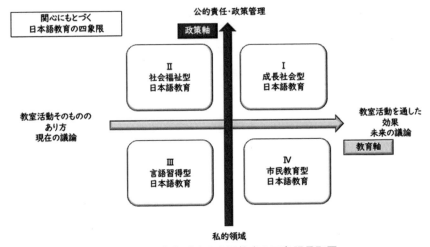

図1　関心にもとづく日本語教育の四象限見取図

す。個人の社会経済的達成やそのためのスキルの向上などの人的資本増大という観点
も含まれます。日本政府が進める高度人材育成や「活力ある社会」の実現といった現
在の日本語教育政策は、この部分に大きく重なるでしょう。Ⅱは安心安全に暮らした
いという関心にもとづいた日本語教育です。日本語教育の場自体が居場所として機能
したり、人々のつながりや信頼関係を生み出したり、地域づくりの場になったりする
という見方です。地域日本語教育で長らく取り組まれてきた方向性にある程度重なる
と言えます。Ⅲはことばを学び習得したいという関心にもとづいた日本語教育です。
趣味や教養で学びたい、学ぶこと自体が楽しくてやりがいがあるという場合が関係す
るでしょう。Ⅳは社会的正義や社会的公正の実現の関心にもとづいた日本語教育です。
平和な世界や市民性の教育、マイノリティに対するエンパワメントなどが関わります。
日本語教育のあり方として、批判的な観点から未来の社会を構想したり市民性を育成
するような日本語教育（尾辻ほか, 2021、北出ほか, 2021、佐藤ほか, 2023、佐藤
ほか, 2018、細川ほか, 2016など）が重視されている現状を反映したものです。あ
えて公的な取り組みや社会的な規範から距離を置くことにより、公的な権力に巻きこ
まれずに対抗的な言説を生み出したり社会のオルタナティブを考えたりすることに価
値を置く見方です。本来、教育の社会的役割を考えると、ⅠとⅣは逆ではないかとい
う考え方もあると思います。しかし、現実の日本語教育に関する人々の関心は、外国
人の就労やビジネス日本語教育が注目されるように、成長社会型モデルが公的責任と

して位置づけられています。一方で、すでに述べたように、市民性教育や民主的な教育を行おうとしたら、あえて公的なところから距離を置く必要がある場合もあります。この I と IV の位置づけは、今後の日本語教育のあり方を考える上で非常に重要な論点となると思います。この点については引き続きみなさんと議論をしていきたいところです。

　人々はみな「より善く生きていきたい」と考えていると思います。ですが、なにが自分にとって「善い」人生なのか、どのように生きていきたいのかはそれぞれの人によって異なると思います。日本語教育の関心の見取図を手がかりにすることで、日本語教育について多様な見方をしている人たちと、日本語教育のあり方について対話を行うことができるようになります。対話的に日本語教育のあり方を議論することこそが、共生社会を実現するための日本語教育の基盤づくりにつながるのです。

5　日本語教育政策研究の展望

5.1　人的資本と社会関係資本

　日本語教育政策研究では、日本語教育を行うにあたっての政策的取り組みの意義と限界を考えなければなりません。ここでは、関心の見取図で示したより公的な性格の強い I と II について、改めて考えてみたいと思います。I の成長社会型日本語教育にはどのような意義と限界があるでしょうか。移民に対する現地語の教育においては、これまで多くの研究で、現地のことばを習得することが移民の社会経済的な達成に有利に働くことが明らかにされています（Chiswick & Miller, 2002; 2003 など）。これらは人的資本の議論として知られていますが、人的資本とは、個人が持つ知識や技能が付加価値として経済活動に寄与すると考えるものです。そして、教育によって人を育てるということは、社会における人的資本の増大につながると考えます。学術分野としては経済学との親和性が高い見方です。この見方で日本語教育を考えるとしたら、人的資本の増大のために日本語教育を行い、日本語の知識や技能を身につけることで、個人も社会全体も社会経済的な達成が図られるはずだということになります。実際に、日本語ができる人は安定した就労環境にあるという研究結果もあります（永吉, 2021; 樋口, 2020 など）。

　一方で、人的資本の増加を目的とした成長社会型日本語教育には、いくつかの限界が指摘できると思います。その一つはことばの道具主義的なとらえ方による限界です。道具主義とは、日本語を、身につけるべき言語知識やスキルのパッケージとし、それが身についた結果、情報伝達や意思疎通の道具として使えるようになるという考え方

です。この考えに立つと、機械翻訳の発達によって日本語を学ぶ必要性はなくなるという主張や、日常生活や仕事で日本語を使った情報伝達や意思疎通をする必要がないので日本語を学ばなくてもよいという主張に反論できないと思います。もう一つの限界は、卓越性を過度に重視する方向に展開する危うさがあることです。いわゆる発展モデルですので、「できること」に主たる価値が置かれることになり、「弱さ」や「できなさ」みたいなものが、あまりよくないものとされてしまう危うさがあります。特に政策として発展モデル的な方向が強化されることは、共生社会とは異なる社会を実現してしまいかねない懸念があります。

　Iの成長社会モデルをことばの社会的な役割から補完するのがIIの社会福祉モデルです。社会福祉モデルは、日本語教育の場が日本語を学ぶ場であると同時に、居場所や安心して対話ができる場として地域社会に開かれているというような見方です。こちらは人的資本ではなく、社会関係資本に関係する見方だと言えます。社会関係資本とは、人々のつながりや信頼関係のことで、「絆型」という強いつながりと「橋渡し型」という弱いつながりがあると言われています（Coleman, 1988; Granovetter, 1973; パットナム, 2000/2006）。絆型というのは、例えば同国人ネットワークのようなもので、現状をなんとかやりこなす際に機能するものです。一方の橋渡し型は、新たな人々とのゆるやかなつながりによって新しいことに挑戦したり、今までに得られなかった情報を得たりする際に機能すると言われています。日本語教育の場が居場所となり、さまざまな人との関係性がつくられていくことは、橋渡し型ネットワークの発展につながると言えます。そして、社会関係資本という見方をすることによって、ことばを単なる意思疎通や情報交換の道具ととらえることなく、人々が関係性を構築し、社会をつくりだすことに寄与するものであると位置づけることができるようになります。永吉（2021）によると、日本在住の外国人について、社会経済的達成が実現しているにもかかわらず、人とのつながり（社会統合）や社会に受け入れられているという感覚（心理的統合）が持てていない人が多いとされています。共生社会の実現に向けて在住外国人の社会統合と心理的統合の実現が必要であるならば、まさにその中核を担うのが日本語教育の実践です。このように、人的資本の増大にとどまらず、社会関係資本の増大や関係性の構築という観点から日本語教育政策を考えることが求められるのではないかと思います。ただし、社会関係資本を軸にする見方にも課題があります。つながりをつくるということは、そのコミュニティで求められる振る舞いへの同化を求められることにもなりかねません。社会関係資本の重要性は論を俟ちませんが、それが万能の解決策になるわけではないということは十分に認識する必要があるでしょう。

5.2　構成主義的観点からの日本語教育政策研究

　言語教育政策研究については、政策をつくる側である政府や自治体が注目されることが多いですが、ボトムアップで政策が動いていくという構成主義的な視点から研究に取り組むことも必要です。Ricento & Hornberger（1996）による、言語政策のたまねぎモデルでは、たまねぎのもっとも外側が、国や州政府のような政策を決定する層で、もっとも内側に教室実践者によって担われる層があるとされます。そして、たまねぎの中心を政策研究の対象とすることで、中央集権的な言語政策のあり方に一石を投じることができるとしています。同様に Canagarajah（2006）や Johnson & Ricento（2013）は、エスノグラフィーを用いて、社会で起きていることを丹念に描き出すような言語教育政策研究によって、政策の支配的な構造への対抗的な言説を生み出すことの重要性を主張しています。また、政策の支配的な構造に対するオルタナティブの提示については、具体的なデータをもとにした研究でもさまざまに議論されており、現場の教師が必ずしも政府の政策をただなぞっているわけではないことが明らかにされています（Hornberger & Johnson, 2007）。さらに、教師や親、学習者自身が言語政策のあり方について再解釈を行ったり、学校以外の場においてコミュニティメンバーが言語政策のあり方について再解釈を行ったりすることで、政策に対するボトムアップ的な力を発揮できる可能性があることも主張されています（Menken & García, 2010; Wiley, 2015 など）。従来、政策を計画・立案する主体としての政府機関が言語教育政策の分析対象になっていたところ、近年は、多様な社会的アクターも積極的に政策の形成に寄与しているという主張が基本的な見方として共有されるようになりました（Johnson, 2013 なども参照）。これら一連の研究の中で、近年は特にエイジェンシー概念を用いた研究・分析が注目されています（Bouchard & Glasgow, 2019; Liddicoat & Taylor-Leech, 2020; Ricento, 2000; Wiley & García, 2016 など）。このような学際的知見を援用しつつ、日本語教育政策研究を一つの研究分野として確立していかなければなりません。その際に基本的な視点となるのが、社会構成主義的な見方です。

　社会における教育の役割はさまざまですが、学習者が、今あるものを引き継ぐだけでなく、新たな社会を創造する力をつけることが重要です。Biesta（2009）は、教育の機能として熟達化（qualification）、社会化（socialization）、主体化（subjectification）の三つを挙げています。そして欧州における市民性教育が、既存の社会の価値に適応するように若年層を育てることにすりかわってしまっており、教育については特に主体化の育成が重要であると指摘しています。バイラム（2008/2015）は、外国語教育の社会的役割として、学習者の第三次社会化を引き起こすことを主張しています。

第三次社会化とは、異なる言語や文化に触れることで、自らが当たり前だと思っているものが更新されるような、いわばクリティカルな文化意識です。ビースタやバイラムのクリティカルな教育観は、関心の見取図のIVの関心と親和性が高いと思います。しかし、見取図が教育の役割をことば・人・社会の動的な関係性の全体をとらえるものと考えるなら、クリティカルな教育観はこの見取図の「地」となるべきものではないでしょうか。日本語教育のあり方の基盤として、クリティカルな教育観を位置づけることが重要なことだと思います。

6　おわりに

　本章では、日本語教育の関心の見取図を手がかりに、日本語教育政策研究の展望について議論しました。学術的エビデンスに支えられない議論では、私たち研究者の存在意義が問われますが、学術的エビデンスですべてが決められるわけでもありません。近年、政策に関しては Evidence Based Policy Making（EBPM）が重視されていることに加え、数値を中心とした「わかりやすい指標」で政策管理を行う「新公共管理（New Public Management: NPM）」の考え方が主流になりつつあります。しかし、教育は NPM 的な発想とは相性が悪いとも言われています（村上・橋野, 2020）。実際に、教育の成果・効果というのは短期的な数値だけで測れるものでも測ってよいものでもないと思いますが、数値の問題を避けて通ることもできないという難しさがあります。そうなのであれば、教育の本質がゆがめられない範囲で、自分たちでコントロールできる範囲で、何らかの代案を出していく必要があるでしょう[8]。

　日本語教育と国の政策の関係を考える際に避けて通れないのが、特定の言語が支配や抑圧の道具として利用されてしまうことです。第二次世界大戦における皇民化教育はもちろん、日本語に限らずさまざまな言語が支配や抑圧の道具として利用されると

---

8)　例えば、政財界のさまざまな立場の人たちが集まり、次の日本社会のあり方について議論する場として「G1 サミット」があります。筆者も「G1 外国人共生社会イニシアティブ」のメンバーとして参加していますが、思想的な違いを乗り越え、どうやって共生社会をつくっていくのかについて、実質的な議論が行われています。G1 の行動指針には「批判よりも提案を」というものもあり、G1 の活動や指針は、現在の政財界、そして日本社会全体の動きを顕著に表していると思います。学術的な観点でクリティカルな議論を行うことは非常に重要なことですが、もはやそれだけでは社会において聞く耳を持ってもらえない状況になりつつあります。政治におけるポピュリズムの台頭や Q アノン、J アノンの存在などが典型的な現象と言えるでしょう。そのような中、私たち研究者はさまざまな関係者と協働してより具体的な提案を行ったり、社会的活動にコミットしたりせざるを得ないのではないかと感じています。もちろん、このことは「役にたつ研究がよい研究である」というようなことを主張するものではありません。

いうのは、歴史上繰り返されていることです。私は2022年夏に、ある場所で日本語教育と共生のまちづくりをテーマとしたシンポジウムに登壇しました。その際、外国出身者で日本語話者である他の登壇者2名に、「日本語を学んでいない多くの日本在住の非母語話者が日本語を学びたいと思うには、どうすればいいと思いますか」と質問しました。一人の方の回答は、「日本に何十年も住んでいて日本人とも交流がないし日本語もまったく学ばないというのは怠惰なんです」「行政が通訳を配置していて日本語ができなくても困らないからみんな日本語を学ばない。多言語対応なんかやめて、全部日本語にしたら、みんないやでも学びます」というものでした。そしてもう一人の方も、この意見に賛意を示しました。類似の意見を聞いたことのある方も多いのではないでしょうか。このようなある種の善意や「正しさ」を背景とした言説が、形を変えて支配や抑圧に向かっていくのだと思います。

　日本語教育が、公的な制度の整備に貢献することはとても重要ですが、同時に、公的な制度や仕組み、ルールや縛りから遠いところにあえて位置づくことも必要です。日本語教育政策によって新たな支配や抑圧の構造をつくりださないようにするためには、日本語教育政策研究を通して、どのような社会をめざすのかという大きな視点を持ちつつ、今の社会は本当にこれでよいのかというクリティカルな視点を持った研究のアプローチが必要です。政策に関する関連諸分野が政策の分析や効果を「科学的」に議論するのだとしたら、人文学としての日本語教育学は、関連諸分野の知見を参照しつつ、ことばと社会のあり方に関する新たな価値を創造していくところに学術的な独自性と使命があるといってもいいでしょう。すべての人々が自分らしく自由に生きていくに際して、ことばと人と社会の関係や、社会で生きる人にとってのことばの役割についてどのように理論化できるのか、これからの日本語教育政策研究に求められている役割だと考えます。

ディスカッション課題

1 言語教育政策研究は日本語教育研究分野ではあまり活性化している分野ではありません。その理由はなんだと思いますか。また、研究テーマには、時代の流れによって流行などもありますが、特定の分野の研究が注目されることについて、そのメリットと弊害をどのように考えますか。

2 あなた自身は言語教育政策研究の重要性や必要性をどのように考えていますか。言語教育政策研究を行うことが、よりよい社会をつくることにどのように寄与できると思いますか。

3 本章で取り上げた「関心の見取図」における四象限の日本語教育のあり方について、あなたはどのタイプにもっとも興味がありますか。またそれはなぜですか。逆に、もっとも興味を持てないタイプはどれですか。その理由はなんですか。

4 日本語教育や外国語教育とウェルビーイングの関係については、今までどのように論じられているでしょうか。また、今後、実践・研究双方の観点から、どのような発展可能性があるでしょうか。

5 EBPM や NPM など、数値評価によって教育政策を考える潮流が強くなっています。エビデンスを重視し成果を数値化することの必要性と危険性について、あなたはどう考えますか。

さらに学ぶための参考図書・資料

岡田美智男（2012）『弱いロボット』医学書院.

将棋面貴巳（2021）『従順さのどこがいけないのか』ちくまプリマー新書.

Biesta, G. (2020). *Educational Research: An Unorthodox Introduction*. Bloomsbury USA Academic.

Freire, P. (1970). *Pedagogy of the oppressed*. Continuum Books. フレイレ, P. (2011) 三砂ちづる（訳）『新訳　被抑圧者の教育学』亜紀書房.

Gergen, K. J. (2011). *Relational Being: Beyond Self and Community*. Oxford University Press, ガーゲン, K. J. (2020) 鮫島輝美, 東村知子（訳）『関係からはじまる―社会構成主義がひらく人間観―』ナカニシヤ出版.

第2部

実践編

第7章
海外の日本語教育支援と教師派遣
教師が現地に飛び込む意味

西野藍

 キーワード

> 海外日本語教育　海外派遣　日本語教育支援学
> タイの日本語教員養成　複線径路等至性アプローチ

1　はじめに

　日本語学習者の大多数は、日本ではなく海外で学んでいます。本章を読んでいる方の中には、海外で日本語を教えることを夢みて、またはキャリアパスの一つとして、日本の公的機関からの派遣で海外へ行くことを考えている人もいるのではないでしょうか。

　公的な派遣元機関として代表的なのが、国際交流基金（以下、JF）と国際協力機構（以下、JICA）です。JFには日本語（上級）専門家、指導助手、日本語パートナーズ、JICAには海外協力隊など、海外日本語教育支援を主な目的とした多様なプログラムがあります（詳細は西野, 2019）。ただし、どのプログラムも基本的には自分で派遣先を選べず、また、任期が終われば帰国です。青年海外協力隊日本語教師隊員の帰国後を追った平畑（2019a）によると、海外での教壇経験が日本では経験として認められず、キャリア形成におけるジレンマに陥る人もいるようです。調査や研究を派遣中に行うのも容易ではありませんし、そもそもの目的である現地支援も、派遣による効果があったかどうかはすぐに判断できないと言われています。派遣で海外に出ていくことにはどんな意味があるのか、それが見えずに第一歩を踏み出す勇気が持てない人は

少なくないかもしれません。

　それでも、派遣から帰国した人の多くが、人間的に大きく成長したと感じています。自ら境界を越えて海外の日本語教育の現場に飛び込んだ経験をもとに、次のキャリアをたくましく切り開いていく人もいるし、そこで築いたネットワークを生かして研究を始める人もいます。日本語学習者の多くが海外にいることを考えると、海外日本語教育研究の重要性は言うまでもありません（佐久間, 2015）。私は現在、自身がかつて JF 専門家として派遣されたタイを対象に、日本語教員養成についての調査研究を進めています。なぜその研究をするに至ったか、自身の歩みを振り返りながら海外日本語教育にまつわる教育実践と研究実践の往還について考えてみたいと思います。

2　私の歩み

2.1　日本語教師をめざす

　私の日本語教育者としての原体験は、大学 3 年生時の JF 関西国際センターでのインターンシップでした。JF は外務省を所轄官庁とする独立行政法人です。さまざまな文化交流事業や海外の日本語教育支援を担っていて、海外の各拠点に事務所があります。国内では、東京の本部の他に日本語国際センター（埼玉県）と関西国際センター（大阪府）という二つの日本語研修機関があり、海外の日本語教師や学習者を招聘して研修を行っています。

　当時は JF 関西国際センターが開設されたばかりで、私は職員のインターンとして「各国成績優秀者研修」の運営を手伝いました。この研修は、世界各国から日本語の成績優秀な人が 1 名選ばれて日本に招聘され、約 2 週間をともに過ごすものでした。世界中から集まった若者たちが、流暢な日本語を媒介として交流しているのを目の当たりにしたときの驚きは今でも忘れられません。会ったことのない国や地域の人も多く、インターネットもそれほど普及していないこの時代、日本から遠く離れた地でどうやって、どれほどの熱意で日本語を学んでいたのかと感動しました。そして、現地で日本語を選んで学んでくれたからこそ皆と出会えたと気づきました。この日本語学習者への「尊敬」と「感謝」が私の原点となります。また、その学習者と最前線で接する先生（関西国際センターでは日本語教育専門員と呼びます）の多くは海外への派遣経験があり、敬意を持って学習者に接していることが感じられました。将来は関西国際センターの専門員になり、海外の日本語教育支援に携わりたいと強く思いました。

　日本語教育関係の本や論文を読む中で、その思いに通じる何かを感じたのが大阪大学の西口光一先生や青木直子先生の論考でした。この大学で学びたいと思い、言語文

化研究科の門戸を叩きます。修士課程では西口先生が指導教官になり、青木先生のもとで教育実習をする幸運に恵まれました。日本語教育界をリードし、第一線で活躍する先生が多数おられる環境で学べるのは夢のようでしたが、教壇に立った経験がないまま日本語教育の研究はできないと思い、修士 1 年の秋に JICA 青年海外協力隊に応募します。派遣が決まり、大学院を休学して参加しました。

2.2　境界を越えて、現地に飛び込む① ——JICA の派遣

　派遣先は、中国・貴州省にある貴州大学でした。私が協力隊に参加した当時（2000年頃）は、国内の日本語学習者の多くを中国出身または中国語話者の方が占めていました。ボランティア教室などで接することも多かったのですが、時に、その行動や考えに相入れない感覚を持つことがありました。日本語教師をめざすならその感覚を排除しておきたい、学習者の背景を理解したいという気持ちがあり、応募時には自ら中国を希望しました。

　しかし、「理解する」とはそんな安易なものではありませんでした。日本人はおろか外国人を見たことがないという人たちが暮らす地では、自分が理解されるべき対象でした。その地に単身で入ってまず感じたのは、自分が「裸になった」ということです。それまでの自分を覆い、自身を説明してくれていた「私の歴史」というものが全部剥がされ、全てゼロから築き上げていかなければなりません。加えて、文化的背景の違いによる違和感や衝突ももちろんありました。そんな中で周りを理解し、自分を理解してもらうように働きかけることは、時に身を切るような苦しさがありました。

　半年が過ぎ、1 年が過ぎてやっと周囲との良い関係ができたと思っても気は抜けませんでした。日本社会での出来事をきっかけに中国国内で反日の嵐が吹き荒れたときには、学部入り口に「日本鬼子」と落書きされる事件も起こりました。「日本人」であることそのものが、自身の居場所を危うくしたのです。しかし、そんなとき、寄り添って助けてくれたのは日本語科の同僚の先生と学生たちでした。彼らもまた何で日本語なんか教えるのだ、勉強するのだと責められ、両国の狭間に立っていました。中国語と日本語ごちゃ混ぜで語り合い、何度一緒に泣いたかわかりません。教室を一歩出ればマイノリティという環境で、幾度となくもがいては周りに助けられる、というのが「協力」隊員である私の姿でした。

　これが、日本語教師として初めて境界を越えたときの経験です。現地での 2 年間を振り返ると、自分自身、凄まじい熱量で生きていたと思います。「免費老子（無料の先生）」と呼ばれてガックリくることもありましたが、とにかく一生懸命授業をして、学生や同僚との強い絆ができました。同僚と一緒に学内用の会話教材を作ったり、省内

初の日本語スピーチコンテストを開催するなどして、学部の幹部たちからの信頼も得られました。派遣元の JICA 中国事務所だけでなく、北京の日本大使館とも連携し、ODA による公的支援の一端にも触れました。終盤には多くの要人が貴州大学に見学に来て、協力隊員としての活動を称えてくださいました。しかし、その一方で、数えきれないほどの失敗もしています。確かに言えるのは、現地の人たちの理解と支えがなければ何もできなかったということです。

　任期満了で帰国した後は大学院に復学し、日本語学校の非常勤講師の仕事も始めました。クラスは中国出身の学習者が大半でしたが、他の先生が「学生たちはすぐ中国語でおしゃべりする。やめさせたい。」と言ったときには違和感を覚えました。私が中国にいた頃は、言いたいことを中国語に訳して助けてもらうことも多かったからです。また日本語学校の学生たちの中国語でのやりとりが、日本語学習のためであることも少なくありませんでした。学習者が母語を使うことは良くないのか、というモヤモヤがある中、それを研究にする視座と術を教えてくれたのが西口先生とヴィゴツキー研究会（通称ヴィゴ研）の仲間でした。さまざまな論文を読み、特に、言語学習者を不完全なコミュニケーター（deficient communicator）とみなしていないか、という Firth & Wagner（1997）の指摘に我が意を得たりという思いになります。そして、学習者のタスク遂行時の母語使用をテーマに修士論文を執筆し、教室でタブー視されることもあった母語使用を捉え直すことを提案しました（西野, 2005）。直接の研究対象としたわけではありませんが、現地で培った学習者観が研究に大いに反映されました。

2.3　境界を越えて、現地に飛び込む②──JF の派遣

　その後、博士課程には進まず教育実践の世界に入ります。国内で教えた経験が少ないことがコンプレックスで、もっと現場を知りたいと思ったからです。そして、大学の非常勤講師を経て、夢であり憧れであった JF 関西国際センターの日本語教育専門員になります。素晴らしい先輩や同僚、学習者に恵まれ、研修をコーディネートすること、一人ひとりの伸びを測ること、自律学習を支えることなど、教師の真の役割を学びました。また、若手がのびのびとチャレンジできる環境で、新しい実践を試みたり（西野・石井, 2009）日本語教材[1]を執筆・出版したりし、全ての経験が、教育の実践家としての礎になりました。

　その後、2008 年に JF から日本語上級専門家としてタイに派遣されます。派遣先は国立コンケン大学教育学部日本語教育専攻で、開講して 5 年目、機関としてはまだ安

---

1) 国際交流基金関西国際センター（編著）（2007）『日本語ドキドキ体験交流活動集』凡人社

定していない立ち上げ期でした。関西国際センターの研修に参加した先生や学生もいたので今回は「裸」にならずに済みましたが、それでもタイ語がほとんどわからない中、地方での業務や生活を軌道に乗せるまでは本当に苦労しました。ここでも「専門家」と言いながら、現地の人たちに助けてもらわなければ何もできませんでした。

　教員養成大学ですから、日本語を教えるだけではありません。同専攻の学生は課程修了後に初等・中等教育[2]の教員免許を取得し、日本語科目を専門に教える教師（以下、中等日本語教員）になることができます。ただし、5 年課程であることが日本との違いで、大学 5 年生時には 1 年間の教育実習を行うことが必須でした。年に 4 回、実習校を訪問して評価する巡回指導もしましたが、授業を見学したりフィードバックをしたりする中、教えることへの熱意や学習者への愛情は自分と同じなのだということに気づきます。はじめは泣きそうな顔をしていた学生たちが努力や工夫を重ね、実習生でありながら 1 年後には堂々と教壇に立っていることに感動し、尊敬の思いを抱きました。

　タイの初等・中等教員は国家公務員であり、免許が必要な専門職です。そして、地域社会の品行の手本となるべき存在です[3]。日本語教員も例外ではなく、日本語ができれば良い教師として認められるわけではありません。そのことを実感する中で、他の日本人の教師から「5 年も学んでいるわりには、他大学の日本語主専攻の学生に比べて日本語がうまくない。」と言われて驚いたこともありました。教育学部では教育関係の科目も多く、日本語だけを集中して学ぶわけではありません。それにもかかわらず、日本語教師は相手を「日本語力」だけで評価しがちです。目の前にいる学習者がどのような経緯、目的で学んでいるのか、社会にはどんな期待があるのかということについて関心がない人が多いと感じ、残念に思いました。

　なお、専門家にはカリキュラム改定という大きなミッションもありました。どんなに良い教材でも現地の文脈を無視すればただの押し付けとなることを中国で実感していた私は、カリキュラムも同様だと考え、タイの教育制度や教員養成の理念、文化・社会的背景について改めて学び直すことにしました。関連する論文や資料を読んではまとめ、2005 年にタイ教育省が出した「教育専門職基準ならびに倫理規定に関するタイ教員・教育職員審議会規則（Educational Professional Standards）」を訳出・分析するなど、新たな調査・研究活動を始めます（西野・平田, 2010; 西野ほか, 2011）。

---

2)　タイの学校教育制度は日本と同じ 6-3-3 制です。日本の中学と高校に相当する中等教育は一つの学校で行われることが多く、中学 3 年間を前期中等教育、高校 3 年間を後期中等教育と呼びます。
3)　牧（2012）は「『聖職者的教師』と『専門職的教師』の調和を目指す国」と形容しています。

その傍ら、教育学部で指導的地位にある人や現場の人の話に耳を傾け、研究と教育の実践の場を行き来しながら、カリキュラムの改定案を作成しました。その改定案は複雑なプロセスを経て最終的に承認され、着任 2 年目の入学生から適用されます。難航すると言われていた改定が実現できたのは、現地の先生の協力があったことは言わずもがなですが、タイの教育理念と現場の実情のどちらにも即したものを作ろうという姿勢があったからではないかと思います。

　2 回目の境界を越える経験は、1 回目ほど波乱万丈ではありませんでしたが、問題がなかったわけではありません。現地の人たちのことをじっと見つめながら、慎重に、辛抱強く物事を進めた 2 年間でした。しかし、海外での日本語教員養成に関われたことは、何よりも得難い経験となりました。任期満了となり、2010 年に帰国します。

2.4　海外日本語教育支援を研究対象に

　帰国後は関西国際センターに再び着任します。原点だった成績優秀者研修や、外交官研修、短期教師研修（羽太・西野, 2012）などを担当し、充実した日々でしたが、長男・長女を出産してからは業務と育児の両立に精一杯で、研究から離れていきます。さらに、夫の転勤で東京に移り、関西国際センターをも離れることになりました。その後、JF 日本語試験センターを経て、国際基督教大学（ICU）の教員となります。気がつけば、2 度目の派遣から約 10 年が経過していました。

　出産し、母親として歩み始めた後も仕事は続けられたものの、研究方面のことは何もできず、完全に止まったと感じていました。しかし、実はそうではありませんでした。時は確実に流れていて、コンケン大学の卒業生の多くが中等日本語教員になっていたのです。SNS などを通じ、教師として活躍する姿がいくつも届くようになります。派遣当時は「日本語教員養成を支援したところで、卒業生の何割が教師になるのか。」と言われていました。しかし、実際には多くの卒業生が中等日本語教員になることができ、中には現地の受け入れ校の教員として、日本語パートナーズを支えている人もいました。私はその卒業生の姿に 10 年越しの支援の成果を見た気がしました。そして、その時々の「点」の支援が「面」となり、結果につながっていることを今なら示せるのではないかと思いました。

　ところが、タイの日本語教員養成に関する研究は、10 年前からほとんど進んでいませんでした。中等日本語教員は次世代の若者たちと日本を取り結ぶ貴重な日本語人材で、さまざまな支援が行われているのに、その意義や成果を長期的に検証したものはほとんど見当たりません（大舩, 2020）。日本語教育支援学の確立を提唱した嶋津（2010）は以下のように指摘しています。

海外諸国政府の「日本語教育政策」と日本政府の海外諸国に対する「日本語普及政策」の関係については、従来あまり研究が進められてこなかった。また、前者の「日本語教育政策」に基づく各国日本語教育関係者の「教育」活動と、後者の「日本語普及政策」に基づく基金専門家の「支援」活動の相関関係についても、それを分析した研究がほとんど蓄積されていない。このため、たとえば各国における**日本語学習者数の増加**や**日本語教育の質的向上**という点で、**「日本語教育政策」**と**「日本語普及政策」**、あるいは**各国日本語教育関係者の「教育」活動と基金専門家の「支援」活動は相乗効果を発揮したのか**、それとも相互に無関係な関係にあったのか、あるいは一方の効果を他方が相殺しあう関係にあったのかと問われた場合に、それに対して学術的に確信を持って答えることもできない状況にある。（p.289、太字は筆者）

　そんな中で出会ったのが複線径路等至性アプローチ（Trajectory Equifinality Approach、以下 TEA）でした。本章 4 で詳述しますが、TEA は時間を捨象せずに人生の理解を可能にしようとすることに特徴があります（サトウ, 2015）。また、文化や社会の関与を重視し、それを可視化する概念ツールも用意されています。タイの中等日本語教員養成の「時の巡り」に感激し、教育政策や日本からの支援の影響も併せて分析したいと考えた私の思いに応えてくれるアプローチだと感じました。さらに、TEA のパラダイムである文化心理学は、ヴィゴツキーの思想を源流としています。かつての研究テーマ（学習者の母語使用）とは全く分野が違うと思っていたのに、実は繋がっていると気がついたときには驚きました。自身の経験と認識の仕方、研究方法が結びついた瞬間で、研究を再開してみようと思いました。

　以上、ここまでが時間を捨象せずに描いた私の教育実践者としての歩みです。次節からは、研究の実践者として、研究対象や方法について紹介したいと思います。まずは研究対象であるタイの日本語教育について見ていきましょう。

3　タイの日本語教育と日本からの支援

　タイは歴史的、経済的にも日本と関係が深く、世界の中で特に日本語教育が盛んな国の一つです。2021 年の国際交流基金調査によると、学習者数は約 18 万 4 千人で世界第 5 位、そしてその 8 割以上が中等教育段階の学習者でした。日本語を開講する中等教育機関数、学習者数、そして教員数は確実に増えています（表 1）。これはタイの教育政策や日本からの支援と関係があったのでしょうか。また、質的向上という点で

はどうでしょうか。以下、タイの中等教育段階における日本語教育と支援の歴史を紐解いてみたいと思います。

表 1　タイの中等教育機関数・学習者数・教員数の推移

年	機関数	学習者数	教員数（うちタイ人教員数）[4]
1998[5]	83	7,694	142 (−)
2009	242	38,685	415 (−)
2021	521	150,240	1,040 (913)

国際交流基金（2000; 2011; 2023）をもとに筆者作成

3.1　草分け期

　タイで日本語教育が本格的に始まったのは1960年代で、大使館やバンコクの主要大学に日本語講座が開設されました。日本国内では1972年に JF が設立され、それらの機関に専門家が派遣されるようになります。また、1974年に JICA が設立、1981年から青年海外協力隊のタイ派遣も始まりました。嶋津（2010）は JF の派遣について1）日本語教育の現場で学習者を対象に直接日本語教育に従事する専門家と、2）日本語教師の養成や研修、日本語教育のシラバスやカリキュラムの開発、日本語教材の制作などに直接的あるいは間接的に関わることで、任国（あるいは担当地域）全体の日本語教育を支援する立場の専門家に分けています。1）を現場型、2）を支援型とすると、当時は JF 専門家も JICA 協力隊も1）現場型が主でした。

　1981年、後期中等教育の第二外国語の科目の一つに日本語が加えられます。日本語学習のニーズが徐々に高まりますが、日本語専門の中等教員は存在しなかったため、学習経験のある他教科の教員が教えていました。1991年に JF バンコック日本語センター[6]（以下、JFBKK）が開設され、専門家も派遣されます。その頃には教員不足で日本語クラスが開講できない中等学校が相次いでいたため、1994年、JFBKK は教育省と連携し「中等学校現職教員日本語教師新規養成講座」（以下、新規研修）を開講します。そして、すでに公務員として中等学校に勤務している他教科の教員で、日本語を

---

4)　教員数に関し、1998年と2009年は、全教員のうちタイ人教員が何名かという内訳は示されていませんでした。

5)　1998年の機関数、学習者数、教員数は初中等教育機関の合計を示しています。これは初等教育と中等教育それぞれの集計が示されていなかったためです。

6)　1991年にバンコック日本語センターと日本文化センター開設、2004年に統合してバンコク日本文化センターとなりました。本章では、いずれも JFBKK と称します。

表2　タイの日本語教育政策（中等教育段階）と日本からの公的支援

		タイの日本語教育政策	日本からの主な公的支援
草分け期	1960年代	大使館・バンコク主要大学等で日本語講座開設	1965　青年海外協力隊発足
	1970年代	地方主要大学で日本語講座開設	1972　JF 設立。専門家派遣開始 1974　JICA 設立 1974　JF バンコク事務所開設
草分け期	1980年代	1981　後期中等教育の正式科目に	1981　JICA 青年海外協力隊タイ派遣開始
	1990年代	1994　同右	1991　JF バンコック日本語センター開設 1994　JFBKK「中等学校現職教員日本語教師新規養成講座」開始（タイ教省と共催）
現地化期	1990年代	1998　大学入試科目(第二外国語)に日本語 1999「国家教育法」制定	
	2000年代	2003「教員・教育職員審議会法」制定 　　　教育専門職免許制度創設 2004　大学の教員養成が5年課程に 　　　コンケン大学にタイ初の日本語教育主専攻開設 2005「教育専門職基準ならびに倫理規定」制定	2004『あきこと友だち』出版 2005　コンケン大学教育学部に JF 専門家派遣開始
拡大期	2000年代	2008　基礎教育カリキュラム改定 2010　World-Class Standard School	
	2010年代	2013　中等日本語教員の公務員特別採用 　　　（〜2017） 2019　大学の教員養成が4年課程に[7]	2011『こはるといっしょに』シリーズ出版 2013　JFBKK「タイ中等教育公務員日本語教師養成研修」（タイ教省と共催） 2014　JF 日本語パートナーズ派遣開始
	2020年代		2022〜　中等教育日本語教育リーダー教師育成プロジェクト

教える意思のある人を招聘し、日本語や日本語教授法の研修を行いました[8]。

3.2　現地化期

　その後も日本語を開講する中等学校の数は増え続けます。新規研修1期生から8期生の追跡調査を行った野畑・ガムチャンタコーン（2006）によると、1994年に22

7）　4年課程への移行については、西野（2023）、牧（2020）を参照。
8）　当初は10年計画でしたが教員不足が続いたことから延長され、2014年まで実施されました。総勢260名を超える中等日本語教員を養成しています（野畑・ガムチャンタコーン, 2006）。

校だったのが 10 年後の 2004 年には 10 倍となりました。野畑らは、その約半数が、新規研修の修了生が所属校に戻った後に日本語を開講した学校だったこと、それが日本語教育の地域的な広がりをもたらしたことを明らかにしています。

　この頃になると、JF 専門家の業務は現職中等日本語教員への研修など、2) 支援型が中心となります。2004 年、JFBKK は教育省と連携し、後期中等教育のカリキュラムに準じた日本語教科書『あきこと友だち』を制作・刊行しました。また、コンケン大学[9] 教育学部にタイ初の日本語教育主専攻が開設されたことを受け、翌年から JF 専門家が派遣されます。タイの教育学部は 2004 年度入学生から 5 年課程になったのですが、これは新しい教員免許制度[10] の創設に伴い「1 年以上の教育実習の経験があること」が免許状取得の基礎資格となったこと[11] が理由でした。専門家は大学での授業の他に教育実習先の学校訪問、若手教員指導、カリキュラム整備、地方セミナー開催など、1) 現場型かつ 2) 支援型の業務を行いました（坪根, 2007; 長田ほか, 2013; 西野ほか, 2009; 西野・平田, 2010; 西野, 2012）。

　嶋津（2010）によると「日本語教育支援」の分野の業務の中でもっとも重要なのは、日本語教師の養成と研修に係る業務です。その一つが初等・中等教育機関の日本語教師を養成する大学で日本語教師の養成にあたること、もう一つが諸外国の教育行政機関や国際交流基金の海外拠点に派遣され、当該国の現職日本語教師を対象とした研修に携わることです。嶋津はこれらの養成と研修に係る業務は、その国の日本語教育を支援する上で極めて重要な位置を占めるとしており、タイにおいてこの時期に両輪が回り始めたことがわかります。

3.3　拡大期

　2008 年、基礎教育カリキュラムが改定され、前期中等教育でも日本語講座を開設

---

9)　同大学の日本語教育の歴史は古く、人文社会学部に日本語講座が開設されたのは 1970 年代です。JICA 青年海外協力隊が人文社会学部に派遣されており、カウンターパート不在だったものの教育学部に派遣されたこともありました。なお、2005 年に始まった教育学部への JF 専門家の派遣は 2017 年まで続きました。

10)　同免許制度の基礎となったのが、「仏暦 2548（西暦 2005）年 教育専門職基準ならびに倫理規定に関するタイ教員・教育職員審議会規則（Educational Professional Standards）」です。「教育専門職の知識・経験に関するスタンダード」「職務遂行のスタンダード」「倫理規定」からなり、各大学はカリキュラムがそれに準じたものだと認定されて初めて、教育専門職免許状の取得申請ができます。西野・平田（2010）は、コンケン大学でも同基準に準拠した日本語教員養成が行われていたことを、カリキュラムや教育実習の内容・実施体制の点から示しています。

11)　この他に、満 20 歳以上であること、教員・教育審議会が認定した教育学系の学位ないしは資格を有することが免許状取得の条件でした。

できるようになります。さらに 2010 年には World-Class Standard School という政策のもと、理数系も含めた全てのクラスで第二外国語の履修が可能になります。相次ぐこれらの政策を通じて、2009 年に 4 万人弱だった学習者数は 2015 年には 11 万人強にまで増えます（国際交流基金, 2017）。また、World-Class Standard School の一環として、第二外国語を教える教員の公務員特別採用が行われ、2013 年からの 4 年間で 200 名が採用されました。関連して、JFBKK はタイ教育省と共催で「タイ中等教育公務員日本語教師養成研修」を実施しています。

　日本語教育が前期中等教育や副専攻まで広がったことを受け、JFBKK は教育省と連携し、2011 年から選択科目で学ぶ人向けの教科書「こはるシリーズ」を制作・刊行します。さらに JF は 2014 年から専門家派遣とは違う枠組みで、現地型派遣を始めました。それが JF アジアセンターによる日本語パートナーズです。2023 年度までの 9 年間で約 500 名が日本語授業のアシスタントとしてタイに派遣されました[12]。JICA もまた中等教育機関を中心に現地型派遣を継続しており、2021 年までの派遣実績は 297 名となっています。

　それでは、JF 専門家の支援を受けて養成された日本語教育専攻の学生のうち、どのくらいの人が中等日本語教員になったのでしょうか。西野ほか（2022）は、コンケン大学教育学部日本語教育専攻の 1 期生から 10 期生までの全卒業生 262 名の追跡調査を行い、調査に回答した 227 名（回収率 86.6%）のうち 167 名（73.5%）が日本語を教える職に就いていたこと、うち 155 名（68%）が中等日本語教員となっていたことを示しました。単純に計算すると、タイの中等日本語教員の約 15% がコンケン大学卒業生ということになります。

　この数は多いのでしょうか、それとも少ないのでしょうか。タイでは日本同様に、所定の教職課程を履修し、専門科目を含む試験に合格すれば教育学部以外でも初等・中等日本語教員の免許状を取得することができます。今後も教育学部以外の卒業生で中等日本語教員になる人はいるでしょうし、この割合は大きくは変わらないかもしれません。ただし、コンケン大学の卒業生は教育学部で長い時間をかけて日本語・教育・日本語教育を専門的に学び、授業研究にも取り組んでいます。ですから、数が少なくとも将来的には教員のリーダーとなり、タイの中等日本語教育を牽引していくことが期待できます。JF 専門家の派遣機関で卒業生の約 7 割が中等日本語教員になったということは、質的向上という点でもある程度の成果があったと考えてよいかもしれません。また、2022 年には、JF による「中等教育日本語教育リーダー教師育成プロジェ

---

12) https://asiawa.jpf.go.jp/partners/overview/achievements/

クト」が始まりました。コンケン大学の卒業生である教員も参加していて、タイの中等日本語教員支援はいよいよ次のフェーズに入ったことが窺えます。

　以上のことから、日本の支援はタイの日本語教育政策と相まって、中等教育の学習者数の増加と質的向上に貢献していたと想像できます。しかし、具体的に何が起こっていたのか、何がどう貢献していたのかを知ることはできません。私は数値データと併せて質的研究を行うことで、それらの意義を可視化することが可能になるのではないかと考えています。そこで、次節では TEA を取り上げ、パラダイムや理論的体系、諸概念などについて見ていきたいと思います。

4　複線径路等至性アプローチ （Trajectory Equifinality Approach, TEA）

4.1　TEA のパラダイム

　TEA は質的研究の新しい方法論で、文化心理学をパラダイムとしています。「異なる人生や発達の径路を歩みながらも類似の結果にたどり着くことを示す等至性（Equifinality）の概念を、発達的・文化的事象に関する心理学研究に組み込んだヴァルシナー（Jaan Valsiner）の創案に基づいて開発」されました（安田, 2019, p.16）。文化心理学では文化を記号として捉え、文化との関わりの中で創出される人の心理を探求します。比較文化心理学と混同されやすいのですが、文化心理学では、個人が文化に属するのではなく、文化が記号を介して人に属する（寄り添う）と考えます（木戸・サトウ, 2019）。サトウ（2015）は「比較文化心理学のように異なる複数の文化を相互排他的で独立所与の存在として比較するのではなく、生を享けた個人がその環境の中で生命を維持し生活し人生をまっとうするために記号を取り入れつつ生きていくプロセスを描く、心理学的試み」（p.4）と説明しています。

　文化心理学の起源と潮流をまとめた田島（2008）は、ヴィゴツキーが示したアプローチの第 1 の意義として「単に環境要因を文化要因としての幅を広げよ、というのではなく、個人の認識・行動の発生を真に理解するには文化―歴史的文脈を外しては不可能であり、分析の最低単位にそれらが含まれていなければならない、という知見」（pp.11-12）をあげています。TEA を用いた研究を行う場合も上述の見方が前提になると思われます。

4.2　アプローチとしての理論的体系

　TEA は、複線径路等至性モデリング（Trajectory Equifinality Modeling: TEM）に、歴史的構造化ご招待（Historically Structured Inviting: HSI）、発生の三層モデル（Three Layers Model of Genesis: TLMG）が統合し、アプローチとしての理論的体系を構築しています。以下、サトウ（2009）; 安田ほか（2015）; 安田（2019）等に基づき、簡単にまとめます。

　まず、複線径路等至性モデリング（TEM）です。TEA の根幹である等至性の概念では、人間を環境と常に交流・相互作用している開放システムとして捉え、時間の経過の中で歴史的・文化的・社会的な影響を受け、多様な軌跡を辿りながらも、ある定常状態に等しく到達する存在とします。この等しく到達したところを等至点（Equifinality Point: EFP）とし、なんらかの局面における転換点である分岐点（Bifurcation Point: BFP）からの複線径路によって、人の歩みが分岐し収束するありようを描き出すのが TEM です。また、描いたものは TEM 図と呼ばれます。

　次に、歴史的構造化ご招待（HSI）です。TEA を用いた研究は、研究者が自身の関心にもとづき等至点を設定し、そのような出来事を実際に経験している人を調査にお招きするところから始まります。この対象選定の理論が HSI です。招待する人数の目安として 1 ／ 4 ／ 9 の法則があり、研究対象が 1 事例の場合は個人の径路の深みを探り、4（± 1）事例は経験の多様さを描き、9（± 2）事例は径路の類型を把握できるとされています。

　最後に、発生の三層モデル（TLMG）です。これは、行動の選択や転換点における個人の意識や価値観の変容に焦点を当てて記述するためのモデルです。人間が記号を媒介として外界と相互作用する際のメカニズムを行為レベル、記号レベル、信念・価値観レベルの三つの層により理解します。

4.3　TEA の諸概念

　TEA は医療・看護、福祉、教育分野をはじめとするさまざまな分野で採用され、日本語教育での研究事例も増えてきました。海外日本語教育での教師のキャリア選択・形成に目を向けると、海外の現場を経験した日本人についてのもの（北出, 2017; 松尾, 2023）、海外の中等日本語教員についてのもの（西野ほか, 2020）などがあります。西野ほか（2020）は、大学を卒業して中等日本語教員となった教師 A の約 15 年間のキャリア形成過程を TEM 図で可視化しました。次ページの図 1 はその一部です。非可逆的時間を示す矢印が左から右にまっすぐ引かれ、さまざまな概念が記号で書き込まれていることがわかるでしょう。以下、TEA の諸概念について、図 1 を例に説明

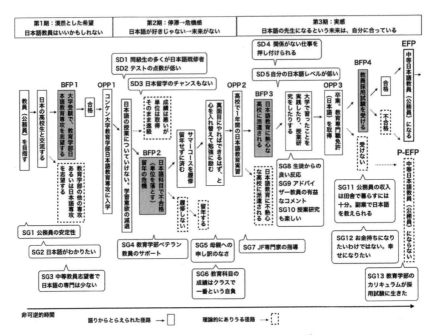

図1　TEM 図の例（西野ほか, 2020）

したいと思います。

　研究者が自身の関心にもとづき設定したのが等至点（EFP）[13]、なんらかの局面における転換点が分岐点（BFP）です。等至点の対概念となるのが、両極化した等至点（Polarized Equifinality Point: P-EFP）です。必須通過点（Obligatory Passage Point: OPP）は、等至点に至るまでに、通常ほとんどの人が必ず通るポイント、すなわち経験する出来事とされ、制度や法律や慣習など文化的・社会的・現実的な制約のありようとそれをもたらす諸力を見つける手がかりになります（安田, 2019）。図1では大学入学、教育実習、大学卒業が OPP になっています。

　次に、社会的助勢（Social Guidance: SG）と社会的方向づけ（Social Direction: SD）です。SG は等至点への歩みを後押しする力、SD は等至点に向かうのを阻害する力と定義されます。図1を見ると「公務員の安定性（SG1）」や「教育学部ベテラ

13）インタビューと分析を通じ、相手にとって真の意味のある等至点を 2nd EFP（セカンド等至点）として設定し直すことがあります。

ン教員のサポート（SG4）」などが中等日本語教員（公務員）になるまでの歩みを後押ししていた一方、「同級生の多くが日本語既習者（SD1）」などが阻害する力となっていたことがわかります。

　その他、TEA の重要な概念として促進的記号[14]があります。促進的記号とは、行動を駆り立てる記号のことです（サトウ, 2019, p.36）。分岐点（BFP）を詳しく見てみると、SD と SG とのせめぎ合いが認められることが多くあります。A の場合、「日本語教育に熱心な高校に派遣（BFP3）」されたことが分岐点の一つでしたが、そこで何が起こっていたかを見ると「関係がない仕事を押し付けられる（SD4）」などの阻害する力と「生徒からの良い反応（SG8）」や「アドバイザー教員の有益なコメント（SG9）」などの後押しする力とのせめぎ合いがありました。そのせめぎ合いの結果、中等日本語教員になるという方向に A を誘う促進的記号が発生していたと考えられます。

　以上、TEA を特徴づける諸概念について簡単に紹介しました[15]。西野ほか（2020）では TLMG による分析も行い、促進的記号を媒介として醸成した三つの価値観（①望ましい生活の維持、②生徒の成長、③専門性の向上）が A のキャリア選択を支えていたと結論づけています。さらに、この研究では、教育実習で良きアドバイザーとなった中等教員が新規研修（3.1）の修了生であったことがわかり、過去に JF の支援で中等日本語教員になった人物が次を担う実習生たちを支えていたという、興味深い歴史も示されました。

4.4　TEA 研究を始める際に心に留めておきたいこと

　日本語教育に関する TEA 研究は、初期には調査報告のカテゴリーで学会誌等に掲載されました。TEM 図で可視化された径路を裏付けとした具体的な提言は実践的かつ示唆に富むものでしたが、今後は質的研究としてさらに発展する可能性があると感じています。そこで最後に、過去に指摘された TEA 研究（全般）の留意点について、自戒の念も込めて触れておきます。

　香川（2009）は、当時の調査研究での TEM 図の結果が「ローカルな文化的諸文脈

14）文化心理学の記号の概念をヴァルシナーが発展させたものです。サトウ（2019）は、ヴァルシナーが、記号を「未来と向き合う何らかの機能をもち、過去の状態から何か新しいことへと導く何か」と定義し、この何か新しいことへ導く記号の働きを重視して、促進的記号という概念を作ったと説明しています。(p.36)

15）近年では「目的の領域（Zone of Finality: ZOF）」、「対話的自己（Dialogical Self: DS）」なども新たな基本概念として紹介されています。

から宙に浮いた，個人の変化を描いた印象を与えてしまう」（p.160）とし，「特定の
発達が起こる理由とプロセスを，TEM が志向し，依拠する文化心理学の特徴をより活
用して，より『文化心理学的に』示すことが可能に思える」（同上）と述べています。
文化心理学において，発達は「個人的文化」と「集合的文化」との不可分な関係性の
変化であり，文化的発達とも言い換えられます。香川によると，文化的発達とは「種々
の異なる歴史性が互いに接触し，互いに異なる未来性を作り出していく，つまり互い
に変化していく，『時間的共変化』」を意味します（p.163）。ある個人だけが時間とと
もに変化するわけではなく，接する他者も，媒介人工物も，制度・ルールもまた変化
しているはずです。香川は，「TEM とは，単一の時間に基づく発達を示すものではな
く，『複数の異なる時間が交差し，多重する発達（あるいは文化的実践）』と明確に位
置づけるべき」だという提案をしています（p.158）。

　また、森（2009）は、過去から現在という時間領域を対象に、EFP に収束してい
く諸個人を描こうとする研究を回顧型研究と呼び、回顧的インタビューによって引き
出されがちな「私の物語」は、TEM が描き出そうとする「時間とともにある個人」と
同一視できないにもかかわらず、実際の研究では両者が混同されていることを指摘し
ています（pp.153-154）。TEA はナラティブ研究（第4章）の一形態とも言え、こ
の点に無頓着ではいられません。

　TEA 研究の最前線では、この点を踏まえた研究が行われていることは言うまでもあ
りませんが、これらは新しく研究を始める人が陥りやすい問題ではないかと思います。
私自身、個人の発達に、タイの教育政策や実践、日本の公的支援などあらゆるものの
発達の歴史を重ね合わせて描くことに面白さがあると思う一方、難しさも感じていま
す。本章3ではその試みとして歴史的背景をまとめましたが、これらをいかに TEA に
織り込んでいくかが今後の課題です。TEM 図は複数名の人生径路に共通して影響を与
えた文化的・社会的な諸力を浮き彫りにすることができますが、そこで満足してはい
けません。個々人の意識の変容や成長をタイの文化・社会の発達と重ねて捉えていく
こと。これは簡単ではないのですが、挑戦を続けたいと思います。

5　海外日本語教育にまつわる教育実践と研究実践の往還とは

　私は今、国際基督教大学の専任教員として日本語授業を担当し、コースコーディネー
トもしています。日本の大学で初めて単位認定する日本語科目を開講するなど、日本
語教育の長い歴史がある同大学で多くのことを学び、近年では、先輩教員らと新しい

中級日本語テキスト[16] を執筆・出版しました。それを主教材とするコースでは、世界各地から集まった学習者が自らのことを生き生きと語ります。お互いを尊重する雰囲気が生まれ、教師という立場である私もまた、彼らからたくさんのことを教わっています。

　海外日本語教育支援から離れた今の教育実践と、タイの日本語教員養成についての研究実践は対象が全く違いますから、教育と研究は別だと割り切っているように見えるかもしれません。しかし、そのおおもとにある思いは同じです。日本語を学ぶ全ての人に感謝し、敬意を表するということ。そして、それは自身の原体験や大学院での学び、国内外での実践や研究などと全て根っこのところでつながっています。ですから、これが今の私の教育実践と研究実践のポリフォニーなのだと思います。

　私が日本語教師として境界を越えたのは合わせて4年間に過ぎませんが、人生に強烈なインパクトを残しました。TEA の用語を借りるなら、紛れもなく「分岐点」です。本書の各章で見られるように、日本国内で人々を支援し、日本社会のあり方を変えようとしている日本語教育者はたくさんいます。その中で、私が今でも海外日本語教育支援に目を向け、現場に出たくなるのは、自分は受け入れられているのかという不安の中で現地の人たちに助けられながら生きる、あのヒリヒリとした感覚を失いたくないからかもしれません。今、たまたまマジョリティである自分は、目の前にいる人のことを真に理解する努力を怠っていないか、そう自分に問いかける感性を失いたくないのです。

　研究することで目の前の人との向き合い方が変わり、向き合い方が変われば実践も変わります。私たちはつい、効果的な教え方などに目を向けがちですが、本章をきっかけに、派遣先で出会った人たちを歴史・社会・文化もひっくるめて知ろうとする研究に関心を持つ人が増えたら、海外日本語教育の現場そして日本からの支援はますます豊かになるのではないかと思います。そしてそれを可能にするのが、海外派遣に挑戦する気概を持った皆さんだと思うのです。

謝辞

　本稿の内容の一部は、JSPS 科研費（基盤研究 C）「海外の日本語教員養成課程修了生のキャリア選択に関する文化心理学的研究」（研究代表者：西野藍、令和 2〜5 年度、課題番号 20K00702）の助成を受けました。

---

16) 国際基督教大学教養学部日本語教育課程（著）（2022/2023）『タスクベースで学ぶ日本語ー Task-Based Learning Japanese for College Students ー中級 1』、同『中級 2』、同『中級 3』スリーエーネットワーク

ディスカッション課題

1 国際交流基金のホームページにある「日本語教育国・地域別情報」にアクセスし、興味がある国・地域の日本語教育について調べましょう。概要、歴史、派遣の有無などについて調べた結果をお互いに共有しましょう。

2 平畑（2019b）は、母語話者日本語教師に求められる資質が、国や地域によって違うことを示しています。あなたが選んだ国・地域では、どのような教師が求められていると思いますか。また、それは現地の教員に求められる資質とは違うのでしょうか。

3 派遣などによる海外での日本語教育経験は、日本では経験として認められにくいという考えについて、どう思いますか。あなたが考えるこれからのキャリアパスの中で、海外派遣はどのように位置づけられますか。

4 海外日本語教育の特性を生かした研究テーマとはどのようなものでしょうか。そのテーマの場合、どのようなアプローチを用いることができると思いますか。

5 TEA を用いて研究する面白さと難しさは何だと思いますか。以下の「さらに学ぶための参考図書・資料」に示したサトウ・安田（監修）（2023）で紹介されているさまざまな TEM 図の中から興味があるもの（例：海外派遣の経験がある日本人日本語教師のキャリア形成など）を選び、TEA を用いる意義について考えましょう。

さらに学ぶための参考図書・資料

小川佳万, 服部美奈（編著）（2012）『アジアの教員―変貌する役割と専門職への挑戦―』ジアース教育新社.

国際交流基金ホームページ「日本語教育国・地域別情報」 https://www.jpf.go.jp/j/project/japanese/survey/area/country/index.html

サトウタツヤ, 安田裕子（監修）上川多恵子, 宮下太陽, 伊東美智子, 小澤伊久美（編）（2023）『カタログ TEA　複線径路等至性アプローチ―図で響きあう―』新曜社.

平畑奈美（2019b）『「ネイティブ」とよばれる日本語教師―海外で教える母語話者日本語教師の資質を問う―』春風社.

Valsiner, J.（2007）. *Culture in minds and societies: Foundations of cultural psychology.* Sage. ヴァルシナー, J.（2013）, サトウタツヤ（監訳）『新しい文化心理学の構築―〈心と社会〉の中の文化―』新曜社.

第8章

海外の大学における
活動ベースの日本語教育

未来を共創する日本語人材育成をめざして

羅曉勤

キーワード

対話　U理論　メンタルモデル　自己変容　体験学習

1　VUCA時代における海外高等教育機関の日本語教育の可能性とは

　グローバル化の進展と共に、世界の情勢は激しく変化し、私たちが生きる社会に、高い変動性（Volatility）、不確実性（Uncertainty）や複雑さ（Complexity）、さらには曖昧さ（Ambiguity）をもたらしました。このような社会は、ビジネス界などを中心に「VUCA（ブーカ、ブカ）ワールド」と称されるようになってきました。2020年に勃発したコロナ禍がもたらした世界的な危機的状況において、誰しもが、こうした VUCA を感じたでしょう。

　このような著しい変動は実は外国語学習環境にも大きな影響をもたらしています。海外の高等教育機関で日本語教育に携わっている筆者もその激しい変動を感じています。例えば、少子化が進み、ネットにより知識の入手が便利になった今、台湾で外国語教育を専門とする高等教育機関における学科の定員割れは、2022学年度（2022年8月1日から入学）のときに52%に達しました。言語知識に重きを置く外国語教育がどこにシフトしていくべきなのか、また、心理的になんらかの悩みを持っている若者が増えている中で、言語教育を通して何ができるかなどといったことを考えざるを得ない状況になっているといえます。本章は、このように激動する昨今の外国語学習

環境において、特に、海外高等教育機関で日本語を専門とする学習者に対し、どのような言語教育を提供すべきかについて、研究と実践との間を行き来する筆者自身の考えを、海外における日本語教育の在り方の一つの考えとしてまとめたものです。

1.1　海外高等教育機関の日本語教育実践現場から

　台湾出身の筆者は、日本で学位を取得した後、台湾に戻って教壇に立つようになりましたが、日本語教育に関する論文を執筆したとは言え、何をどのように教えたらいいのかわからないというのが正直な気持ちでした。そして、結局は、決められた教科書を用い、その内容を教えていました。一方、日々の自分の教え方を省みつつ、どのようにしたら自分の教育理念を具現化できるのかと考える毎日でもありました。こうした思いや苦悩は、羅（2020）でも述べましたが、今日、こうした壁を乗り越えられたかというと、まだまだという感がしないでもないのです。ただ、当初のこうした苦難を和らげたのは、作文授業での実践です。筆者が、日本語作文の授業を担当した当初は、「授業における読者の不在」「文章構成力の欠如」「推敲により得られた成果を学習者間で共有できない」といった問題に直面しました。そして、こうした諸問題を解決すべく試行錯誤を繰り返した結果、池田・舘岡（2007, p.72）が提案した「対等・対話・プロセス・創造・互恵性」の概念を含有するピア・レスポンスの導入に至りました。また、筆者は、ピア・レスポンスの概念の基礎は「対話」にあると考えました。対話（dialogue）とは、「他人と交わす新たな情報や交流のこと」（平田, 2001, p.16）であり、日本語教育における「対話」とは「考えや文化背景の異なるもの同士の話しあいという行為のみならず、対立する理念（宗教観・文化観など）や学問領域など、異なる概念の『対話』を試み、新たな接点を探求すること」（鎌田, 2012, p.11）とされています。こうした点を踏まえ、「対話」とは「話しあいの中で、生まれてくる新しい視点を獲得するプロセス」だと筆者は考え、ピア・レスポンス実施時のデザインとして、参加者（学習者）が対等に対話のプロセスに参加し、そのプロセスの過程において、学びあい、何か新しいものが生まれ得られるような実践を行いました。その結果、学習者が自主的に授業に参加し、「学び」が起きていることが観察され、一定の成果が得られました。ただ、課題の一つとして、ピア・レスポンスを実施するにあたって、学習者のやり取りや産出から、具体的な実践活動のプロセスにおいて、この「対話」を、いかに具現化するかということがありました。なぜならば、授業活動における「対話」といっても、従来はお互いの産出物について話しあうことが主だったものでしたが、ピア・レスポンスを導入した実践では、教師として、そうした話しあいの中から、参加者「自ら」の新しい視点が生まれてくるのを「期待」していたのです。

その結果、「自ら」新しい視点が生まれたグループもあれば、話しあうだけであったり、「対話」活動に困惑したまま終わったりするグループもありました。そのため、対話に困惑、また、話しあいだけで終わったという事象に着目し、新たに授業デザインについて考えたのです。つまり、授業活動で新しい視点が生まれるような話しあいをデザインすることを、次の課題としたのです。言い換えれば、日本語の授業で日本語を学びつつ、その場にいる人たちの考え方を聞き、理解した上で、さらに自分の考えや感じたことを伝えるといったプロセスを経ることで、なんらかの新しいものが産出される機会を作り出したいと考えたのです。

1.2　VUCA 時代に求められる学びとは

　インタラクティブな教室風土は、教師として誰もが望むことでしょう。ですが、筆者の現場も例外ではありませんが、現実の言語教室の多くは、機械的な練習やパターン練習の「声」以外はほぼ「沈黙」か、多少は活発な教室であっても、教師の求める「声」を探りながら、学習者が学習の場に臨んでいるといった程度ではないのでしょうか。そして筆者は、教室の中でさまざまな「声」が発され、教師と学習者の間に「対話」が生まれるにはどのようにしたらよいのかを考え、課題とするようになったのです。また、教育実践者としての自分は、授業で「なにを」、そして「なぜ」教えているのかという、いわば、教育の根底的な部分にも疑問を抱いたのです。そこで、まず、「なにを」教えるのかを明確にすべく、学習目標を確認したり、高等教育に対する社会の要望を把握したりすることにしました。そして、「なぜ」教えるのかの答えを得るべく授業実践を検討しました。

　そうした中、まず目にしたのは、社会や世界の変動です。例えば、科学技術面において、特に情報通信やインターネットの革新や普及により、以前であれば、教師からしか学べなかった言語知識や言語使用例などを、いわゆるネット世界で、容易かつ大量に入手が可能になったという点があります。具体的には、Google の動画検索覧に「日本語学習」と入力すると、次ページの図 1 に示すように、0.40 秒で二億七千万の結果が出てきます。

　もちろん、これらの中には、事業者の宣伝広告や有益とは言い難いものもあるのでしょう。しかし、文法などを無料で解説したり、日本語学習経験をシェアしているものも多いです。つまり、学びたいと思えば、教室や学校に行かずとも、いつでもどこでも、学習が可能になったということです。こうした点において、学校における言語

図1　Google での日本語学習リソースの検索結果

教育の意味や仕方を再考し、教育カリキュラムや教室活動に「日本語力 （リンク）[1] 生きる力の（再）構築」に基づいたデザインが必要であると、羅（2020, pp.7-12）では提唱しました。さらに、羅（2020, pp.53-54）は、劉・邱・胡（2006）、洪（2013）、當作（2013）、などを参考にした上で、「日本語力 （リンク）生きる力の（再）構築」を以下のように定義しました。

　　　台湾社会で求められている日本語人材とは、日本語を駆使しながら、「問題の発見・解決力」「協働力」「コミュニケーション力」「多様な観点からの論理的な思考力」を持つものだといえよう。

　また、上掲引用のような日本語人材を育成するには、どんな学びが必要かについて、以下に示す梅澤（2020, p.5）の高等教育のカリキュラムデザインについての意見を参考にした上で考えてみたいです。

　　　教育社会学におけるカリキュラム観としては、いわゆる社会的構築主義に立脚

---

1) 「日本語力 （リンク）生きる力の（再）構築」における （リンク）は、筆者が日本語力の養成と生きる力の育成も外国語教育現場で同じく重要だと考え、そこで、実践をデザインするときに、日本語力も生きる力の育成をいかに繋げ、授業デザインをしていくことを大切にしたいということで で表記することにした。

し、知識としてのカリキュラムの存立そのものや伝達のあり方を問う考え方がひとつの柱として存在する。（中略）大学のカリキュラムも例外ではなく、様々な社会的諸力の中で特定の知識が「教えるべきもの」「学ぶべきもの」として組織化され、配列され、伝達されていく。同時に、社会や文化の変動の中で、教育知識の構成原理自体も流動する。カリキュラムについて考えることは、どのような知識を何のために教授する必要があるのか、という問いをそもそも含んでいるわけである。（下線は筆者）

　梅澤のカリキュラム観から考えれば、社会のさまざまな仕組みや権限が、特定の知識を「教えるべきもの」「学ぶべきもの」として定めているのです。確かに、教育現場で「教えるべきもの」「学ぶべき」ものは、政府の政策、学校の方針、教師の関心などといった、「力を持つもの」により、段階ごとに示されています。例えば、各国の教育行政機関が制定する公教育の教育課程（日本でいう学習指導要領）にあたるようなものは、この「教えるべきもの」「学ぶべきもの」に相当するものだといえましょう。一方、国際化や科学技術が進み、私たちが生きる社会も激しく変動する昨今、梅澤が述べたように、教育知識の構成原理自体もその影響は免れません。そのため、カリキュラムについて考える際に、「どのような知識を何のために教授するのか」といった「問いかけ」は、教育現場に立つ教育実践者としても、また教育実践研究者としても、常に「問いかけ続ける」必要があるのではないかと考えるようになりました。
　では、そもそも、「学び」とは何でしょうか。そして、何のために「学び」が必要なのでしょうか。この根本的な「問いかけ」に対し、「学習する組織」を提唱したピーター・センゲの考えにもとづき、考えてみたいと思います。Senge（1990/2018, p.14）は、「学ぶことは深く個人的なものであると同時に、本質的に社会的なものだ。学びは抽象的な知識だけでなく人と人とをつなぐ。（中略）。人生のある段階から次へと移るたびに、何か新しい大小の挑戦に直面する。そうした挑戦に対して心を開く時、生きることと学ぶこととは切り離せないものとなる」としています。つまり、学びを引き起こすには、「個人的なもの」「社会的なもの」「抽象的な知識」「人と人とをつなぐ」「挑戦的な要素」「心を開く」などが必要であり、これらが適切に働けば、生きることと共に学びも生じると考えられるのです。また、Scharmer（2018/2019）も、変動が激しい現代社会には三つの大きな断絶―環境との断絶、社会との断絶、自分自身との断絶―が生じているとし、これらの大きな断絶によって、さまざまで複雑な社会問題、例えば、気候変動、戦争、貧富の差、うつ病、自殺などが起こっているとしています。そして、これらの社会課題を解決しようとする過程で、個人が自分の内面

に気付き、その内面の変容が社会変革につながるという U 理論を提唱しました。さらに、Scharmer（2018/2019）がまとめた U 理論の五つの主な特徴の一つに個人の内面変容があり、「自分の内面の状態をメタ認知できるようになり、自ら変容を起こす力が高まる」（p.6）としています。つまり、社会を生きようとする中で、「自分を知る」ということが大事だと考えられるのでしょう。

　また、Senge（1990/2018, p.33）は、現在の学びの問題について、以下のように指摘しています。

　　　學習在目前的用法上己經失去了它的核心意義：在日常用語上，學習己經變成吸收知識，或者是獲得資訊，然後這和真正的學習還有好大一段距離。（現代社会において、組織における「学び」が本来の精神を失い、知識の習得、情報の取得というように理解されている。この現代社会の「学び」は、本当の「学び」とは非常に懸け離れたものになっている：筆者訳）

　以上の定義や主張から、従来的な知識習得や情報の取得だけでは、「学び」に結び付いたり、引き起こしたりしにくいと考えられます。そして、同じような現象は、羅（2020）でも述べられています。つまり、知識伝授型による言語知識の獲得に重きが置かれている従来の言語教育は、まさに Senge（1990/2018, p.33）で指摘した「本当の学びから懸け離れたこと」に当てはめることができると言えましょう。

　では、本当の「学び」とは、一体、何でしょうか。この点について、Senge（1990/2018, p.33）は、本当の学びの生起は「metanoia」と深く関連していると提起し、その関係について、以下のように述べています。

　　　掌握「metanoia」的意義，等於掌握「學習」的更深層意義，因為學習也包括心靈的根本轉變或運作（「metanoia」の意味が認識できれば、「学び」の真意も理解することができる。なぜなら、学びには心的な根本的変革や営みが関わっている：筆者訳）

　以上から、学びは根本的な心的変革や営みであることが、ここでも再確認できたと言えましょう。

　このように、社会変革をめざすということは、教育においては、未来を「生きる」力を育成することとも考えられます。また、言語教育の分野でも、未来を「生きる」ということが議論されるようになり（岡崎, 2009; 岡崎, 2013など）、グローバル化

する世界において生活するのに必要とされる、多様な能力を育成すべく、持続可能性を持つ言語教育への転換の必要性が強調されています。つまり、羅（2020）で提唱した「日本語力 @ （リンク）生きる力の（再）構築」の概念は、岡崎らが提唱した、持続可能性を有する言語教育の概念に近いものと考えられます。さらに、日本語教育分野での教室活動における持続可能性のある教育の特色の一つとして、岡崎（2009, p.10）は、「グローバル化の変動の下にある自国、自国の人、私自身について知り、語る」ことだとしています。

　以上の話を踏まえた上で、筆者が、生きる力の育成の根底に、なぜ、「自分自身について知る・語る」ということを据えるのかというと、自分自身を深く理解し、自分自身につなげていかないと、自分を取り巻く「場」へのつながりもできないし、自分自身や場へ無関心であれば、学びが引き起こされることもなく、生きる力の育成にもつながらない、と考えたからです。そして、日本語教育の中で、いかに、自分とのつながりから自分の生きる世界や生き方を探るか、つまり"ME"とのつながりから"WE"の世界観を形成するプロセスを可能にする日本語教育の一つの可能性を、自身の実践で探り、提示していきたいと考えています。では、続いて、その入り口である「自分自身について知る・語る」に関する実践を紹介し、入り口としての可能性を提示したいと思います。

2　実践研究について

2.1　実践デザインの枠組み

1）自分自身を知るためのメンタルモデル

　「自分自身について知る・語る」という実践を行うに際しては、Senge et al.（2012/2019, p.159）が主張している「学び」を引き起こす五つのディシプリンのうちの一つであるメンタル・モデルが該当すると考えられます。

　　　メンタル・モデルは、普通は言葉にして表されることがなく、意識の底に潜むため、あまり検証されることがない。こちらから探そうとしない限り、目に見えない。（中略）メンタル・モデルには違いがあり、二人が同じものを見ても異なる形で記述される。異なる人は異なるところに注目する。メンタル・モデルのディシプリンが持つ役割は、言葉にされなかった前提や態度を表面に出し、人々がお互いの違いや誤解について防衛的な態度を取らずに話をすることだ。

　このメンタルモデルは、自分の価値観や信念、行動パターンに潜んでいるビリーフについて、気付きや再構築につながるといった概念として用いられることが多いですが、本章では、「自分自身について知る・語る」の初期段階として、まず、「自分とは」という点に着目し、実践内容をデザインすることとしました。なぜなら、人は普段、例えば自分自身のことをことばにして語る機会や場があったとしても、特別な場合でない限り、その語りを検証することは多くないからです。そして、自分自身に対する自らの見解や認識は、他人が考えたり感じたりするそれとは異なることもあるでしょう。こうした点を踏まえ、本章における活動のデザインに際しては、他人と話をするにあたって、従来はことばに出なかったものをいかに表出し、それにより誤解やギャップを回避することができるようになるか、ということを考慮する必要があると考えられました。そこで、自己の表出＝形として表す手段として、メタファーに働きかける活動を導入することにしました。なお、メタファーに着目したのは、Cullen（2015, p.74）の、"Since metaphoric thinking is so core to human experience, it makes sense to explore important issues in a metaphoric manner as well as the more common cognitive ways."（メタファーシンキングは人間の経験の核心であるため、重要な問題を一般的な認知的方法で探求するのと同様に比喩的な方法で探求することはより理にかなっている：筆者訳）という主張にその理由があります。つまり、自分を語るとは、生きてきた経験に関する語りであり、こうした自己へのメタ認知を言語化することはとても重要な問題で、自己を知ることを比喩的な方法で探求するものだと考えられるからです。そして、自分自身を知るということは、深い学びを引き起こすテーマとしてとても大事なことだという考えにもつながっています。なお、筆者が重視したのは、直接的対話による誤解を避けるべく、メタファーを活用して、自分を「形」として表出するという点です。そこで活動に用いたのは、メタファーを隠喩表現として取り入れつつ、話したいテーマを形、つまり、ブロック（積み木）で表すことでした。

2）メタファーを隠喩表現として取り入れたブロック手法

　前節で述べたように、本実践においては、メタファーに働きかけることに着目し、自己の表出を、ブロック（積み木）で表す手法をとりました。なぜ、ブロックで表す手法を導入したかというと、ブロックの利点について、レゴシリアスプレイの開発者の１人であるラスムセン（2016: No.152）が述べたように、ブロックで表現することは「言語だけでは表現できない本当の考えや気持ちを参加者に促し、引き出していくことができる」「無意識領域に閉じ込められた自分の思いを知ることができる」「言

葉だけでは表現できない自分の本当の考えを表現することができる」ということから、ブロックを介することによって、すでに言語化された自分との出会い、そして、今まで言語化されていない、つまり、無意識領域に閉じ込められた自分に出会うことができると考えたからです。なお、ブロックで表す具体的な手順は、株式会社エイチ・アール・ディー研究所が開発した「ブロックを使った共創ワークショップデザイン基礎講座」の資料にもとづき、デザインしなおしたもので、詳細については実践手順の部分で説明します。さらに、ブロックを使ったワークショップの一つの利点として、ラスムセン（2016: No.172）は、「グループ内の対話をより価値あるものにするためのメソッドです。メソッドであるからには誰でも学んだり、体験したりすることができます。（中略）このメソッドによって自分の思考が深まる。」と述べています。また、株式会社エイチ・アール・ディー研究所の資料[2]では、ブロックを組み立てることを通じて、今まで慣れてきた言語思考とは違う脳の仕組みを使うことで新たな視点を獲得でき、同じ時間を使って作品を作成したり語ったりすることで、誰もが「自分の」ストーリーを伝えられるので、全ての参加者が平等に自分の考えや気持ちを伝えられる機会が得られる、とされています。つまり、筆者がかねてより教育現場で実施してきたピアラーニングが大切にしている「平等」や「対話」も、ブロックを使うことにより具現化が可能だとされているのです。そして、ここでいう対話は、「思考が深まる」、「新たな視点の獲得」を目的としているため、対話の際に、外国語環境にいるメリットを発揮し、共通言語である中国語で対話を行うことができるようにしました。より詳しくいうと、授業実践デザインを考える際に、「対話セッション」と「日本語学習セッション」を分けることにしました。では、教育実践で「対話セッション」、「日本語学習セッション」をいかに具現化していくのかを、次節で説明します。

3）「対話」を具現化した「主張―傾聴―問いかけ」のプロセス

　Yankelovich（1999/2011）は、対話に参加するメンバーはそれぞれの意図を持って場に参加しており、さらに、その場には場を開く側の意図もあり、そうした中で対話が展開されていくとしています。そして、こうした対話のプロセスにおいて、メンバーは皆、メンバー間で主張と問いかけの間を行き来する中で、自らの考えを豊かにし、場を開く側が意図している目的に向かって、結論を共創していくのだとしています。

---

2)　2020年株式会社エイチ・アール・ディー研究所の「ブロックを使った共創ワークショップデザイン基礎講座」にて取得した資料のことを指す。

　こうした対話のプロセスは、ブロックを用いたワークショップの中にもすでに含まれています。なぜなら、作品を指しながら、自分の考えを描写し、そして、語られていない作品の部品を指しながら、その意味を作り手に問いかけることができるからです。具体的には、「自分自身について知る・語る」という実践活動をデザインする際に、以下の手順で進めます。まず、テーマを表現するブロック作品を作ってもらいます。そして、作品に含まれている自己を作り手に語ってもらい、ワークショップの他の参加者にそれを聞いてもらいます。その後、聞く側のメンバーに、先に聞いた内容の確認、さらに、作品を指しながら問いかけをしてもらうという循環の中で、対話プロセスが成立していくと考えられています。つまり、ブロックで作られた作品の作り手が自己への認識を語りの中で確認したり再構築したりすることができるといった対話のプロセスを実践活動に取り入れたということです。では、こうした実践について、以下の2.2でより具体化された手続の説明を続けます。

2.2　実践のフィールドおよび手続き

　本章で紹介する実践は、台湾の高等教育機関で日本語を専門とする日本語学習者36名が履修する、3年次生を対象とした日本語作文という科目の授業がフィールドです。また、本実践の目的は、成果物の創作の楽しさを通じて学習者が完全に没頭し集中できる心理的状態、いわゆるフロー状態を作ることで、深い自分に意識を結び付けさせ、さらに、メタファーを応用し、ブロックの中にあるストーリーを表出させ、それを他者に語ることによって、自他の語りにある「テーマ」やその認識の相違に気付くきっかけを作る、というものです。

　では、具体的な実践の手続きとその手続きの背後にある目的を説明します。前述したように、実践では、「ブロックを用いた対話セッション」および「日本語学習セッション」に分けています。

1)「ブロックを用いた対話セッション」の手続き

　ここで、まず、「ブロックを用いた対話セッション」のデザインについて述べます。まず、学習者に対し、場への参加の心理的な準備、ブロックの使い方、ブロックで説明する際のポイントを体感してもらうために、「今の気持ち」「最近頑張っていること」「私にとっての作文授業」をテーマとした「1ブロックメタファー」を導入しました。その時のタスクシートは以下の図2となります。

　なお、この「1ブロックメタファー」とは、①一つのブロックの色や大きさや形状といった特徴などの目で見て把握できる客観的な事実と、示されたテーマとを結び付

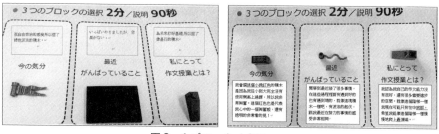

図2　1ブロックメタファー

けて語る、②事実は一つであるが解釈は自由だという点を意識するといった営みです。
つまり、図2で示したように、同じブロックでも、人によって語られる内容は違うと
いうことを体験することが目的となります。そして、ここで大事なのは、ブロックで
示す手法においては、単に指示するだけではなく、教師による例示を提示することが
あげられています。なぜなら、次のステップにつながる大切な導入部でもあるからで
す。次に、「組み立ての練習」ステップに入ります。このステップは、ブロックを組み
立てる際の既定の価値観や遊び方を打破するためのもので、練習後、何か気付きがあ
るかを問いかけてみます。なお、ここでの狙いは、「枠を破る」ということです。ブ
ロック、つまり、積み木の組み立ては凸と凹とをはめるのが一般的なイメージだと考
えられます。しかし、そうした既成概念やイメージにとらわれてしまうと、組み立て
の練習がうまくいかない場合が生じます。そのため、このステップでは、何かの隙間
にはめ込むだとか、ただ置き並べるだとかといったシチュエーションをこの「組み立
ての練習」セッションで体験してもらい、どんな気付きがあったのかを問いかけるこ
とによって、参加者に「枠を破る」という可能性に気付いてもらう意図がありました。
続いてのステップとして、「上りたくなるタワー」というテーマで、ブロックで成果物
を作成するよう指示を行いました。なお、ここでのポイントは、①作りあげたタワー
は作り手自身を表していること、②そのタワーの強みも弱みもあなた（作り手）自身
であるということを作り手に伝えることです。その後、作り手に、自身の作品を指し
ながら、先ほどの「1ブロックメタファー」で練習したように、色や形から、自身が
感じる自分の弱みと強みを語るように指示します。一方、他者の作品については、作
者自身を表すその作品について、語り手として見いだした強みや弱みを、その作品の
作者に向けて語るように指示しました。さらに、他者の作品の形や色に着目し、「な
ぜ」という問いかけをしてもらいます。それに対して、回答する側の作者は「なんと
なく」ではなく、少なくとも「あえて言うなら」という表現を使って答えるように伝

えました。そして、作者は、自身が示した答えの、そのことばを意識して大事にするように伝えました。体験セッションが終わってから、この一連の体験を図3で示したタスクシートに記入するように指示しました。

個人作業：一人の世界
作品をみて、このタワーには強みも弱みもあります。このタワーはその強みも弱みもあるあなたです。
どんなところに強みが現れていますか。

色から：

從顏色來看，底層 ⎯⎯ 都是我很喜歡的顏色，都很有規律地排著，就像自己內心一樣，做每件事都一定要照順序來做，應該算有半強迫症吧，如果做什麼事情沒有把事情做好心裡總會覺得怪怪的，中間的顏色

 只是剛好看到相同大小和形狀就拼上去了，最後是最上層

図3　上りたくなるタワーのタスクシート

最後に、実践体験後の気持ちや、気付きを「1 ブロックメタファー」で表現してもらい、学習者同士で話しあってもらいました。そして、そこで得た気付きを同じようにタスクシートに記入してもらうように指示しました。図4で示したようなものです。

そして、こうした一連のプロセスについてタスクシートに記入してもらいました。

なお、上述のように、本実践の各ステップは、自己の内面に相応に迫る内容となっています。そのため、使用言語については、グループ活動の際は学習者の母語である中国語によるものとしつつ、タスクシートの記入はできるだけ日本語で行うことにしました。自分の気持ちを日本語でどうしても表現できない場合においては、中国語で記入してもよいこととしましたが、タスクシートの段階では中国語で表現した学生がほとんどです。そして、教師の役割はこのセッションにおいては、ファシリテーターの立場に立って、活動を進めていくこと自体が重要であり、「対話」プロセスが生じる安心・安全な場づくりの存在として教室活動に臨むことでした。

今日の気づき：最後，我的心境就像這一塊積木一樣，像一朵盛開的花瓣，一開始可能只是朵小花，但因為一些養分滋潤了我，讓我多了我所不知道的東西，長出了更多的花瓣！
ブロックを使ったこの活動の印象：第二個黑色叉叉是代表我在做這活動的心境，我覺得我自己有點模糊，但也有跟我的朋友持有相同意見，所以我覺得我們的意見都是兩條直線，但是有交集，也因為彼此有交集，所以才能在這個活動更認識自我。

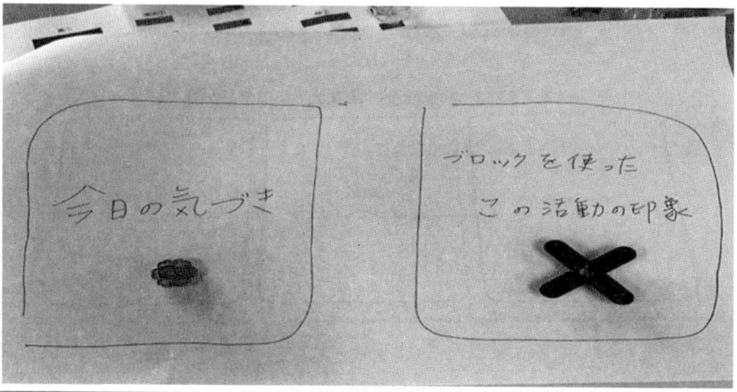

図4　実践体験後の気持ち

2)「日本語学習セッション」の手続き

　「ブロックを用いた対話セッション」が終わってから、「日本語学習セッション」に移ります。まず、記入されたタスクシートに対し、教師は、日本語表現に必要となる単語・短文表現などを一覧化し、学習者らに提示するようにしました。ここで、提示しているのは、主に自己紹介の際に使われる個々の人の趣味趣向をあらわすことばや性格を説明するための表現です。この実践活動の履修者は、日本語を専門とする大学3年生なので、ゼロ初級の学生がいなく、日本語文章能力からいうと、単文羅列のレベルから複段落構成可能なレベルまでの学習者によって構成されています。そこで、現時点の日本語能力で、書き出すように指示しました。そして、授業目標にもとづいたルーブリックを提示しました。ルーブリックで提示した評価項目は、「日本語表現」「授業中で何をしたのか」「自分の語りから気付いた自分」「他人の語りから気付いた自分」などです。その後、「ブロックを使って知らない自分に出会おう」というテーマで作文を書くように指示し、そこで提出された1例が次ページの図5のような成果物です。その後、教師による推敲の作業に入りました。推敲作業の中で、誤用や言いたい表現が確定できないものをまとめ、その次の授業時間で、日本語表現について勉強します。なぜ、このように分けるかというと、日本語で対話セッションを行ってもらうと、言語能力の制限で、「新たな知見」や「考えの深まり」に影響を与えてしまうおそれがあることが、筆者の過去の実践経験からわかったためです。よって、今回の実践

皆さんは自分のことをよく知っているのであろうか。「他人から見ると、自分はどんな人であろう。」と、人間である限り、きっとそれを知りたいである。ブロックに通して、知らない自分に出会えると、先生から聞いた時、興味を持つようになった。普段はこんな機会がなかなかなくて、好奇心に突き動かされ、自分をもっと知りたいため、このような活動をやった。

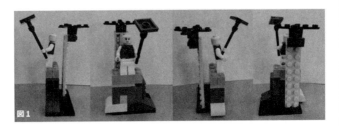

図1は私が作ったタワーである。タワーの上に立っているのは私自身である。私は人見知りなので、初めは大人しく見えるが、仲がよくなればよく話すタイプなので、タワーの一番下は穏やかと連想できる灰色で、自分の情熱さを表すのに、上の自分に近づければ近づくほど、鮮やかな色になっていく。図1のＡで示した茶色はよく遅しいというイメージを持っていると言われている。この遅しいイメージは自分から他人に与えた印象という強みを表していると考えている。なぜなら、自分の意気地なしところを他人に見せた

図5　学習者の作品と作文の1例

活動でも、分けることにしましたが、そのほうがより豊かな日本語作品とつながる可能性が高いと考えられます。

3　実践結果

3.1　日本語による作品から見えてきたこと
当該授業の目標の一つとして、日本語力構築・再構築がありますが、この実践活動

を通じて獲得できた日本語表現として、次のようなものがあげられます。まず、授業で行ってきたことの紹介においては順番付きの説明文が、実際の授業では隠喩などが含まれるメタファーの活動がそれぞれあるため、授業内容を説明する「様態表現」、メタファーと自己とのつながりを説明するための「原因・理由表現」、自分を知る表現内容を表すための「発見表現」、などの言語形式を作文中に見ることができ、その獲得が確認されました。

　また、従来、作文で何を書いたらいいかわからないとか、長文は苦手だという声をよく耳にしましたが、本実践の成果物である34名の作品から見たときに、1,800字〜3,000字の内容のものが多く見られました。文章の構成も、最初この実践活動を聞いた際の感想から、授業で体験してきた実践手順およびそこで感じたこと・得たこと、最後は全体の授業への気付きという流れで構成されたものが多く見受けられました。文章の構成まで一定の流れになっていることは履修者の作品からもうかがえました。

3.2　「自分自身について知る・語る」

　学習者の作文からは、同じブロック（形、色、特徴）、もしくは同じブロック作品（＝作者自身）でも、語り手が違えば語られる内容が違い、こうしたことが自分の行動や意識の変革につながるということが窺える結果として、以下のような描写が見られました。

このタワーを通して、友達から見た私と自分から見た私には、同じところも、違うところもあるので、それについて、説明したいと思う。色からの同じところは、二人も「私は作品のバランスを取るために、同じ色のブロックができるだけ対称のところに置く」というところに気づいた。違うところは、友達が「この作品の全体の色が少し中性的に傾いて、特別のところがない」という考え方が出た。そして、形からの同じところは、二人も「私の性格は穏やかが、ちょっと保守的に傾く」というところに気づいた。違うところは、私は「自分がよくルールに従って、ことをやるのが好きな人」だと思うが、友達は「私が楽だと感じる『コンフォートゾーン』を抜け出して、新しいものを挑戦するべき」という考え方が出た。最初友達の解釈を聞いた時、私はちょっと意外と感じた。なぜなら、友達から見た私はそんなに不足しているところがあるのを初めて聞いたんからである。しかし、友達は私が考えていないところを提出して、改善するべきところを教えてくれて、私にとって勉強になったから、うれしいと思っている。zu

図6　学習者の作品と作文の１例（原文のまま）

　そして、前ページの図 6 に示した学習者の成果物は、本実践で取り扱う「学びには心的な根本的変革や営みが関わっている」という点と関連していると考えられるでしょう。なお、34 名の実践対象者の中で 1 名だけ、ブロック活動を通じて再認識した自分は、今まで認識してきた自分と一致性があるとし、新しい自分や知らない自分とは出会わなかったと述べました。しかし筆者は、本実践がこの学習者に有益ではなかったとは考えません。むしろ、このように、一貫する自分を再確認できたことも「心的な営み」だと考えています。さらに、このブロック活動を通じて、自己への認識、再認識という活動の全般に対し、肯定的な考えや感想が多く示された一方で、一部の学習者からは、自己開示に若干の苦手意識を持つ自分がいることに気付いたとする意見が示されました。

　以上が、個人の「心的な根本的変革や営み」に着目した本章の実践活動です。なお、個人が社会を生きるとは、つまり、自分を取り巻く社会と相互に作用しながら、今の自分に潜んでいる価値観や考えが形成されていくものでしょう。こうした点を踏まえ、今後の実践においては、社会を生きる自己に潜んでいる価値観や考えに触れながら、心的な根本的変革や営みへの気付きを得つつ、さらに、その気付きからより具体的な行動が生じるといった、より連続性の高い実践活動をデザインしたいと考えています。

4　今後の課題

　本実践について、学習者からは、「全体の活動が楽しかった」「活動後の作文も書きやすかった」「作品を自分に喩えることで、友達の語りからも、自分の語りからも、知らない自分の一面が見られた」などの声を作文中に見ることができました。また、日本語での表出も、文脈が明確で全体的な理解度も認められ、さらに、評価表においても、文の構成に向上が見られ、日本語表現に若干の誤りはあるものの理解できるレベルであるものが多く観察でき、一定の成果が得られたと考えます。一方、自己開示に難色を示す学習者への対応や配慮、指定する日本語表現の導入バリエーションの再構築が必要であるという課題や問題も残されています。さらに、もっとも大きな課題は、状況や環境が激しく変動する今日、さまざまな事柄が分岐点に遭遇している、ということを意識しなくてはならないということです。

　Scharmer（2018/2019, pp.49-52）は、新しい時代を作ろうとしているならば、農業と同じように、土壌の質を改善することに注意を集中する必要があるとしつつその社会的土壌は、集団としての行動と具体的な結果を生み出す個人、チーム、組織の間の関係の質であり、その関係の質に変化を求めるならば、個人のレベル、つまり、

自分の意識に意識を向けることが必要だと述べています。そして、個人は社会によって作られているので、個人の意識レベルへの気付き、そして変革ができれば、社会の変革にもつながるとしています。ならば、社会を生きる個人の意識への気付き、そして、その意識を再構築することにより、新しい世界を共創する人材の育成を、日本語教育の今後の一つの可能性として、筆者は考えていきたいという思いを強くしています。それに必要なキーワードは、自己への気付きを促すメンタルモデル、個人意識と社会との関係を理解できるシステムシンキング、システムセンシング、さらに、イノベーションにつながるデザインシンキングなどが考えられます。そして、こうした思いを主体とした実践を今後も提示していくことで、海外における日本語教育の可能性を、自分なりに提唱していきたいと考える次第です。

ディスカッション課題

1 2 人 1 グループで積み木を使って、「ワンブロックメタファー」、「上りたくなる
タワー」のワークを行ってみてください。そして、自分たちの気づきについて話
し合ってみてください。

2 「メンタルモデル」を使って、日本語教師としての「価値観」・「考え」について
振り返ってみてください。または、日本語教育に携わっている人に「自分が考え
ている日本語教育の在り方」について語ってもらい、「メンタルモデル」を使っ
て、その語りを分析してみてください。そのような言説があるのかについて気づ
いたことを話し合ってみてください。もし、学習者側に興味があるならば、日本
語学習者に、「日本語学習動機」について語ってもらうワークを実施してみても
いいと思います。

3 あなたが今まで実践してきた、または、受けてきた外国語の授業で、本章の実践
例とかかわりがあると考えられるものはありますか。

さらに学ぶための参考図書・資料

中野民夫（2017）『学び合う場の作り方―本当の学びへのファシリテーション―』岩波書
　店.
Arbinger Instituted. (2006). *Leadership and self-deception: Getting out of the box.* Berrett-Koehler.
　アービンジャー インスティチュート（2018）金森重樹（監修），富永星（訳）「自分の小
　さな「箱」から脱出する方法」大和書房.

第9章
難民的背景をもつ人々との日本語活動
安心、安全に学び合える場をともにつくる

松尾慎

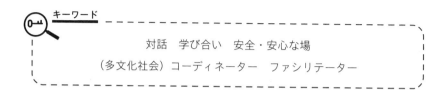

キーワード

対話　学び合い　安全・安心な場
（多文化社会）コーディネーター　ファシリテーター

1　はじめに

　私は、ブラジルやインドネシア、台湾で12年ほど日本語教育に携わり、2009年4月、東京女子大学に赴任しました。ここまで続けてこられたのは、日本語教育に関わることによって、よりよい社会づくりに参画していきたいと思い続けているからです。

　現在の職場では、日本語教員養成課程や大学院の日本語教育科目などを担当しています。着任したとき、私は、日本語教員養成課程を「日本語を上手に教えられる課程」だけに留めたくはないと考えました。日本語教師としてもつべき基礎的能力や技術に目を配ることはもちろん大切でしょう。しかしながら、日本語学習者はもちろん社会生活者でもあります。ですから、学習者が生きている社会的文脈と教室を完全に切り離すのではなく、日本語教育が社会的行為であることを常に意識することができる日本語教師、あるいは、日本語学習支援者の育成を目指したいと考えました。そのためには、できる限り学生をさまざまな現場につなぎ、実践に参加する中で、自ら気づき、考え、一歩踏み出す力や他者とともに協働的に実践していく力を養っていく機会を提供する必要がありました。

　そんなときに、東京外国語大学の多言語・多文化教育研究センター主催の「多文化

社会コーディネーター養成講座」の募集を知り、受講しました。同講座が養成しよう
とする「多言語・多文化社会における課題に対応できる専門人材」である多文化社会
コーディネーター的視点が、今後の自身の実践の可能性を広げ、日本語教員の養成に
も生きてくると直感的に考えたからです。

　その講座でブラジル時代の仲間に再会しました。その仲間は、関東のある県で教員
として勤務する傍ら、週末に日系ブラジル人の子どもたちを対象とした母語教室を運
営していました。私は日本語教員養成課程の受講学生や日本語教育を専攻する大学院
生たちとこの教室に通うようになりました。学生たちはポルトガル語を学んでいるわ
けではありませんが、自分たちで教室内での役割を見出していきました。子どもたち
を励ましながら学習を促したり、ブラジル人スタッフとともに日本語とポルトガル語
のバイリンガルでの絵本の読み聞かせを行ったり、日本語スピーチコンテントに出場
する子どもの指導をしたり、さまざまな役割を担っていきました。この実践の中での
私の役割は、学生と現場をつなぎ、さまざまな活動をサポートしていくコーディネー
ターでした。こうした活動を通して、日本語教育や日本語教員養成に関わる者がコー
ディネーターやファシリテーターとしての視点や力量をもつことの重要性を強く意識
するようになりました。

　こうした思いや実践を重ねてきた私が、母語教室への参加の次に関わったのが、ミャ
ンマー出身の難民的背景をもつ人々などとの日本語活動（VEC 日本語活動）です。私
たちがこの活動を立ち上げてから 2023 年 6 月で 9 年になりました。文化審議会国語
分科会が 2019 年に取りまとめた『日本語教育人材の養成・研修の在り方について（報
告）改定版』の中で、活動分野の一つとして「難民等」が設定されています。本章で
は、市民団体である私たちが行っている日本語活動を紹介するとともに、その特質や
学びとしての可能性を探ります。また、こうした活動を継続していくためにコーディ
ネーターが果たす役割に関しても論じていきます。

2　日本における難民の受け入れ

　難民に対する日本語教育の現状や私たちの日本語活動に関して述べる前に、まず本
節では日本における難民の受け入れに関して概要を伝えたいと思います。

　日本政府が公式的に難民として認定しているのは、条約難民、インドシナ難民、第
三国定住難民という 3 種類です。

　条約難民とは日本も加盟している難民条約（「難民の地位に関する 1951 年の条約」
「難民の地位に関する 1967 年の議定書」）に基づく難民のことです。国連で難民条約

が採択されたのは 1951 年で、日本が加盟したのは 1981 年でした。難民条約で難民は、「人種、宗教、国籍もしくは特定の社会的集団の構成員であることまたは政治的意見を理由に迫害を受けるおそれがあるという、十分に理由のある恐怖があるために国籍国の外にいる人で、国籍国の保護を受けられない人、または保護を望まない人」と定義されています。日本では、2022 年、難民認定を求めた人 10,345 名のうち難民認定を受けた人は 202 名に過ぎませんでした。難民認定率は、1.95％になります[1]。日本の難民認定率の低さは国際的にも際立っています。例えば、2016 年ドイツは 263,622 名（認定率 41％）受け入れていますが、日本は 28 名（認定率 0.3％）に過ぎません[2]。

　次に、インドシナ難民とは、ベトナム戦争の終結後、社会主義体制への移行と内戦から逃れてきた人々のことを指します。ベトナム出身者だけではなく、ラオス、カンボジアからの難民も含んでいます。1975 年、日本に最初のインドシナ難民が到着しました。1975 年当時、日本は難民条約に未加入ではありましたが、特別に政治的な措置としてインドシナ難民の一時滞在を認め、1979 年、インドシナ難民の受け入れを閣議了解しました。日本では 1979 年から 2005 年にかけて合計 11,319 人を受け入れました[3]。第三国定住とは、すでに母国を逃れて難民となっているものの、避難している国が難民条約に入っていないなどの理由で保護を受けられない人を他国（第三国）が受け入れる制度です。2023 年までに 101 世帯 276 人が受け入れられています[4]。

　難民認定を受けた人は認定を受けた時点で、「定住者」という在留資格を得ることができます。定住者の在留資格をもっている人は、就労の制限がありませんので、日本での生活基盤を築くために、ある程度、安定した在留資格といえるでしょう。また、その後、より安定的な「永住者」という在留資格を得たり、日本国籍を取得（帰化）したりする難民も存在します。

　難民認定を受けた人々以外にも難民的背景をもつ人が多数存在しています。「難民申請者（申請前、申請中、裁判中を含む）」や「人道配慮による在留特別許可を得た人々」、「仮放免中の人々」などが挙げられます。難民申請が不認定となったものの人道的な配慮を理由に在留特別許可を得られる場合があります。在留特別許可は、法務大臣の自

---

1) 出入国在留管理庁　https://www.moj.go.jp/isa/publications/press/07_00035.html（2023 年 5 月 4 日確認）
2) 認定 NPO 法人　難民支援協会　https://www.refugee.or.jp/report/refugee/2017/09/g7_17/（2023 年 5 月 4 日確認）
3) RHQ（難民事業本部）　http://www.rhq.gr.jp/japanese/know/ukeire.htm（2023 年 5 月 4 日確認）
4) 外務省 https://www.mofa.go.jp/mofaj/press/release/press5_000109.html（2024 年 1 月 22 日確認）

由裁量によって特別に日本国内での在留を認める特例措置のことです。実際には大半の申請者が在留特別許可を得ることができません。再申請や裁判までプロセスが進むこともありますが、最終的に認められない場合には退去強制の令書が発布されます。それでも、帰国をしない人は出入国在留管理庁の収容施設に収容されることがあります。収容期間が数年に及ぶケースもあり大きな問題となっています。収容施設から一時的に放免される措置として、仮放免という制度があります。仮放免中は就労ができませんし、国民健康保険に入ることもできません。在留特別許可を得た人、そして、難民認定を申請中の人（裁判中の人も含む）、仮放免中の人の中には、条約難民ではなくても難民的背景をもった人が少なくありません。本章のタイトルの「難民的背景をもつ人々」という表現はこのようにさまざまな立場の人が参加していることを表しています。

3　難民に対する公的な日本語教育の実情

　それでは、難民的背景をもった人に対する日本語教育の実情はどのようになっているのでしょうか。まず、公的な日本語教育の支援の対象は、難民認定を受けた人々に限られています。

　1975年日本に最初のインドシナ難民が到着したのを受け、1979年に日本政府はアジア福祉教育財団に定住促進のための事業を委託し、財団内に難民事業本部（RHQ）が設置されました。RHQ は、1979年12月、兵庫県姫路市に「姫路定住促進センター」を、1980年2月、神奈川県大和市に「大和定住促進センター」を開設し、インドシナ難民に対する日本語教育が始まりました。また、1983年東京都品川区に「国際救援センター」が開設されました。三つのセンターは2006年までに、すべて閉所されました。一方、2006年、RHQ 支援センターが開所され、条約難民と第三国定住難民を対象にした定住支援プログラムが実施されています。

　第三国定住難民、そして条約難民とその家族に対し、RHQ 支援センターでは、572時間の日本語教育と120時間の生活ガイダンスのプログラムが提供されます。難民認定を受けられなかった人々は、こうしたプログラムや支援を受けることができません。在留特別許可を得た人々も対象外となります。しかしながら、日本社会の中で安定的な生活の基盤を築いていくために日本語の習得が必要となります。

　2019年6月28日、「日本語教育の推進に関する法律」が公布、施行されました。この法律が施行されたことで、日本国内で暮らす外国人らへの日本語教育を推進することが国や自治体などの責務となりました。また、この法律では、基本理念として、

学校の児童生徒や留学生、各分野の技能実習生、難民など、さまざまな立場の在留外国人らの日本語教育を受ける機会を最大限確保することを謳っています。「さまざまな立場の在留外国人」には、人道的配慮で在留特別許可を得た人々、難民申請中の人々なども含まれるべきではないでしょうか。日本語を学ぶ機会をなかなか得られない状況を何とか補おうと努めているのが、地域で実施されている市民団体やNPOなどが運営している教室といえるでしょう。以下、本章で取り上げる私たちのVEC日本語活動もその一つです。

4　難民的背景をもつ人々に対する日本語教育 —— VEC日本語活動

出入国在留管理庁によれば、日本に暮らしているミャンマー人は、2023年6月現在、69,613人[5]で、条約難民として認定を受けた人は389名（2022年末現在）となっています。日本にミャンマー出身の難民が来るようになった背景を説明します。1988年8月8日、当時の独裁政権の打倒を掲げた民主化運動がミャンマー全土に広がりました。「8888」と呼ばれる一連の運動では、軍の弾圧によって数千人ともいわれる一般人や僧侶が犠牲になりました。そして、多くの民主化運動家が、ミャンマーを離れました。その行き先の一つが日本でした。

日本在住ミャンマー人が集う町の一つが東京の高田馬場です。高田馬場駅の近くにある20軒ほどの店でミャンマーのさまざまな料理が提供されている他、ミャンマーの食材店やミャンマー人向けのカラオケも営業されています。私たちのVEC日本語活動は、この高田馬場の小さなアパートの一室で営まれています。

4.1　難民的背景をもつ人々に特化した学びの場が必要な理由

どのような教育現場、教育機関であってもそこに関わる人々にとって安心、安全な場であることが求められます。出自や思想・信条、言語、性別・性自認・性的指向、宗教、年齢、障がいの有無などにかかわらず誰にとっても安心、安全に学べる場作りが必要です。難民的背景をもつ人を対象にした日本語学習の場作りを考えたとき、安心、安全という観点はなおさら大きな要素になってきます。

先ほど述べたように参加者の在留資格もさまざまですし、日本へ来ることになった

---

5)　出入国在留管理庁　https://www.moj.go.jp/isa/publications/press/13_00036.html（2024年3月4日確認）

経緯も人それぞれです。地域日本語教室では、「どうして日本へ来ましたか」、「日本で何をしていますか」、「いつ国へ帰るつもりですか」というような会話がなされることがあるかと思いますが、何気ない会話が難民的背景をもつ人にとっては重い質問になることもあります。伴野は、「難民の特殊性に配慮するためには、従来の日本語教育のあり方を改善、修正、拡張することでは対応できず、難民に特化した日本語教育／学習支援が必要である」（伴野, 2013, p.33）と述べています。安心、安全を担保するためにも、難民的背景をもつ人にある程度特化した学びの場が求められているのです。

4.2　VEC 日本語活動設立の経緯

　難民的背景をもつミャンマー出身の同胞のために日本語教室を作ろうとした人、それが、自らもミャンマー出身の難民であるチョウチョウソーさんです。彼は 1991 年に来日し、1998 年に難民認定を受けました。NHK のビルマ語放送のキャスターを務める傍ら、祖国の民主化を願い、日本で活動を続けてきました。また、2002 年に高田馬場にミャンマー料理レストランを開店しました。このレストランはミャンマーコミュニティの憩いの場、相談や情報交換の場としてだけではなく、ミャンマーにつながりのあるすべての人にとって大切な場として機能しています。ビルマ語はもちろん、日本語や英語での発信能力が非常に高いチョウチョウソーさんは、日本語を学ぶ機会がなかなかない同胞が安心して日本語を学べる場を提供するため、日本語教室を開こうと考えました。そのとき、ある難民支援関係者を介して私とチョウチョウソーさんは出会いました。彼のレストランで話し合いの場をもち、互いの理念や考え、思いを交わしました。「よりよい社会づくり」につながる活動がしたいとの思いが共有でき、私たちは、2014 年 6 月、VEC（Villa Education Center）を立ち上げました。"Villa" には、「どんな人も受け入れる開かれた居場所」という意味が込められています。この活動は、完全に対等なパートナーとして、「当事者」と「専門家」が連携し、立ち上げたところに特質があります。

4.3　活動の理念、目標

　私たちは、「すべての人が生きられる社会の実現」を理念に、そして、「参加者全員が対話を通して学び合い、自己成長すること」を活動の目標にしています。

　在日期間が長くなってくると、生活だけではなく仕事においても、日本語でのコミュニケーションがある程度できるものの、人生をより豊かにするために日本語を学びたいというニーズも存在しています。自分の意見を日本語で述べたい、今社会で起こっている諸問題について知り、それについて語りあう日本語能力を身につけたいという

ニーズです。そのニーズには、活動に参加するすべての人々との対話の中で生まれる、学び合いによる自己成長も含まれています。

　「学び合い」において、参加者同士がどのような関係性を構築していけばよいでしょうか。森本（2001）は、地域日本語教育の現場で「教える－教えられる」関係が「日本語母語話者－非母語話者」の関係を背景に成立しており、容易に覆しがたい非対称的な関係が存在していることを指摘しています。本活動では、誰かが一方的に教え、誰かが一方的に教えられるという関係を排し、日本語能力にかかわらず対等に学び合える活動をデザインするように努めています。こうした視点から、私たちは「教師」ということばを使わずに「ファシリテーター」ということばを使っています。

　対話に関し、ブラジルの教育者、哲学者のP. フレイレは「対話のないところにコミュニケーションはないし、コミュニケーションの成立しないところに本来の教育もまた、ない」（フレイレ, 2005/2011, p.130）と述べています。さらに、「対話があってこそいくつかの認識の主体が同じ認識対象をめぐって認識を広げていくことが可能」（同, p.100）であると論じています。一方、ロシアの思想家バフチンの対話の思想に基づき桑野は、「『生きている』ということは『対話をしている』ということ、あるいは逆に、『対話している』ことが『生きている』ことなのです」（桑野, 2021, p.7）と述べています。さらに、「対話をするからには、双方ともいままでとはちがう自分へと変わる覚悟も欠かせないのです。〈対話〉は〈闘い〉でもあるのです」（同, p.89）とも述べています。フレイレとバフチンの思想は呼応しているように思えます。本来の教育とは単なることばのやり取りレベルのコミュニケーションを超えた対話で成立しており、対話があってこそ、互いに認識を広げていくことができ、それが自己変容、相互変容へとつながり、そのプロセスは闘いともいえる、それが生きることである、このように読みとることができると思います。つまり、「対話を通しての学び合い」は、生きることそのものであり、本活動は「闘い」を通した自己変容をも伴い得る自己成長の場でもありたいと願っています。

4.4　VEC 日本語活動の概要

　活動は、毎週日曜日の午前10時から正午までの2時間、行っています。2024年2月25日現在で活動は424回続いています。私の他に東京女子大学の大学院で日本語教育を専攻している院生や修了生、学部の日本語教員養成課程を受講している学生や卒業生などがファシリテーターを務めています。ミャンマー出身の参加者の滞在資格の多様性は前述したとおりですが、日本語使用状況に関してもさまざまです。その他に、学生や社会人、日本語教育関係者などさまざまな人々が、ビジターとして活動に

VEC活動の手順

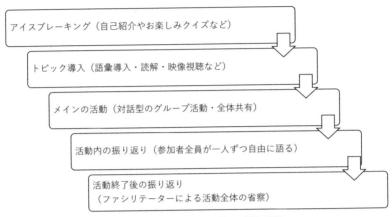

図1　VEC 日本語活動の活動手順

参加しています。VEC 日本語活動は、グループ活動以外はすべて参加者全員で行います。背景がさまざまな参加者全員で関わり合ったほうが、さまざまな意見や考え、アイデアを共有し合える活動となり豊かな活動になるのではないかと考えているからです。

　毎回の大きな活動内容の流れは、アイスブレーキング、トピックと語彙の導入と読解、映像視聴、メインの活動と続き、最後は活動の振り返りで締めくくります。この流れを図1で示しました。トピックはそのときどきのニュースを素材にすることが多いです。ニュースをできる限りわかりやすい日本語で提示し、その上で、内容を理解するために必要な語彙導入も行います。さらにそのニュースの理解を深めるための映像の視聴なども行い、内容の確認やニュースを読んで、見て、感じたことなどを対話によって共有していきます。メインの活動はさまざまな方法を用います。多くの場合はグループ活動になります。例えば、車椅子に乗って町を歩いてみたり、駅付近のバリアフリーの取り組みを探したり、目隠しをして白杖を用いて歩く体験をしたこともあります。海洋プラスチック問題を取り上げた回では使用済みのペットボトルで小物入れを作る活動をしました。活動の最後には必ず参加者全員がその日の活動に参加して感じたこと、考えたことを一人ひとり自由に振り返って語り、それを全員で共有します。

　活動終了後、ファシリテーターは教室に残り、振り返りを30分から1時間近く行います。この振り返りは、活動最後の振り返りとはやや異なります。ここでの振り返り

は、アイスブレーキングからそれぞれの活動ごとに、活動の狙いや意図、教材などの準備、活動内でのファシリテーションなどに関し、対話的に検討をしていきます。すべての参加者がことばの能力やテーマに対する背景知識の有無にかかわらず活動に十全に参加できるものとなっていたかを振り返っていきます。杉澤は「活動を共にしたメンバーによる共同での振り返りは、相互の気づきを促す学び合いの場となり実践の質を高めていくものと考えられる」（杉澤、2009, p.36）と述べていますが、私たちも実践の質を高めていくため、また、一人ひとりが成長していくために振り返りを大切にしています。活動内最後の振り返り、そして、ファシリテーター同士の振り返りは、文字の記録にまとめ、第一回の活動からすべて保存されています。

　この活動における私の役割に関しては本章6で述べますが、ここでも簡潔に述べておきます。大きく分ければ、ファシリテーターとコーディネーターとしての役割があります。この活動にファシリテーターとして関わりながら、毎回の活動デザインの最終的な確認を行っています。また、この活動を維持継続させるためファシリテーターの育成をしたり、外部のさまざまな人や組織とつながることでゲストスピーカーを招くコーディネートなども担ったりしています。

　次節では、具体的な活動事例の中で、どのような学び合いが生まれているのか紹介していきたいと思います。

5　学び合いの場としての日本語教育の可能性

　本節で取り上げるのは、2022年の1月に行われたある活動です。この日は、中国残留帰国者3世の田中さん（仮名）がゲストスピーカーとして初参加しました。田中さんのお祖母さんは中国残留邦人1世で、第二次世界大戦終了後、日本へ帰国することができず、中国に残留しました。中国の男性と結婚し、1980年代前半に息子夫婦とともに日本へ帰国しました。お祖母さん自身が日本語をかなり忘れている状態の帰国で、息子夫婦は日本語習得のためかなりの苦労を重ねたそうです。田中さん自身は日本で生まれ育った3世となります。元々、私は田中さんと面識があり、本活動で3世としての思いや、お祖母さんやご両親との思い出を話してくれるように依頼しました。中国残留邦人と日本在住のミャンマー出身の難民との来歴や思いが重なる部分があると感じ、日本語活動に参加するミャンマー出身者にとっても、田中さんにとっても、ファシリテーターやその他の参加者にとっても、学び合いの機会になるのではないかと思い、場作りをしました。この場作りも、コーディネーターとしての私の役割となります。

　田中さんが語った話題は、「小学校時代の教員と両親との間の連絡帳のこと」、「家に友だちを呼ぶのを躊躇していたこと」、「親が作ってくれた弁当をクラスメイトに隠して食べたという 3 世仲間のこと」、「できる限りルーツを隠そうとしてきたこと」、「ルーツがわかることでいじめられるのではないかという不安をもっていたこと」などでした。

　本章 4.4 でも述べたとおり、本活動では、2 時間の活動の最後には必ず参加者全員がその日の活動に参加して感じたこと、考えたことを振り返ります。この回でも振り返りを行いましたが、いつも以上に、参加者から感じたこと、考えたこと、学んだことが語られました。以下、紹介していきます[6]。

　　ミャンマー出身参加者 A：ミャンマーで日本は戦争しました。私らの村でも日本人のおじいちゃん、10 年前に死んじゃった。その日本人はミャンマーの女の子と結婚して子どもいた。でも、いじめることは全然ない。みんな村の人たち、ああこれ日本人だって面白いだけで、いじめることは全然ないです。あとでもその日本人はね、自分のこと何にも言わない。そういうことは歴史も何にも言わない。ミャンマーの女性と結婚して家族を作って、でも、いじめることは全然ない。だからそれが面白い。そう私は考えました。

　A はこの活動に参加し始めて、3 年半ほど経ちました。今回の活動では、田中さんの語りにあった「いじめ」という話題を、自身の生まれ育った社会で見聞きしたことにひきつけ、参加者に情報を提供しています。さらに、A は戦後、日本に帰国せずビルマ（ミャンマー）に定住し家族を作った元日本兵が、自分のことや戦争の話をまったくしなかったことを語っています。この語りは、田中さんが、お祖母さんが自分からは過去を語ろうとしなかったと話したことに呼応するものでした。A は活動に参加し始めた頃は、「ありがとうございます」、「楽しかったです」というような発言にとどまっていましたが、対話的な学びの場で、かなり長いディスコースを構成できるように日本語能力を高めてきました。対話としての学び合いが生まれた瞬間であったと思います。

　　ミャンマー出身参加者 B：私の子どもは日本で生まれて 13 歳。勉強もちゃんとやっている。妻が妊娠するときにこの子どうするか、私、すごく悩んで。いろいろ周りの子どもとか調べて、話したりとか、親と話したりとかして、この子が絶

---

6) 録音されたものを文字化した資料となります。発話はすべて日本語で語られたものです。

対、ミャンマーに帰らないことがわかった。生まれる前からわかった。でも、隠れて生きてほしくないなら、私は日本語の名前はつけてない。わざわざミャンマーの名前をつけた。だから私の子どもは隠れることはできない。

　難民認定を受けている B の子どもが生まれたときには、ミャンマーはまだ軍事政権下にあり、B が家族で帰国するということは考えられませんでした。そういう状況下で B はあえて子どもにミャンマー名をつけました。この語りは、出自やアイデンティティに対し、葛藤を抱えてきたという田中さんの語りへの応答でもあり、他の参加者に対する B 自身の思いの吐露でした。B は田中さんとの対話の中で揺さぶられるものがあったのでしょう。まさに、「対話は闘い」でした。

　　日本出身参加者 C：Q 県の小学校だったんですけど、私のクラスが 8 人だったんだけど、4 人が外国にルーツがある人で、（中略）、学校で、その外国にルーツがある人のお母さんが料理を作って、教えてくれて他のお母さんに、それを食べようみたいな企画があって、（3 秒ほど沈黙）、田中さんの話を聞いたら、ただその企画をやるだけじゃあ、外国にルーツがあるってことが強調されるだけで、う〜ん、だからその企画をやるだけじゃなくて、その前にみんなそれぞれいろいろな生き方があって、そのひとつなんだよっていうような教育があって、その前に必要だなって思いました。

　C は、田中さんの語りを聴くことで、自分自身の記憶、思い出に働きかけ対話しているようです。海外ルーツの人を招いて料理教室をして、一緒に食べるというイベントは比較的よくあるものですが、そのあり方について批判的に考察し、どうあるべきか、自分自身の考えを参加者全員に投げかけていることがわかります。

　　日本出身参加者 D：何か語ること、自分が話すっていうことはどういうことなんだろうとか、私たちが聴くっていうことはどういうことなんだろうかなってこと、今日、すごく考えました。今、ここにいるみんなでも受け取り方って違うと思うんですけど、何か一つ大切なのは想像すること、また、そのときどうだったのかなあとか、気持ち、想像力が大切なのかなっていうのは思いました。あと今日は田中さんの話だけじゃなくて、今、こうやって皆さんの気持ちとか考えたことを聴いて、こうやって自分の気持ちとか、バックグラウンド、自分がどういう人か話せるっていう環境も大切だなあというのを改めて思いました。

　D は海外にルーツがある人の語りを聴くことによる研究活動を行っています。それだけに、今回の活動で改めて、聴くこと、話すことに関し、自分自身と深く対話したことがわかる振り返りです。D は、想像力の大切さとともに、人が自分自身のことやその気持を話すためには、それを受け入れてくれる環境が大切であることを述べています。本章4.1で、安心、安全な学びの場が求められることを述べましたが、D からもそのようなことが語られましたし、本活動がそういった場としての役割を担っていることがわかります。

　　田中：こういった貴重な場でも、ま、先生にお招きいただいて、みなさんの前で自分の経験を話せるっていうのは、この場が私にとって安全な場所だっていうこともあります。（中略）誰かの話を受け止めてあげられる自分でいたいと思うし、そんな人が周りにいてくれる安心感っていうのもあると思うので、そういった社会に向けて、また、今日改めて、この場を新たなスタートとして、頑張っていけるなと思いました。

　実は振り返りでの田中さんの語りは短いものではありませんでした。振り返りの中で、田中さんは参加者に応答し、これまでの、そして今現在の自身とも対話しているようでした。また、田中さんの語りには、「安全な場所」、「安心感」ということばが出てきました。田中さんは今回が初参加でした。15 名の参加者の中で田中さんと面識があったのは私だけでしたが、本活動が田中さんにとって安全、安心な場所として感じられたということになります。

6　活動におけるコーディネーターの役割

　地域日本語教育におけるコーディネーターの重要性を指摘する声が少なくないことは松尾（2015）でも述べました。実際に、文化庁によって、2001 年度から 2005 年度まで「地域日本語支援コーディネーター研修」が、そして、2010 年度からは「地域日本語教育コーディネーター研修」が実施されてきました。また、2019 年には、文化審議会国語分科会が、『日本語教育人材の養成・研修の在り方について（報告）改定版』において、地域日本語教育コーディネーターに求められる資質・能力に関し、

知識・技能・態度の三つの観点で取りまとめています[7]。

　活動におけるコーディネーターの役割に関して述べる前に、私が考える「教師」と「ファシリテーター」、「コーディネーター」の違いについて述べます。

　本章4.3で、本活動では教師ということばは使わず、あえて、ファシリテーターということばを使っていることを述べました。日本語能力にかかわらず参加者が対等に学び合える活動をデザインし、進行する役割を担っているのがファシリテーターであると考えています。本来、地域日本語教育だけではなく、あらゆる日本語教育の現場において、教師はファシリテーターとしての役割を担うべきではないかと思います。ファシリテーターとコーディネーターの役割は重なる部分があります。個々の活動をデザインし進行していくのがファシリテーターといえるでしょう。一方、多文化社会コーディネーターに関し杉澤は、「あらゆる組織において、多様な人々との対話、共感、実践を引き出すため、『参加』→『協働』→『創造』のプロセスをデザインしながら、言語・文化の違いを超えてすべての人が共に生きることのできる社会の実現に向けてプログラムを構築・展開・推進する専門職」（杉澤, 2009, p.20）であると述べています。コーディネーターの視点はファシリテーターに比べると、個々の活動に焦点を当てるというよりは、より多面的であり、事業全体に向けられます。

　以下、VEC日本語活動を継続する中で見えてきた、コーディネーターとしての役割について具体的に述べていきます。4点に分けて述べていきます。

　（1）毎回の活動内容をコーディネートしていく役割
　（2）活動を中長期的に継続させていく役割
　（3）日本語教育に関わる人材を育成し、輩出していく役割
　（4）活動内容を社会に発信していく役割

　（1）の「毎回の活動内容をコーディネートしていく役割」に関し説明します。本活動では、活動ごとにその回の活動内容をデザインする主担当が決められています。主担当のファシリテーターがトピックの候補を選びます。そして、主担当が活動案をコーディネーターである私と当日参加する他のファシリテーターに提案します。活動当日は主担当以外のファシリテーターも何らかの役割を担います。コーディネーターと当日参加するファシリテーターの全員で、さまざまなアイデアや意見をすり合わせてい

7）文化庁　https://www.bunka.go.jp/seisaku/bunkashingikai/kokugo/hokoku/pdf/r1393555_03.pdf
　（2022年6月18日確認）

147

きます。焦点となるのは、すべての参加者にとって参加しやすく、学び合える活動内容になっているのかという点です。実はこのすり合わせていくプロセス自体が、ファシリテーターの学び合いの場、自己成長の機会となっています。本章5では、ゲストスピーカーを迎えた活動を紹介しましたが、こういった活動の場作りがコーディネーターの役割となります。活動を活動外の人や組織と結ぶためにも、コーディネーターには日常的に自らさまざまな人や組織とつながっておくこと、視野を広くもつことが求められます。

　（2）の「活動を中長期的に継続させていく役割」と（3）「日本語教育に関わる人材を育成し、輩出していく役割」に関し、合わせて述べます。活動を中長期的に継続させていくために何よりも必要なのは、参加者の確保です。ミャンマー出身の参加者を常に募る必要がありますが[8]、ファシリテーターの担い手がいなければ活動が継続できません。ファシリテーターの多くは、大学院生が務めています。やがては日本国内外の教育現場に巣立っていきます。ですから、活動を維持、継続していくためには、常にファシリテーターを育成していく必要があります。活動に参加し始めてすぐにファシリテーターになるわけではありません。何回か継続的に参加した学生に、何らかの役割をもつことを促すこと、「センパイ」のファシリテーターに「指導」を依頼することなどもコーディネーターの役割になります。また、「センパイ」のファシリテーターが「新米」のファシリテーターと共に活動案を考えることも恒常的に行われています。主担当デビューに関しては、コーディネーターが様子をみて促すことになります。こうして段階を経て少しずつ自己成長を遂げたファシリテーターの中には、大学院修了後に日本国内の大学で教えたり、海外の大学や高校で教えたりしている者が少なくありません。その中には、留学生も含まれており、母国に戻り、本活動で学んだ参加型学習のスタイルを取り入れて教えている者もいます。

　活動に関わる学部生や大学院生などが狭い意味での日本語教師という役割の他に、「すべての人が生きられる社会の実現」に向けた「学び合いの場作り」をファシリテートする「実践者」としてのフレームをもつことで、社会は少しずつでも変わっていくと考えます。そのための機会を提供することが多文化社会コーディネーターとしての教師や日本語教育コーディネーターに求められるのではないかと考えます。

　最後に（4）の「活動内容を社会に発信していく役割」について説明します。杉澤（2009）は、多文化社会コーディネーターには、情報の収集・編集・発信能力が必要

8）2022年からミャンマー出身だけではなく、パキスタン、中国、インドネシア、フィリピン出身の「学習者」も参加するようになってきています。

な力になることを指摘しています。よりよい社会づくりのために実践を重ねているグループ、団体は少なくないでしょうが、実践で得られた成果や課題などを発信しあってこそ、その「知」が共有の財産となります。しっかり伝えていくことは、微力ではあっても、よりよい社会づくりに貢献する一つの手段であると思いますし、コーディネーターの役割の一つといえるでしょう。

7　事業の継続と拡大、組織の安定化

　事業を継続させ、組織を安定させるためには、より多くの人々からのサポート、支援が必要になります。より多くのサポートや支援を受けるためには団体の事業や役割の幅を広げ、より深く認知されていくことが求められます。そのためには、「コーディネーター」の役割の他に、事業の組織的・経営的基盤を確保する役割を担う「経営者」、あるいは、「事務局」的な役割を担う者が必要となります。地域日本語教育の現場では、こうした役割を日本語教育の専門家が担っている場合もあれば、専門職としてのコーディネーターが担っている場合があるように思います。

　2014年６月にVEC日本語活動を立ち上げて以来、本活動は外部資金などを調達しないで活動を続けていました。大きな転機が2020年８月にありました。コロナ禍の中、教室の賃借料などを賄うことが困難になってきました。そこで、会則を作り、会員を募り、会費を基礎にさまざまな事業に取り組むことにしました。また、コロナ禍の中、さまざまなオンラインセミナーが開かれるようになっていましたが、私たちも、VECが大切にしている理念や難民コミュニティの声を広く社会に伝えるオンラインセミナーを開くよい機会がきたと考えました。さらには、コロナ禍の中、失業や働く時間の減少に伴う各種生活相談やワクチン接種の申し込みサポート依頼などが寄せられるようになっていたため、こうした支援業務を行うためにも組織化が求められていたのです。結果として、会則案や事業計画案、予算案などを準備した上で、2020年８月にVECの設立総会を開催する運びとなりました。設立後、新たな展開が生まれています。コロナ禍で失業したり、仕事が少なくなったり、あらためて日本語をしっかり学んで仕事や生活の安定につなげたいという声が寄せられたこともあり、日曜日の午後に午前の日本語活動とは活動内容が異なる日本語教室が開かれています。この教室の目的は、それぞれの日本での生活のビジョンをサポートすることとなっています。

　2021年２月１日に起こった軍によるクーデターが在日ミャンマー人コミュニティに与えた影響は非常に大きなものがあります。日本政府は、ミャンマーにおける情勢不安を理由に日本への在留を希望するミャンマー人については、緊急避難措置として、

在留や就労を認めることとしました。2020年末に、ミャンマー出身で難民認定申請中の人は2,944名いました。これらの人々にも6か月間の特定活動という在留資格が与えられました。つまり日本での在留が長くなっていくミャンマー出身者が増えています。このため、新たな日本語学習ニーズが生まれています。

　現在では、VECの事業内容は日本語教育、生活相談・支援、オンラインセミナーやFacebook、ホームページなどによる社会発信、ミャンマーでの教育支援など多岐にわたっています。

8　おわりに

　ここまで、難民的背景をもつ人々に特化した日本語教育の必要性を説き、VEC日本語活動を紹介し、この活動を継続していくための方策に関し述べてきました。2022年5月現在で紛争や迫害により故郷を追われた人の数は世界で1億人を超えていますが[9)]、難民を生み出さない世界になれば、難民に特化した言語教育の必要性はなくなります。しかしながら、世界における難民の数は年々増加しているのが現状です。本章で述べたように日本は難民をほとんど受け入れていませんが、難民的背景をもった人々は決して少なくはありません。こうした状況を考えれば、今後も、難民に特化した日本語教育が必要とされていくことでしょう。ですから、「すべての人が生きられる社会の実現」という大きな理念のもと、今後も私たちは小さな活動を重ねています。参加者の中には厳しい状況に置かれている人も少なくありません。それでも、私たちの活動には笑顔があります。どれだけ厳しい状況であっても信頼し合える仲間がいれば、あたたかさを感じる瞬間があるように思えます。そのあたたかさに触れられるからこそ、私たちは集うのでしょう。本活動にこれまで参加したミャンマー出身者は約80名います。ファシリテーターは私を含めて約25名、ビジター参加者は約500名となりました。すべての人が安心、安全に学び合える場が各地で作られていくことを願っていますし、そのためにも私たちは、今後も1回ずつ活動を継続し積み重ねていきます。

---

9)　UNHCR　https://www.unhcr.org/jp/47371-pr-220523.html（2022年6月20日確認）

ディスカッション課題

1 日本における難民の受け入れと難民に対する日本語教育の歴史や実践内容などを
調べ共有してみましょう。特にインドシナ難民に対する日本語教育の実践内容な
どさまざまな検索ワードを考え調べてみましょう。追加の課題として、難民では
ありませんが、本章にも登場した中国・サハリン残留邦人を取り上げることも推
奨します。

2 日本以外の国における難民に対する言語教育政策などを調べ、仲間と共有してみ
ましょう。日本における各種政策に取り入れるべきことがあるとすれば、どのよ
うな点でしょうか。

3 本章やあなた自身の実践、研究などを踏まえて、「学び合い」に関し、あなたは
どう感じ、考えましたか。仲間と対話してみましょう。また、「学び合い」をキー
ワードに実践例や研究論文を検索してみましょう。

4 実践において、振り返りが果たす役割に関し、文献を読んだり、自身の経験を踏
まえて考えたりしましょう。それに基づいて仲間と対話してみましょう。そして、
今後、あなた自身の実践で（さらに）振り返りを取り入れていく可能性に関し検
討してみましょう。

5 「地域日本語教育」、「コーディネーター」、「ファシリテーター」を検索ワードに
して、さまざまな資料にあたってみましょう。地域日本語教育コーディネーター
やファシリテーターのさまざまな実践内容を仲間と共有するとともに、地域日本
語教育においてコーディネーターやファシリテーターが果たす役割について話し
合いましょう。

さらに学ぶための参考図書・資料

認定 NPO 法人難民支援協会　ホームページ　https://www.refugee.or.jp/

認定 NPO 法人開発教育協会（DEAR）ホームページ　https://www.dear.or.jp/（参加型学習、対話的な学び合いのことを理解するのにおすすめです）

松尾慎（編），山田泉，加藤丈太郎，田中宝紀，飛田勘文（2018）『多文化共生―人が変わる、社会を変える―』凡人社.

松尾慎（編），五嶋友香，澁谷こはる，鈴木雅大，東樹美和，西村愛，矢部紬（2023）『対話型日本語教材―ともに学ぶ「せかい」と「にほんご」―』凡人社.（サポートサイト　https://www.bonjinsha.com/wp/tomomana）

「難民」をテーマにした映画、小説、絵本などを視聴したり、読んだりしましょう。例えば、「難民　絵本」と検索すると多くの絵本がヒットします。図書館などで借りて仲間と読み聞かせの会を開いてみてもいいでしょう。本章に登場したチョウチョウソーさんの姿を14年にわたって追いかけたドキュメンタリー映画「異国に生きる」（土井敏邦監督）もあります。また、例年、UNHCR 主催の難民映画祭が開催されています。

第10章

在日外国人の人生・生活に注目した実践

日常生活の中に日本語教室を作る

林貴哉

キーワード

```
エスノグラフィー　ライフストーリー　言語学習アドバイジング

自己表現活動　相互文化的話者
```

1　はじめに

　第二言語として日本語を使用しながら日本で暮らす人々に対して、日本語教育学を専門に学ぶ者はどのように関わることができるでしょうか。本章では、第二言語学習者、支援者、研究者といった複数の視点を行き来しながら、私の経験を振り返ることでこの問いを考えていきます。

　研究を始める際、私は地域日本語教室での日本語学習支援への関心から、難民として来日したベトナム系移住者[1] を対象に日本語学習経験を聞きとることにしました。大学院進学後は、日本語だけでなくベトナム語を使用してライフストーリーの聞き取りができるようになることをめざしてベトナムに留学しました。

　自分の留学生活を振り返ると、ベトナムでの生活はとても充実していました。その背景には、私の日本での生活に関心を持ち、私がベトナムでやりたいと考えていることを実現できるように支えてくれた人々の存在があるように思います。そして、留学

---

1)　本稿では、1978年から2005年の間に難民として日本が定住受け入れをしたベトナム出身者を「難民として来日したベトナム系移住者」と呼びます。そこには日本国籍を取得した者も含まれます。

から帰国後、私は神戸市長田区で外国人支援を行う特定非営利活動法人の活動に参与するようになり、自分のベトナムでの経験を活かした実践を行いたいと考えるようになりました。

　支援者の立場から留学経験をとらえ直すと、学習者の「これまで」を知ること、学習者の「今」の生活を知ること、そして、学習者が「これから」どのような活動に参加したいと考えているのかを知ることが、非常に重要であるという気づきを得ました。そのためには、研究もさらに学習者の生活に寄り添ったものにしていくことが必要だと感じました。研究方法としてライフストーリーに加えて、エスノグラフィーについて学んだことで、外国人支援の現場だけでなく、ベトナム系移住者が集うカトリック教会やベトナム仏教寺院でもフィールドワークを行うようになりました（林，2018）。現在の研究では、生活の中のことばをめぐる経験をとらえようと試みています。

　本章では、在日外国人の生活に寄り添った日本語学習支援を行うための具体的な実践として、保育園に子どもを通わせているベトナム人保護者を対象とした日本語教室での実践を取り上げます。その前に、私の実践の拠り所となるエピソードを紹介します。それは留学開始時に抱えていた葛藤を、ある出会いによって乗り越え、新たなアイデンティティを手にすることになったというエピソードです。

2　エスノグラファーとしての言語学習者

　在日ベトナム人コミュニティをフィールドに研究を開始した私は、大学院に進学後、ベトナム南中部のビンディン省クイニョン市で 1 年間の留学を経験しました。ベトナム語学習のために大学に通い、さらにはホームステイや地域の活動への参加を通して、より多くの人と関わることができるように心がけました。

　現地の大学生とも知りあうことができ、ホームステイ先には 3 世代が近居していたので、ホームステイ先のリビングルームにいるだけでさまざまな年齢層の人と話すことができました。さらに私は「せっかく留学に来ているのだから、現地の文化に溶け込みたい」と考え、できるだけ多くの人と関わろうとしました。しかし、いろいろと出かけていくと、自分にとっては「わけがわからん」と感じ、拒絶したくなることも起こりました。割り勘の仕方、お酒の飲み方、遊びへの誘い方、人間関係の近さなど、今、振り返ると些細なことであっても、留学当初はしんどさを感じていました。

　異文化の中で自分は「どう行動すべきなのか」と悩んだときに、実践したことが二つありました。当初は「わけがわからん」と思うことに対して「ベトナム語やベトナム文化の学習のためだ」と自分に言い聞かせて、無理に実践していましたが、留学開

始から1か月ほど経った頃からそれをやめました。その代わりに「なぜ彼らがそのような行動をするのか」を理解してみようと心がけました。この発想は、留学前に受講した「エスノグラフィーを書く」[2] という授業で学んだことです。私自身にとっては不思議に思える言動であっても、拒絶したり、無批判に受け入れたりするのではなく、相手にとっては「なぜそれが合理的なのか」を考えてみることで、冷静に対処できるようになりました。

　もう一つは自分が居心地がよいと感じる場所を探すことです。留学前はアウトドア派でしたが、留学開始後、趣味の合う人を見つけることができずにいました。ある日曜日の朝、いつものようにホームステイ先のお兄さんにカフェに誘われ、お兄さんの友人との雑談に私も参加しました。その日は初対面の人もおり、趣味を聞かれました。私は内心「今日も誰からも共感が得られないのではないか」と思いながらも、登山が趣味だと答えると、彼は「自分も今朝、行ってきた」と言ってスマートフォンで写真を見せてくれました。「職業や年齢を問わず参加できる『クイニョン山の会』というグループがあり、毎週日曜日の朝に集まってハイキングに行っているので、次の週から参加しないか」と誘ってもらいました。彼との出会いによって、クイニョンでの生活は激変しました。

　山の会のメンバーとハイキングをしているときは、これまでに登った山の話になりました。得意な話題なので私は自信をもって会話に参加することができました。また、山の会に参加する大学生や社会人の中には「クイニョン英語クラブ」に参加している人も多いことに気づきました。クイニョンを訪問する旅行客と話すことで、英会話を練習したい人が毎週土曜日の夜にクイニョン市内の小さなカフェに集まります。私も英語を話す外国人の一人として英語クラブにも参加するようになりました。

　私は山の会や英語クラブに参加する中で、地域の人と出かける機会が増えていき、地元の情報を蓄えていきました。留学開始から3か月が過ぎようとしていたとき、クイニョンに来た外国人観光客を英語クラブのメンバーが案内するということで、一緒

---

2)　私は大学院進学後、研究科を超えて開講されていた「エスノグラフィーを書く」、「文化を書く」といった授業を留学前後に受講しました。これらの授業では、受講生が各自の調査を通して作成したフィールドノーツやミニ・エスノグラフィーを持ち寄って読みあうことで、フィールドで使用されていることば遣いや振る舞いに対する理解を深めました。エスノグラフィックな思考（Atkinson, 2017）にもとづく議論を踏まえて、もう一度、自分のフィールドノーツを見返したり、フィールドに出かけていったりすると、また新たな発見をすることができます。エスノグラフィーの手法や思考を取り入れることで、日本語教育学を発展させることができるという私の確信は、これらの授業の担当教員であった大阪大学グローバルイニシアティブ機構・島薗洋介先生、大阪大学大学院人文学研究科・宮原暁先生からの助言に多くを拠っています。エスノグラフィーとフィールドワークについては本書第11章も参照してください。

にクイニョンの街を散策したことがありました。その際、私も英語で街の名物や歴史を紹介していたところ、一緒に行ったメンバーから「あなたはもう Quynhonese ですね」と言われました。これは都市名の「Quynhon」に接尾辞の「ese」を加えて作った「クイニョン人」という意味の造語です。「Quynhonese」と呼ばれたとき、私は「日本人（外国人）でありながら、地元クイニョンのことをよく知っている。ただし、ベトナム語でクイニョン人（Người Quy Nhơn）と呼ばれるのではない」という点が、自分らしさを表現できていると感じ、心地よく感じました（林, 2017）。

　このように、山の会や英語クラブなどの活動に参加し、語りあいたいと思える相手と出会えたことで、また、自分が得意なことを活かした交流の機会を得たことで、私のベトナム生活は充実したものになりました。そして、「Quynhonese」という新たなアイデンティティを見いだしたことで、現地の文化に溶け込むべきかどうかという二者択一の葛藤を乗り越え、自分らしい方向に進むことができたように思います。ベトナムから帰国した後は、日本に暮らす外国人にも地域との交流を経験し、生活に根ざした言語学習をしてもらいたいと考えるようになりました。そんなときに出会ったのが Language Learners as Ethnographers（エスノグラファーとしての言語学習者）（Roberts et al., 2001）という本です。

　本章5で詳しく述べるように、エスノグラファー（民族誌家）は「ある集団の日常生活に広く参加し、その生活のいくつかの側面を詳細に記述し、『アウトサイダー』の目と耳を通してそれらを分析・解釈する」（Roberts et al., 2001, p.30）ことを通して「厚い記述」（Geertz, 1973）を行います。「エスノグラファーとしての言語学習者」という発想においては、言語学習を行う際に母語話者（native speaker）に近づくことを目標にするのではなく、異なる文化の間を行き来するエスノグラファーのように、異なる文化の間を仲介する能力を持った「相互文化的話者（intercultural speaker）」（Byram, 1997; バイラム, 2008/2015）をめざすことが提案されています。相互文化的話者は「ある言語、多くの場合は第一言語に付随する文化的実践と、『他者』の言語および文化的実践との関係を理解して、分析できる者」（Roberts et al., 2001, p.231）と定義されており、言語学習者は相互文化的話者をめざすことで、母語話者とは異なる新しいアイデンティティを見いだすことができると指摘されています。私自身もクイニョンに滞在中、「Quynhonese」という新しいアイデンティティを手にしたことで、充実した生活を送ることができました。そのため、日本の地域日本語教室においても日本語学習者と支援者は、お互いが「相互文化的話者」として学びあえる関係を築けることが重要だと考えています。

3　実践を行った地域日本語教室の紹介

　ここから前節で述べた経験にもとづいた実践として、特定非営利活動法人神戸定住外国人支援センター（Kobe Foreigners Friendship Center：以下、略称の「KFC」を用いる）が神戸市長田区の神視保育園で実施している外国人保護者向けの日本語教室を取り上げます。

3.1　神戸定住外国人支援センター（KFC）の概要

　KFC が設立された背景には1995年の阪神・淡路大震災がありました。震災以降、神戸市長田区において外国人の生活再建をサポートしてきた「兵庫県定住外国人生活復興センター」と「被災ベトナム人救援連絡会」が、震災救援という枠を超えた日常の外国人支援に取り組むことを目的に1997年に統合されました。その結果、設立されたのが KFC です。

　当初、KFC では多言語による生活相談、日本語学習支援活動、定住外国人問題の調査・研究活動、少数者のニーズ実現のための提言活動、在日コリアン高齢者の居場所づくりなどが実施されていました。ボランティア団体として始まった KFC が2004年に特定非営利活動法人となり法人格を取得したことで、介護保険制度を利用した事業として高齢者の支援活動が実施されるようになりました。他には、定住外国人子ども奨学金の事務局運営、中国残留邦人帰国者交流会など、子どもから高齢者までを対象とした定住外国人支援が行われています（特定非営利活動法人神戸定住外国人支援センター, 2007; 2017）。

　私が KFC に関わるようになったのは2018年からです。当初、外国にルーツを持つ子どもを対象とした学習支援に参加しました。その後、2019年6月から KFC が運営を担うことになったふたば国際プラザ[3] では、日本語ボランティア養成講座や相互理解講座などの企画・運営などに携わりました。神戸市長田区に位置する神視保育園で外国人保護者を対象とした日本語教室を担当したのは、2018年10月から2022年4月までの期間です。

---

3)　ふたば国際プラザは、神戸市の外郭団体である公益財団法人神戸国際協力交流センターによって、多様な背景を持つ市民が利用できる施設として2019年6月に開設されました。ふたば国際プラザでは、生活ガイダンス事業、日本人と外国人の交流・相互理解事業、在日外国人ゲストティーチャーの育成・派遣、第三国定住ミャンマー難民を対象とした日本語教育と居場所づくりなどが実施されています。

3.2　神視保育園での事業

　神視保育園を運営する社会福祉法人イエス団は、関西圏を中心に児童施設や福祉施設、高齢者施設などを運営し、社会福祉事業に取り組んでいます。神視保育園でも地域貢献活動として小学生を対象とした居場所づくり事業が実施されてきました。また、KFC は 2013 年から社会福祉法人イエス団の運営する社会福祉施設「賀川記念館」と共同で、外国にルーツを持つ小学生の学習支援教室を実施してきました。

　2018 年当時、神視保育園には 30 名ほどのベトナム人の子どもが在籍しており、保育士とベトナム人保護者の間でのコミュニケーションの困難さが課題として認識されていました。KFC との共同事業では、日本語学習やベトナム語での情報提供の場づくりやコミュニケーションツールの作成を検討することになり、ベトナムへの留学経験がある私がこのプロジェクトのメンバーに加わることになりました。

　まず、初めて子どもを保育園に通わせることになるベトナム人保護者とのコミュニケーションを円滑にするために、保育園への入園・編入時に用意が必要なものが書かれた学年別のプリントを日本語からベトナム語に翻訳する作業から始めました。

　KFC 側からは、言語の壁を乗り越えるための一つの方法として、保育園のホームページに多言語情報を集約しておき、保護者とのやりとりをする際にタブレット端末などを利用してその情報を見ながら話ができるようなシステムを作ってはどうかと提案がありました。一方、保育士を対象に実施したアンケートで、外国人の保護者とのコミュニケーションで困ったときにあったら便利だと思うものを尋ねたところ、タブレット端末を使ってコミュニケーションをするよりも、保育園で雇用しているベトナム人通訳（2018 年当時、週 3 日勤務）を介して直接話したほうがよいという意見がありました。

　ベトナム人保護者向けに実施したアンケートでは、日本語学習やベトナム語での情報提供の機会があったら参加したいか、開催するとしたらどのような日程なら参加できるか、子どもを保育園に通わせていて困難なことはあるかといったことを尋ねました。日本語教室が開催されたら参加したいという声があったため、KFC では保護者向けの日本語教室を開くことになり、私は講師を務めることになりました[4]。

---

4)　神視保育園での他の実践として、KFC は 2021 年度から外国にルーツを持つ子どもを対象としたプレスクールを実施しています。新学期から小学校に入学する子どもたちが、自己紹介、名前の書き取り、数字・数詞、ひらがな、小学校で使用する語彙など、小学校の学習内容を体験する機会になっています。

4　日本語教室のデザイン

本節では、神視保育園で外国人保護者向けの日本語教室を開講するにあたって、どのようなツールを使用して、どのような活動を実施したのかを述べていきます。

4.1　学習者の生活に寄り添う

外国人保護者向けの日本語教室を作るにあたっての前提として、私は「日本語を第二言語として学ぶ成人の多くにとっては、学習者として成功することが究極の目的ではな」く、「彼らは言語教育機関の外での生活において何かを達成することを目的としている」（青木、2011a, p.241）ということを意識しました。学習者の生活に根ざした支援を行うためには、日本語学習支援を行う人や場所が、日本語を使用して生きる人の「生活」のほうに近づいていくことが必要だと考えられます。この事業では、日常生活から離れた場所にある日本語教室に来てもらうのではなく、保育園の中に日本語教室を開くことで、物理的に生活に近づいていきました。そして、教室の時間を、週に1回、夕方の5時から6時に設定することで、保育園に子どもを迎えに行くという日常のルーティーンの中に日本語を学ぶ場を設けることができました。

さらに、教室での学習内容も学習者に寄り添ったものにしていくための聞き取りを行いました。地域日本語教室では、学習者が教室の効果を感じられない、仕事などの負担がある、日本語を習う切実な必要性がないといった理由から、教室をやめてしまうという事例（周、2010）が報告されていたため、学習者の生活に根ざした日本語学習のデザインが必要だと考えたからです。1回目の教室を迎える前に、日本語教室への参加表明をしてくれた5人のベトナム人保護者と話す機会を持ち、学習者が普段、どのような場面で日本語を用いているのか、また、日本語を学習した結果、どこでどのような日本語が使用できるようになりたいと考えているのかを日本語やベトナム語を用いて話してもらいました。

言語教師（アドバイザー）と学習者との対話を通じて、学習者の振り返りを促し、言語学習をサポートしていくプロセスは「言語学習アドバイジング」として実践と研究が蓄積されてきました（加藤・マイナード、2016/2022）。言語学習アドバイジングの発想にもとづいて地域日本語教室の実践を行うために、私が活用したのが、兵庫県内の地域日本語教室での調査結果をもとに作成された『日本語ポートフォリオ改訂版』（青木、2006）でした。青木・尾崎（2004）は地域日本語教室の課題の一つとして、「学習者が意見を言いやすい仕掛けを作ること」（p.127）を指摘し、「学習者が自分で自分の学習を管理するという発想」（p.128）を日本語学習支援の現場で実現さ

せるためには、支援体制やツールが必要であると述べています。ヨーロッパ評議会が作成した『ヨーロッパ言語ポートフォリオ』[5] をもとに青木が作成した、日本語学習者の自己主導型学習を支援するツールが『日本語ポートフォリオ改訂版』です。『日本語ポートフォリオ改訂版』は目的が異なる 13 のセクションから構成されています。すべてのセクションを一度に使用するわけではなく[6]、必要なセクションを選んで、学習者と対話をすることが推奨されています[7]。

　日本語教室のデザインのために私が参考にしたセクションは「日本語を覚えたり、練習したりするチャンス」(青木, 2006, p.33) でした。このセクションは日本語教室以外にも、日本語を学習する多くの機会があることに気づいてもらうことを目的に作成されています。学習者は、家、店、道、電車やバス、仕事、学校といった場所で何をどのように学習できるのかを記入します。

　ただし、今回の神視保育園での聞き取りの目的は、「学習」の機会を知ることではなく、現在の日常生活において、どこで誰とどのように日本語を「使用」しているのかを知ることでした。そこで、タイトルを「日本語を使用するチャンス」と改め、「あなたが日本語を使う必要があるのはいつですか?」、「どんなときに日本語を使いたいですか?」という問いへの答えを記入できるように改変したバージョン[8] を使用しました。

　神視保育園で 5 人の学習者の話を聞いていると、日本語学習歴は多様であり、日本語を話すことはできても、日本語の文字については練習をしたことがないという人もいれば、かつてひらがなやカタカナを勉強したことがあるが、忘れてしまったという人もいました。

　また、日本語教室を設計するにあたって、学習者に日常生活で「困難」だと感じていることを聞いて、それを解決することを目的に学習内容を決めていけばよいという考え方があります。しかし、神視保育園での日本語教室を開始する前の聞き取りの段階では、そこで語られた学習目標は漠然としており、日本語教室での学習活動の方向性を決定することは難しいという状況でした。例えば、学習者からは仕事や買い物、

---

5)　ヨーロッパ評議会による言語政策とそこで作成されたツールや教育実践との関係については、ザラト (2007) や細川 (2019) を参照してください。

6)　KFC では『日本語ポートフォリオ』を簡略化した「学習記録簿」(奥, 2016) を作成・使用しています。

7)　『日本語ポートフォリオ』は、日本語版に加えて、ローマ字版、英語版、中国語版、ポルトガル語版、スペイン語版、韓国語版、ベトナム語版も同じ構成で作成されているため、学習者が日本語版以外を使っていたとしても、支援者は学習者の希望する学習方法を知ることができます (青木, 2011b, pp.11-13)。

8)　このバージョンは大阪大学文学部で開講されていた日本語教育実習において、他の受講生とのディスカッションの中で作成しました。

病院や子どもとの会話で日本語をもっと使えるようになりたいという声があっても、このような声だけでは、具体的にどのような表現が使えるようになれば、「日本語をもっと使えるようになった」と学習者が感じられるのかという目標を設定することは困難でした。5人ともすでに日本で生活しているので、自分にとって「必要な日本語」を使うことはできており、日々の生活の中での「困難」はその都度、乗り越えることができていたからです。

　ベトナム系移住者を対象に日本語学習に関するインタビュー調査を行っている際にも、客観的に見れば生活上「困難さ」を抱えていると考えられるケースであっても、日々の生活はなんらかの方法でやりくりしているため、当事者は「困難」だとは思っていないと語ることもありました。また、その「困難さ」は、日本語を学ぶだけで解決できるのかという点も疑わしいと感じることもありました。カナダに移住した女性の英語学習について述べたノートン（2013/2023）も、第二言語を使用する能力があっても、第二言語を話すことのできない状況に調査協力者が置かれる様子を指摘しています。

　それでは、日本語教室ではどのような学習活動を行えばよいのでしょうか。日本語教室での実践を考える際には、日本語の能力に注目するだけでなく、第二言語として日本語を使用して生活している人々の置かれた社会的な状況も考慮しながら活動を行っていくことが重要だと言えます。次節で述べるように、毎回の教室の活動の中で、学習者が自分の意見を言うことができる状況を作り、時間をかけて学習者とコミュニケーションをすることで、私自身も学習者の置かれた状況を理解していくことを心がけました。

4.2　自己表現活動を通して学習者を知る

　毎回の教室で行った具体的な活動を紹介します。神視保育園の日本語教室で学ぶ学習者はすでに数年間以上、日本で暮らしているため、日々の生活の中で日本語を使う機会が少なかったとしても、日本語や日本での生活に関する知識は有しているようでした。そのため、教室では知識を一から教えるのではなく、参加者同士の交流を促すことができ、日本語の上達も実感できる教材を使用するのがよいと考えました。私が選んだのは、自己表現活動をするための教材である『NEJ ―テーマで学ぶ基礎日本語

一』（西口, 2014a; 2014b、以下『NEJ』）でした[9]。『NEJ』には、家族や毎日の生活、希望や望みといったテーマに沿って、登場人物が自分のことを語っている文章[10]が掲載されています。この文章を参考にしながら、学習者と私も同じテーマで、自分の場合はどうなのかを話していきました。

　毎回の日本語教室では、前半で口頭での自己表現活動をした後、教室の後半の活動もしくは宿題として、学習者は自分が使いたいと思う表現を使って作文を書きます。翌週の日本語教室で作文を確認すると、『NEJ』の文章とほぼ同様の文章を書く学習者もいれば、普段の生活で使用している語や表現を取り入れた作文を書いてくる学習者もいました。他の学習者とも一緒に作文の内容を読み、理解できない部分があれば、作文を執筆した学習者に質問をして日本語を修正していきます。このプロセスを通して、普段、口頭で使用している日本語を文字で書くとどうなるかを確認する機会にしました。宿題として作文を書いて来なかった学習者からも質問を受け付け、テーマに関連する語や類義語など、学習者が普段の生活で出会う日本語に関する疑問を解決できるようにしました。自己表現活動を行うことを通じて、日常生活で使用する日本語に対して学習者が意識を高めることができ、生活に根ざした学びをもたらすことができたと考えています。

　そして、地域日本語教室で日本語を学習するときに、何をどのような順番で始めなければならないという制限をなくしたいと考え、学習者が自身の生活や目的に合わせて学習内容を選べるように教室を作ることを心がけました。学習者は単位や学位の取得のためではなく、自身の学習のために教室に来るからです。日本語の文字を学んだことのない学習者でも、まずは読み書きではなく、話せるようになりたいと考えている場合は、ローマ字だけで書かれた教科書や、日本語の文字の横にローマ字のルビが付いている教材を使えば、日本語の文字を使わずに日本語を話す練習をすることがで

---

9)　『NEJ』は大学で学ぶ留学生を想定して作成された教材であるため、大学生以外はあまり使用しないと考えられる表現も含まれています。学習者が日常生活では使いそうもない表現は取捨選択しながら学習を進めました。現在では、登場人物の語りを模倣しながら自己表現活動ができる教材として、『初級からこんなに話せる！ ナラティブで学ぶ日本語160時間』（堀・澤田・野村, 2020）が出版され、書籍以外にも「わたしを伝える日本語」（公益財団法人千葉市国際交流協会, 2021）など、地域日本語教室で学ぶ学習者の生活に即した内容を扱ったYouTube動画や教材もインターネット上で公開されています。

10)　『NEJ』の文章にはベトナム語の注釈が付いており、語句の意味や文型・文法事項の概略が示されているため、学習者はわからない表現の意味を調べたり、その説明や解説を聞いたりすることに時間を取られることなく、その表現を用いて話すことに集中できます。『NEJ』のベトナム語版を活用することで、週に1時間という限られた時間の中で学習者が発話する時間を少しでも長くできると考えました。自己表現活動中心の基礎日本語教育の企画と教材については西口（2020）の第1章を参照してください。

きます[11]。

　神視保育園の日本語教室で学ぶ学習者は同じ教材を用いて、同じテーマについて話しましたが、教材をどのように使用するかはそれぞれの学習者が自由に決められるようにしました。学習者は保育園に子どもを預けている親であるため、急に子どもが熱を出して病院に連れて行かなければならなくなったり、仕事が忙しくなったりと、さまざまな理由で教室に来られなくなったり、教室以外では日本語学習の時間を取れないこともあります。もちろん教室を運営している側としてはすべての日程に参加して、宿題もやってきてほしいという気持ちもあります。しかしながら、不定期であっても、教室に来たときはいつでも会話に楽しく参加できたと学習者に思ってもらえるような場所にしたいと考えました。『NEJ』の文章を日本語で読み上げた後、日本語ではなく、ベトナム語で自己表現活動をする学習者もいましたが、それも一つの参加方法とみなしました。

　このように、仮の教材として『NEJ』を使用して何回か学習活動を行ったところ、このスタイルが学習者に合っていたようなので、引き続き、同じ形式で進めていくことにしました。ただし、方向転換の余地を残すために、毎回の教室を始めるときには、最近の生活で気になっていることはないか、質問したいことはないかと問いかけるように心がけました。そうすることで、学習者が自分のやりたいことをやりたいと言える雰囲気を作りました。

　2020年12月に65回目の日本語教室を実施した時点で、『NEJ』の最後の Unit まで学習が進んだため、この先、どのように教室活動を進めていくかを学習者と相談しました[12]。それまでほとんどの回に参加した学習者もいれば、数回しか来ることができなかった学習者もいたため、学習者によっては学習していない部分もあり、引き続き同じ教科書で学習を続けたいという意見が多数でした。ただし、教科書の一番初めに戻るのではなく、学習者が表現が難しくなったと感じていた部分（『NEJ』vol.1 の Unit7）から学習し直すことになりました 。

　教室開始から 1 年半が経過した 2021 年の春には子どもの卒園を機に教室に来なくなった学習者と、4 月から新たに加わった学習者がいました。この段階で 8 回かけて

---

11)『NEJ』は、Unit 1 から Unit 12 で構成される vol.1 と、Unit 13 から Unit 24 と Supplementary Unit で構成される vol.2 の 2 冊に分かれています。Unit 4 までは日本語にローマ字が併記されているので、ひらがなやカタカナをまだ学習していない学習者や、学習したことはあるが忘れてしまったという学習者も、当面の間は文字が読めないという理由で会話に参加できないという状況を避けることができました。
12) 2018 年 10 月から 2019 年 6 月までの 30 回で『NEJ』の vol.1 を学習し、2019 年 9 月から 2020 年 12 月までの 35 回で vol.2 を学習しました。

Unit 10まで学習していたところでしたが、新しく加わった学習者は、日本語をあまり学習してこなかったと述べていたので、教室の進め方について学習者と話しあいました。当初から日本語教室に通っている学習者から「復習することは自分の役に立つ」という意見があり、Unit 3から再び学習することになりました。

　開始当初から継続して参加している学習者は、『NEJ』のvol.1の学習が3周目になり、教科書への理解が進んだため、新しく入った学習者が日本語ではわからないことがあると、率先してベトナム語で解説するようになりました。その学習者は、作文を書く際には1回目に書いた作文と見比べながら、より充実した内容の作文を書いてくるようになりました。

5　地域日本語教室における相互文化的な交流

　本節では、ここまで述べてきた実践を研究者の視点からとらえ直した上で、地域日本語教室における「交流」のあり方を考えていきます。本章2では、日本の地域日本語教室においても日本語学習者と支援者は、お互いが「相互文化的話者」として学びあえる関係を築けることが重要だと述べました。私の実践は、「相互文化的話者」としての出会いをもたらすものになっていたのでしょうか。

　Roberts et al. (2001) は、相互文化的交流を成功させるために不可欠な「ノウハウ」を身につけるための手段や心構えをもたらしてくれるのはエスノグラフィーだと指摘しています (p.240)。エスノグラフィーとは、一般的に「フィールドワークの成果をまとめた報告書（モノグラフ）」と「フィールドワークという調査の方法あるいはその調査プロセスそのもの」の二つを意味します（佐藤, 2002, p.x）。エスノグラフィーの特徴は、調査をすることと、フィールドノーツを書くことという二つを分離せず、それらは相互に依存しあっていると考える点にあります（エマーソンほか, 1995/1998, p.51）。

　　フィールドノーツを書く作業によって、そもそも観察している当の物事についての理解が進み、したがってまた、参加のあり方が変わり、それまでよりもはるかに注意深く相手の言うことを聞き、新しい見方で観察できるようになる。（エマーソンほか, 1995/1998, p.52）

　ベトナム留学中の生活を振り返ると、私は常にA6サイズのノートを持ち歩き、気になったことがあるとすぐにメモをしていました。そして、大学のベトナム語の授業

では、宿題として書いた日記を添削してもらう機会があったので、山の会や英語クラブに参加する中で知ったことを文章にしていきました。自分で観察したり、調べたりしただけではわからなかったことを授業で教えてもらい、自分が関心を持っていることにことばが与えられていくと、いつもの風景がより鮮明に見えるように感じました。

　本章4では日本語教室で実施していた自己表現活動について述べました。テーマにもとづいた自己表現活動を行うことで、学習者はそのテーマで作文を書くために、日々の生活の中での出来事をより注意深く観察するようになります。そこには、フィールドノーツを書いていくことで「他者」への理解を深めていくエスノグラファーとの共通点を見いだすことができます。

　さらに、Roberts et al.（2001）は「書く」ことの意義だけでなく、エスノグラファーの「仲介者」としての側面に注目しています。

> エスノグラファーは参加者であると同時に観察者でもあり、研究対象のコミュニティの一員であると同時に、離れてもいます。この近さと遠さ、自分自身でありながら別のグループの一員であるという経験によって、言語学習者は新しいアイデンティティを定義することになり、永遠に中間的な存在（forever in-between）として解放（または非難）されています。しかし、言語学習者は単なる中間者（in-between）ではなく、言語と文化の仲介に関する最近の文献が示唆するように、仲介者（go-between）でもあるのです。（Roberts et al., 2001, p.30）

　Roberts et al.（2001）は、人類学者や社会学者は、ある集団の文化的・社会的な実践を記述するためにエスノグラフィーを使用するのに対して、言語学習者の場合は、エスノグラフィーの手法を本格的に身につける必要はないと述べています。言語教育にエスノグラフィックな視点を取り入れることで期待されるのは、自分自身の文化的実践と他者の文化的実践の両方を比較・批判する視点を身につけた「相互文化的話者」（intercultural speaker）になることなのです。

　自己表現活動を通した相互文化理解の事例として、普段の朝食に関するテーマを取り上げたときのやりとりを紹介します。ある学習者は『NEJ』にある「わたしは、毎日、朝ごはんを食べます。たいてい、ごはんを食べます。ときどきパンを食べます」（西口, 2014a, p.33）という表現を模倣して、「わたしは、毎日、朝ごはんを食べます。たいてい、ラーメンを食べます。ときどきうどんを食べます」と言いました。私はその発言に対して何も不思議に思わず、聞き流していましたが、私と一緒に活動に参加していた日本人支援者は「朝からラーメンを食べますか！？」と驚いていました。

　私は「確かに、日本ではラーメンは昼や夜に食べることが多い」と納得すると同時に、ベトナム留学から帰国したばかりの頃のことを思い出し、学習者に共感しました。というのも、ベトナム留学中は毎朝、屋台でフォーやブンといった麺類を食べていたため、私も日本に帰ってきてからもその習慣がやめられず、ラーメンばかり食べていた時期があったからです。もう一人の支援者の反応によって、私はベトナムと日本を移動する一人ひとりの生活の中にある文化に注目することの重要さを感じました。

　私自身、日本語教師という側面を持ちつつ、ベトナム人集住地域に位置するカトリック教会やベトナム仏教寺院などでフィールドワークを行うことで、在日ベトナム系移住者の生活を理解することをめざす「エスノグラファー」です。そして、日本語教室に参加する学習者も、会話や作文を通して自身の日本での生活をベトナムでの生活と比較しながら、言語化していたという側面に注目すれば、「エスノグラファーとしての言語学習者」であると言えるのではないでしょうか。学習者は、会社で仕事をしたり、スーパーやショッピングセンターで買い物をしたり、子どもの小学校の入学のための手続きをしたりする中で新たに見いだした言語表現や習慣について語り、さらに、他の学習者や私も、その語りに対してそれぞれの意見を述べるということもありました。このように、日本語教室において私と学習者は「日本語教師」対「日本語学習者」、「日本語母語話者」対「日本語非母語話者」といった関係としてだけではなく、それぞれの立場から相互理解をめざそうとする「相互文化的話者」として対話していたと考えることができます。

　この点を踏まえると、地域日本語教室における「交流」や「相互理解」のあり方を再考することができます。私は神視保育園の日本語教室では「講師」として日本語学習支援活動に取り組んできましたが、多くの地域日本語教室はボランティアによって担われています。長年、ボランティアの役割について、以下のAとBが議論されてきました。

> A：ボランティアでも日本語教育の専門性を身につけ、学習者がいかにしたら効率的に適切な日本語の運用能力を習得できるかに責任を持つべきだ。
> B：ボランティアと学習者は、双方とも相手から学んだり、相手とともに学んだりして、自分たちが住んでいる地域を共生社会にすることをめざすべきだ。
>
> （山田, 2018, p.9）

　ここではBの「双方とも相手から学んだり、相手とともに学んだり」という部分に注目します。ステレオタイプ的な「相互理解」においては、日本語教師やボランティ

アが日本語や日本の文化を教える代わりに、学習者の母語や母国の文化、すなわち、外国のことを知るということが「双方とも相手から学ぶ」ことだと考えられがちです。一方、本章での「相互文化的話者」の視点に立てば、日本語教師やボランティアが「日本」対「外国」という図式を乗り越えることが求められます。学習者の故郷での生活の延長線上にある、現在の「日本」での暮らしを、学習者の視点から理解することが重要になると言えるでしょう。

6　人生・生活に寄り添った研究と実践

　本章では、私自身のベトナム留学のエピソードからスタートし、日本語学習をサポートする支援者としての視点や、研究者としての視点を行き来しながら、第二言語として日本語を使用しながら日本で暮らす人々の生活に根ざした支援を行うためにはどうしたらよいのかを考えてきました。留学中の学習者としての経験を支援者としての実践に活かそうとする際に私が拠り所としたのが、エスノグラファーとしての言語学習者という発想でした。

　教室に参加する人々が「相互文化的話者」として学びあえる空間を作るために、学習者への聞き取りを踏まえて、「文型・文法事項」や「実用的なコミュニケーションの仕方」を教えるのではなく、「テーマをめぐる表現活動」（西口, 2020, p.15）を通した日本語習得の場を作りました。そこでは、学習者の発話や書いてきたテクスト（作文）の中に一人ひとりの人生・生活を見いだし、それに応じた日本語学習支援をすることができました。

　エスノグラファーとしての相互文化的な理解は、研究としても、実践としても深めていくことができます。言語教育研究では、学習者の生活に接近する質的研究（八木, 2013）を行う研究者が、その成果を踏まえたリソースの作成や実践（八木, 2022; 八木・池上・古屋, 2019）を行うことで、研究と実践を往還している事例もあります。私自身、これからも「エスノグラフィックに思考する」（Atkinson, 2017）ことで、第二言語として日本語を使用して暮らす人々の人生・生活をとらえ直しながら、学習者の生活に根ざした実践をさらに探求していきたいと考えています。

ディスカッション課題

1 ある言語についての知識があることと、実際にその言語を使用できることの違いは何だと思いますか。言語学習の経験を踏まえて話しあってください。

2 昨日何があったかを振り返ってください。あなたは言語を使用してどのような活動を行いましたか。いつどこで誰と何をしたのかを思いつく限り書き出してください。一人で行った活動の場合は、何を媒介にして言語活動を行ったのかを考えてください（例えば、スマートフォン、書籍、ノート、ペン、タッチパネル、商品の値札など）。

3 2 で書き出した活動を、受容（①聞く、②読む）、産出（③話す、④書く）の 4 技能に分類してください。これらの 4 技能では説明できない活動がある場合は、どうして分類が難しいか、4 技能以外にはどのような技能を用いているかを話しあってください。

4 日本で生活する日本語学習者が暮らしの中でことばを習得するためには、どのような工夫ができるでしょうか。そのための練習（インプットやアウトプット、他者とのやりとりなど）の機会はどのように作ればよいと思いますか。いくつかの方法を考えた上で、その中でも取り組みやすいと思う方法を、その理由とともに紹介してください。

5 日本語学習者から「日常会話ができるようになりたい」と相談がありました。あなたならどのような実践を企画しますか。また、本章で言及した「相互文化的話者」として、このような学習者と対話するためにはどうすればよいでしょうか。1 から 4 までの議論を踏まえて考えてみてください。

さらに学ぶための参考図書・資料

小林多寿子（編）（2010）『ライフストーリー・ガイドブック―ひとがひとに会うために―』嵯峨野書院.

佐藤慎司, 村田晶子（編）（2018）『人類学・社会学的視点からみた過去、現在、未来のことばの教育―言語と言語教育イデオロギー―』三元社.

宮岡真央子, 渋谷努, 中村八重, 兼城糸絵（編）（2021）『日本で学ぶ文化人類学』昭和堂.

八木真奈美, 中山亜紀子, 中井好男（編）（2021）『質的言語教育研究を考えよう―リフレクシブに他者と自己を理解するために―』ひつじ書房.

Council of Europe, Language Policy Division. (2007). *From linguistic diversity to plurilingual education: Guide for the development of language education policies in Europe*. Council of Europe.

欧州評議会言語政策局（2016）, 山本冴里（訳）『言語の多様性から複言語教育へ―ヨーロッパ言語教育政策策定ガイド―』くろしお出版.

第11章

外国にルーツをもつ 子どもたちへの言語教育

すべての子どもが希望をもって学校に通える社会をめざして

高橋朋子

キーワード

外国ルーツの子どもたち　フィールドワーク
アイデンティティ　テクスト　トランスランゲージング　BICS と CALP

1　はじめに

> 「中国の1年生の子どもら、日本語は普通にペラペラやのに、全然勉強できひんねん。授業にもついてこられてへん。どうしよう」

　関西の小学校で先生をしている友人が、子どもたちの学習になにかヒントになる本があれば教えてほしいと連絡してきたのは、私が博士前期課程を修了した春のことでした。日本語教師として留学生の日本語教育に携わっていた身としては、「日本語ができればOKじゃないの？」程度の軽い感想しかありませんでしたが、小学校を訪問し、子どもたちの授業を観察してすぐにその深刻さに気づきました。友達とおしゃべりをしているその日本語は、日本語ネイティブといえるほどの流暢さなのに、授業になると「先生の言うてることはわかるんやけど、わからへん」と泣きそうな顔をしていました。つまり日本語ということはわかるのですが、そのことばがどういう意味なのかが理解できないというのです。しかも、それは1人や2人の問題ではなく、その小学校に通う中国にルーツをもつ多くの子どもたちが一様に抱えている問題でした。子どもたちは日本で生まれ、日本語で生活をしています。「なぜ？」、「なんとかしなあか

171

ん！」と感じた私は、その日、博士後期課程の研究のテーマを「中国にルーツをもつ子どもたちはどのような学校生活を送っているのか」に設定し、なぜ日本語が話せるのに勉強ができないのか、その原因を解明したいと考えました。そうすれば、子どもたちを支援することができるのではないかと考えたからです。

　そこには私自身のバックグラウンドが大きく影響していました。日本語教員として外国人に日本語を教えていること、中国語が少しだけ理解できること、小学校の教師の経験があること、そして大きく後押しする力となったのは、当時、私は子育て中だったことです。数年後に就学を控えていた息子がいたために、小学校という場がとても身近にまた魅力的に感じられました。小学校では今、何が起きているのか、どのような教育がなされているのかをひと足先に見ることができると思ったからです。これらの要因が、私をこの研究へと駆り立てました。2002 年春のことです。その後、約 4 年間、小学校でフィールドワークをし、これが、今も続く私の研究テーマ「外国にルーツをもつ子どもたちの言語教育」の第一歩となりました。

2　小学校でのフィールドワーク

　私のフィールドワークについて具体的にお話ししましょう。

2.1　フィールドワークとは

　フィールドワークとは、対象とするフィールドがどのような文化的意味に満たされているのか、そこで生活する人はどのような意味世界に生きているのかを理解する 1 つの方法です。研究者は、その社会にある日常の活動に参加し、人々と現在進行形で関係を結び、そのプロセスでおこる出来事を観察し、詳細にフィールドノーツに書き留めていきます。そのノーツをもとに、そこに生きる人々の生活世界がもつ意味を解釈し、エスノグラフィーと呼ばれる文章にします。箕浦（1999）は、人々の生活世界は文化的意味に満たされており、そこにあるモノもそこでの人々の行動も、意味を付与されてそこに存在しており、フィールドワーカーによって意味を読み取られること、解釈されることを待っているテクストだと考えました。つまり、エスノグラフィーは、研究者がその世界をどのように意味づけ、どのように解釈したかを言語化したものといえます。

　2.2 では、私が小学校で生きる子どもたちをどのように解釈したか、エスノグラフィー（高橋, 2009）から一部を抜粋して紹介します。

2.2　子どもたちの学校生活

　博士後期課程の1年目から、2つの小学校に週に1回通い、中国ルーツの子どもたちの在籍学級の授業や、日本語教室、母語教室を中心にフィールドワークを行いました。子どもたちと良好な関係が構築できるようにという校長先生の計らいで、私は「先生」として紹介されていたため、多くの子どもたちは警戒することなく、接してくれました。

　授業では、先生や子どもたちの様子を教室の後ろから観察してフィールドノーツをとっていました。授業の進行に積極的にかかわることはしませんでしたが、困っている子どもにヒントを出したり、会話の相手をしたりしました。流暢に話すのに、作文では「てにをは」などの助詞が抜ける、「ありがどう」、「スパに行てきた」（スーパーに行ってきた）などのように誤った表記をする、などの問題がありました。中国語ができないのに、子どもたちの誤用は、私が大学で教えている中国人留学生のそれと全く同じで驚いたことを覚えています。

　また、足し算がわかりにくい1年生に「5＋3」を教えた際には、「おうちにケーキが5個あってん。で、お父さんがまた3個買ってきたから、（マルを五つ書き、その横にマルを三つ書き加える）ほら、全部で何個になる？数えてみて」とゆっくり図示しながら説明したのですが、理解ができないようでした。既習事項が身についていないのか、それとも説明用語が難しいのか、日本語で説明しても中国語で説明しても理解できないのはなぜなのだろうと悩みました。しかし、あとになって、この子どもは「ケーキ」が何かわからない、食べたことがない、さらにお父さんが何かを買ってくることはないという状況にあることを知りました。子どもにとって、自分自身を投影できない私の説明は、ただのつぶやきにしか聞こえなかったのでしょう。子どもの生活環境を考慮しない支援は何の役にも立たないこと、言語以前に経験や家族背景なども学習に影響を与えることに気づきました。

　ノートの字や筆箱の中身、おしゃべりから、家庭の様子が推察できました。鉛筆や消しゴムがそろっていなかったり、ノートの裏表紙にまで字を書いたりしているのを見て、「お母さんに買ってもらえないのかな」と心配しました。あるとき、家庭訪問に行ってその理由がわかったのです。家庭訪問に行ったのは日本語教室の先生、中国人の先生、私の3人です。当時、中国ルーツの子どもたちの保護者の多くは日本語能力が高くなく（まったくできない保護者もいました）、家庭訪問や懇談会には中国人の先生が同伴していました。日本語の先生が、日本語で子どもの様子を説明し、それを中国語の先生が通訳するというものでしたが、お母さんには通じませんでした。なぜな

ら、お母さんは中国内陸部の方言話者であったため、中国人の先生が話す普通話[1] が
理解できなかったのです。また中国人の先生はお母さんの方言がほとんど理解できま
せんでした。子どもたちは中国語教室で簡単なあいさつを学んでいましたが、方言話
者のお母さんとの交流には役に立っていなかったことを知り愕然としました。日本語
ができないお母さん、中国語ができない子どもたち、この親子をつなぐのはどの言語
なのでしょう。「もしかして子どもたちは家でお母さんと何も話してない?」と思い、
胸が苦しくなりました。

　それ以外にも子どもたちの言語能力を測るために、語彙テストや読解テスト(当時
は子どもたちの言語能力を測る適切なテストがありませんでした)をしたり、先生や
子どもたちにインタビューをしたりして、データを収集しました。

2.3　外国ルーツの子どもたちが抱えていた困難
　こうして書き溜めた 14 冊のフィールドノーツ(B5 サイズ)を文章にし、それをカ
テゴリー化して考察を重ね、子どもたちの現状と課題を博士論文にまとめました。子
どもたちが抱えている課題は数多くありましたが、主に以下のように分けられました。

1)　言語と学習
　　―日本生まれ日本育ちの子どもたちは、日常の日本語が流暢であるために「勉強
　　　ができない」ことが教師や保護者からは見えにくい。学習言語が定着していな
　　　いために学力が伸び悩んでいる。
　　―日本語だけでなく、中国語も年齢相当に発達していないダブルリミテッドと呼
　　　ばれる状態に一時的に陥っている。そのため思考言語が育っていない。
2)　親子関係
　　―交流する共通の言語がない家庭では、親子関係が希薄になりやすい。そのため、
　　　学校生活に影響が出ていることがある。
3)　アイデンティティ
　　―中国ルーツであることを肯定的に受け止めていない子どもも多い

　この研究成果の最も大きな貢献は、日本語が話せればすべてうまくいくわけではな
く、日本生まれだからこそ子どもたちは困難を抱えていることを明らかにしたことだ
と考えています。中国ルーツの子どもたちのために日本語教室や中国語の母語教室が

---

1)　中国における標準語をさします。

あり、当時としては画期的な小学校でありながら、まだまだ考えるべき課題が山積していることを改めて認識しました。それでも子どもたちは、よく笑い、よく遊び、私のような一時的な先生にも「先生、また明日なー」と元気に声をかけてくれました。ただ困難に甘んじる受動的な存在ではなく、自分たちなりに学校を楽しく生きようという姿勢がありました。そんな子どもたちを見て、これらの課題を何とか解決したいという使命感を感じたフィールドワークとなりました。

3　外国ルーツの子どもたちをめぐる研究背景

　外国にルーツをもつ子どもたち（以下：外国ルーツの子どもたち）をめぐる研究は、私が小学校での観察を始めた2002年から、この20年で著しく変容しています。一言でいうなら増加・多様化・専門化したといえるでしょう。ここでは、時系列に沿ってその詳細を整理しながら、私たちの社会が外国ルーツの子どもたちをどのようにまなざしてきたのかを軸に、その変容をみていきます。まず、子どもたちの数について確認しておきます。文部科学省の調査「日本語指導が必要な児童生徒の受入状況等に関する調査」（2020a）によると、1999年に18,585人、私がフィールドワークを始めた2002年には18,734人となっています。その後、徐々に上昇し、2021年には58,353人（日本国籍10,726人、外国籍47,627人）となりました[2]。

3.1　外国ルーツの子どもたち

　外国ルーツの子どもたちとは誰のことなのでしょうか。「外国にルーツをもっている」といっても、ひとくくりにとらえることはできません。来日時期をみると、日本で生まれた子どももいれば、幼少期あるいは学齢期途中で来日した子どもたちもいます。また、来日後に再度帰国するなど、日本と海外を行ったり来たりする子どももいます。家族構成を見ると、就労や留学などで親に連れてこられた子どももいれば、国際結婚家庭の子どももいます。両親ともに日本国籍ではない子どももいて、子どもたちは年々多様化しています。

　詳しく見ていきましょう。1990年代になって、外国人の来日が急増しました。第二次世界大戦前後の混乱期に日本の植民地支配等を理由として来日した、主に韓国・朝鮮人（台湾人、中国人を含む）をオールドカマーと呼ぶのに対し、新来の彼らはニューカマーと呼ばれています。そこには、中国帰国者、難民、デカセギ目的の日系

---

2)　2007年からは、日本語支援が必要な児童生徒を「外国籍」と「日本国籍」に分けて集計しています。

人、留学生や技能実習生、国際結婚、EPA、高度人材など在留資格の種類も国籍も実に多様な人々がいます。これらの親に帯同して来日した子どもたちは、日本語以外の言語を母語とし、日本語はほとんど話せません。来日後、学齢に応じて公立の小中学校に入学あるいは編入することになります。しかし、日本語を母語とする日本国籍の児童生徒のみを対象としてきた多くの学校現場は、日本語を母語としない子どもたちへの対応に四苦八苦することになりました。

　「昔は、ちょっと算数の計算をやらせて、できたら年齢相当の学年に、できひんかったら下の学年に入れたもんです」、「校長室でひらがな表を使って書き方を教えましたよ」、「来日した次の日に学校に来たんやけど、日本の名前がなくて、私が名付け親になったこともあったねえ」などと多くの校長先生が回想するように、受け入れ態勢は各学校にかなり自由に任されていたし、日本語支援も試行錯誤であったことが推察されます。先生たちですらどのように受け入れればよいのかわからないのに、児童生徒たちに外国語を話すクラスメートを受け入れる準備ができているはずがありません。同質社会で「みな同じ」がよいとされる日本の学校では、異、つまりちょっとみんなと違うものを受け入れる土壌は育っていなかったでしょう。小学生の時に来日した子どもたちが、高校生になってから当時を振り返るというインタビューをしたことがあります（高橋, 2011）。「中国帰れ、とか言われて、物を隠されたり、毎日がすごく苦しかった」、「中国に帰りたいって毎日泣いていた」、「ひとりだけ別の学校に日本語の勉強に行かなあかんかって、毎日別の学校まで歩いていた」などと当時の苦しい心情を吐露する生徒が多く、受け入れ態勢が整っていない時代の学校生活は、日本語の問題のみならず、学校文化の違いや排除される孤独感、経済的な不安や進路の心配など、困難が多かったと語っています。また、共通した語りには、いじめられていることや持ち物が不足していること、学校でうまくいっていないことなどを「親にいえなかった」というものがあります。子どもたちの多くは、個人懇談会では、教師と母親の通訳を担う、日本語がうまく話せない親の代わりに、弟妹の予防接種に付き添う、両親の入院手続きをするなど、ヤングケアラーとして家庭を支えていました。近年は、そのような場合には通訳やボランティアを依頼しますが、20年前は自分たちで全てを抱えていました。

　徐々に、ニューカマーの人々の長期滞在化、定住化が進み（永吉, 2020）、幼少期に来日した子どもたちや日本で生まれた子どもたちが就学するようになります。国際結婚家庭や帰化をする人々も増え、日本国籍の子どもや、日本社会で成長し、日本語しか話せない子どもも出てきました。私がフィールドワークで出会った子どもたちも日本生まれでした。しかし、日本語が話せるからといって、学校生活に全く問題がな

いわけではありません。ことばだけでなく、家庭生活や親子間のコミュニケーション、進路選択など多くの場面で困難を抱え、支援が必要とされています。そこで、日本生まれの子どもたちも「外国にルーツをもつ子どもたち」と呼んで、その支援の必要性を強調しています。

　また、グローバル社会と呼ばれるように、人々の国家間の往来や移動が頻繁になり、国際結婚の数も増えています。親のどちらかは、日本語以外の言語を母語とし、日本以外の文化のなかで育っています。このような国際結婚家庭の子どもたちは、就学時に日本国籍をもっていることが多いので、支援の必要性が看過されることもあります。そのため、文部科学省は「日本語支援が必要な児童生徒」の統計では「外国籍の児童生徒」と「日本国籍の児童生徒」を区別するようになりました。日本国籍の児童が最も多いのは、フィリピノ語を使用する子どもたちで、全体の3割強を占めています。

　このように、外国ルーツの子どもたちは年々多様化してきており、それぞれの能力や言語背景に応じた適切な学習支援が求められています。2014年には、日本語指導が「特別の教育課程」[3] に位置付けられました。それまで日本語指導を正規の授業として扱うことはできなかったのですが、これによって、多くの加配[4] の先生や支援者が、外国籍、日本国籍を問わず、子どもたちにかかわれるようになりました。学習支援方法のみならず、子どもたちを受け入れる学校や自治体の対応マニュアル、懇談会や重要な連絡事項を担う通訳の存在、学校からの配布物を各国版に訳したテンプレートのWeb上での共有など少しずつですが、多くの範囲にまたがって関係者の努力が蓄積されています。

3.2　外国ルーツの子どもたちの教育を支える理論

　2020年代までの20年間に、教材や教授法の発展、ワークショップや実践報告会の開催、研究会や学会の設立、言語能力評価法の開発などが見られ、日本語学習、教科学習に加え、アイデンティティや親子関係の構築、母語教育や継承語教育など多角的な視点から彼らを支えることの重要性が認識されるようになりました。今、「年少者の日本語教育」は1つの分野として専門化し、それに伴って外国ルーツの子どもたちを考える上での多くの理論が共有されるようになっています。

3）　小島（2015）によると、制度化されたとはいえ、日本語指導が必要かどうかは校長の判断に委ねられており、児童生徒の実態に即した指導が実施されていない学校もあります。

4）　加配とは、一定数（自治体によって異なる）の日本語指導が必要な児童生徒が在籍する学校に、学校からの要請に応じて、その指導を行うために基礎定数に加えて置かれる教員のことをいいます（齋藤ほか, 2017）。

1）BICS と CALP

　言語面では、「日本語ができない」というように消極的に捉えられ、「支援が必要」として捉えられていた子どもたちを、「日本語以外の言語を話し、多文化を保持する子どもたち」として肯定的にまなざそうとするようになりました。特に日本語ができないという一元的な評価ではなく、Cummins（1989）が述べた BICS: Basic Interpersonal Communicative Skills（日常生活言語）と CALP: Cognitive Academic Language Proficiency（教科学習言語）に分け、なぜ学習についていけないのか、その要因を語彙のもつ特徴から捉えようとしました（日本語訳は、太田, 1996）。教科学習言語には、地理や歴史の用語、人名や地名などのほかに、オノマトペやことわざなどが挙げられます。例えば、乳児期には「ブーブー」と呼ばれていた車は、保育園時代には「車」となり、日常生活でも「車」と呼ぶのが普通です。しかし、算数の教科書には「乗用車」あるいは「自動車」と書かれており、「車」から音も漢字も大きく変化しています。日常生活では「えんぴつ３本と消しゴム４個買ったら、全部でいくら？」と表現しますが、算数の教科書には「えんぴつ３本と消しゴム４つを買うと、あわせて何円ですか」と書かれています。しかし、この違いを難しく感じるのは外国ルーツの子どもだけでなく、日本人児童も同様です。岡本（1982）は、日常使用することばを「第一次ことば」、教科学習で使用することばを「第二次ことば」と呼び、第二次ことばへのぼる階段は非常に高いと述べています。さらに Cummins は、BICS の習得には半年から１年、そして CALP の習得には５年から７年かかるとしています。

　この BICS と CALP の概念の導入により、「ぺらぺらおしゃべりはできるのに、なぜか授業についてこられない」子どもたちの現象は、現場の教師に大きな納得をもって解釈されました。子どもたちに必要なのは、学習言語の習得であるということが明確になり、それを保証するための学習方法が生み出されました。例えば、リライト教材（光元・岡本, 2006）のように、国語の教科書にある文章をやさしい表現に置き換えたり、短くしたりする教材の作成や、各教科の学習言語を各国版に翻訳した単語集、学習言語を育てるための指導法等に関する多くの書籍が出版され、子どもたちの学習支援に貢献しました。いうまでもありませんが、国語のリライト教材はあくまでもオリジナルに近づくための橋渡しです。むしろ、社会や理科などの教科にリライト教材が求められていると感じます。またオノマトペに代表されるような日常生活で幼少期から学ぶことばの獲得のために、就学前の教育や絵本の読み聞かせの重要性に目が向けられるようになりました。さらに、日本語支援の教員を対象とした連絡協議会やワークショップが開催され、学習支援の方法や子どもたちの情報を共有する自治体も増加しました。

　ただし、留意する点もあります。子どもが学習について行けない要因は、言語能力の問題だけではないことです。教師は目の前の子ども一人ひとりをよく見て、家庭環境や友人関係、子どもの性格などを考慮した支援の方法を模索する必要があります。もう1点は、私たちの使用する言語は、BICS と CALP の2種類に明確に区別できるものではなく、その線引きはどちらかといえば曖昧であるという点です。よく誤解されるのですが、BICS が発達してはじめて CALP が習得できるというような順序はありません。これらの言語は相互に依存し合い、ことばを介した対話や交流を通して獲得されていくものであることを忘れないようにしたいものです。つまり、乳幼児期からどの言語であっても多くのインプットがあり、「言語の社会化」（コミュニケーションを通してことばの意味を獲得していく過程）を活発にする環境作りが必須です。もし、「乗用車」という CALP がわからなければ、「くるま」という BICS を使って説明すればいいし、逆に「おしべとめしべ」という CALP は理解しているのに、給食の時間に「お皿とって」と言われて何を渡せばいいかわからない子どもには、実物のお皿を見せればいいのです。

2）二言語共有基底仮説と母語教育

　さて、説明する際のことばは日本語だけでしょうか。日本語以外の言語を母語とするなら"汽車"（中国語）、"carro"（ポルトガル語）など、その子どもがわかることばで説明すればいいし、それも難しいなら、写真や実物を見せるという方法もあります。20年前は（今でもそういう学校があるかもしれませんが）「学校で早く成功できるように、家でも日本語を使ってください」、「子どもの日本語や学力が伸びないのは、家で日本語を使わないからです」と学校から言われ、家庭での母語使用が制限されるような傾向がありました。日本語教育が「補償的言語教育」（太田，2000）と批判された所以です。つまり、日本語ができないことは「能力不足」であり、それを埋め合わせるために日本語を学習させるという考え方です。子どもたちがもっている母語の力は認められていなかったといえるでしょう。

　しかし、近年では、母語がいかに子どもの心とことばの発達に重要な役割を果たすかということが認識され、母語使用が推奨されるようになりました。そこにはCummins（1984）の「二言語共有基底仮説」の影響が大きいと言われています。これは、氷山説として図示されることもありますが、表面上（表層部分）異なる体系を持った複数の言語は、共通の認知力（深層部分）をベースに相互作用をもつというものです。つまり、どちらの言語であれ、深層部分が発達することが重要で、母語の発達を通して認知的な能力が発達すれば、第二言語へ正の影響があるとされる仮説です。「どっちの

ことばでも自分の意見を言えない子どもが日本生まれに多い」とか「学齢途中で来た子どもは最初こそ、日本語がわからなくて苦労するが、いったん日本語ができるようになれば、学力も追いついてくる」など現場の先生の経験値で言われていた多くの現象は、この仮説の普及によって、その理由が納得されるようになりました。

　深層部分を発達させて子どもの母語を育て、第二言語を伸ばすという点に加え、親子のコミュニケーションを目的として、外国ルーツの子どもたちが多数在籍する小中学校で母語教室が開かれるようになりました（高橋朋子, 2019）。ただ、日本語教育に比べるとその体制は十全とは言えず、まだ「ないないづくし」（先生がいない、教材がない、子どもの学習意欲もない）の状態が続いており、「母語教育後進国」との批判から脱却できていません。自分の言語で子どもを育てたいという親が集まり、熱意のある支援者に支えられて地域で継続している教室もあります（高橋, 2012）。母語教育の重要性が認識されてはきたもののその実施には地域差、学校差、そして内容にも大きな差があります。集住地域と散在地域では学習者の人数が異なるため、教室の規模も変わります。カリキュラムを作成して系統立った言語学習をするには、言語教育の専門家による助言や授業運営のための教師研修会の実施も必要です。私が観察したいろいろな母語教室には、先生と呼ばれる様々な人がいました。大学院生や母親、母語教室の卒業生、ボランティアの人々です。しかし、先生として子どもたちの前に立つには、言語教育に関する知識もある程度必要なのではないでしょうか。子どもへの声かけや指示の出し方、授業運営の方法や教材の使い方などを知ることで、より自信をもって教えることができるでしょう。先生を育てるしくみがないために、自信がないまま教えている先生もいました。母語教室を孤立させず、研究者がワークショップを開いたり、アドバイスをしたりするしくみが求められます。

　なにより、日本社会で使用する機会の少ない言語を学校の授業外で学ぶのですから、子どもたちに強い動機が必要です。また周りの子どもたちが、外国ルーツの子どもたちがもつ言語や文化を多様性の１つとして自然に受け止められる土壌を作ることも重要でしょう。実際に、運動会のプログラムを母語でアナウンスする取り組みをしている学校もあれば、中国式の獅子舞など文化体験プログラムを実施する学校もあります。しかし、早くから母語教育に取り組んできた小中学校では、言語学習や博物館的な3F（Fashion, Food, Festival）から脱却し、言語をツールとして捉える内容重視のアプローチをベースとする授業展開もみられます（高橋, 2022）。

　このように、母語教育には、第二言語への正の転移、学力向上、親子のコミュニケーション、コミュティへの帰属意識など多くの意義があることが確認されています。しかし、カナダで強調される「言語資源」（移民の子どもの言語は国の財産である）とい

う意義は、まだ認識されるまでにはまったく至っておらず、今後の課題といえるでしょう。いずれにせよ、日本語の指導者は、子どもたちの日本語能力が向上する一方で、親と交流する言語を失ってきていないか留意できる存在でありたいものです。

3）ダブル・リミテッド

　日本語も母語も年齢相当に発達せず、どちらの言語でも自分の思いを表現しにくい子どもたちも少なくありません。母語が確立していない幼少期に来日した子どもは、日本の保育園や小学校で多くの時間を日本語で過ごすようになると母語を忘れてしまいます。母語の運用能力は急速に落ちていくのに加え、日本語能力も日本の子どもに比べて低いことが多いです。それは乳幼児期に家庭内の会話や絵本などから獲得する日本語の量が少ないためと言われています。また、日本生まれの子どもたちの母語は、家庭内での使用状況にもよりますが、キッチンランゲージ（kitchen language）[5] と呼ばれる狭小の使用言語にとどまっているか、ほとんど使用されていないかのどちらかが多く、年齢相当の言語力をもっていません。このような子どもたちは、セミリンガルと呼ばれていましたが、接頭辞としての「セミ」は半分と言う意味を示し、ネガティブな含意があることから、最近ではダブルリミテッドと呼ばれています。しかし、子どもたちの言語能力は発展途上であり、仮にダブルリミテッドであってもそれは一時的なものであること、今後伸長していく可能性があることを示唆する意味で、「一時的なダブルリミテッド現象」と呼ぶことが望ましいでしょう。また、仮に年齢相当に発達していないとしても、どうやってその能力を評価したかという問題も残ります。

　2010年度から2012年度には、子どもたちのもつ言語能力を、ペーパーテストや語彙力でなく、その認知的な能力も含め、きちんと評価すべきだという考えに立って、DLA（Dialogic Language Assessment）が開発されました（文部科学省、2014）。マンツーマン形式で、対話型のアセスメントを行うこと、さらに母語と日本語の両言語での認知力を測ることが特徴で、これにより学習支援のための指導計画や学習活動及び教材の選択が可能になります。日本語と各国の母語によるテスター育成も必須で、現在、日本語以外に8カ国語のワークショップが開かれています。20年前に校長先生が経験値で測定していた子どもたちの言語能力や学習能力が、きちんと評価され、そのデータに基づいて適切な学習支援ができるようになったことは大きな前進と言えるでしょう。

　なお、ダブルリミテッドについては、批判や論争もあります。例えば、宇都宮（2014）

---

[5]　「おはよう」などの挨拶や食べ物の名前など、主に家庭生活で使われる言語使用をさします。

は、生態学的観点から、「2 つの言語に優れない」のではなく、「両方の言語の形成が進行中である」と捉えるべきであると主張しています。一方、Cummins とともにカナダで多くの言語調査を行い、この用語を日本に取り入れた中島（2013）は、用語はどうであれ、子どもたちの実態を見つめるべきだという思いから、この用語を使用し続けているといいます。いずれにせよ、私たちが子どもたちの言語発達をどのように見守り、育んでいくのか、その姿勢が問われています。

4）Identity Text と Translanguaging

　最後に、子どもたちのもつ言語や文化の多様性をさらに認めて尊重していこうとする考え方を紹介します。外国ルーツの子どもたちという用語の代わりに CLD 児（Culturally and Linguistically Diverse Children）や TCK（Third Culture Kids）という呼称を使用する研究者もいます。また、子どもたちへの教育をエンパワーする考え方の一つにカナダのマルチリテラシープロジェクトで使われたアイデンティティテクスト（Identity Text）（Cummins & Early, 2001）があります。様々な創作活動（共同探求、文学的物語、演劇、パフォーマンスなど）において、子どもたちは自分の表現したいことをどの言語で表現してもよく、創作成果物は、彼らのアイデンティティを肯定的に映し出す鏡と言われています。大阪の中華学校の授業を観察した際、教室に掲示されていた子どもたちのポスターには、中国語や英語、日本語が混在していました。中国にルーツをもち、日本社会で生きる子どもたちの多様なアイデンティティを示しているといえます（高橋朋子, 2019）。

　もう一つは、トランスランゲージング（translanguaging）です。García & Wei（2014）によれば、トランスランゲージングは、マルチリンガルのすべての言語資源を、言語の境界線を超越した一つのレパートリーとしてとらえるものです。近年、多言語話者の自然な言語使用に根ざした教授法と、学習ストラテジーの領域で研究されるようになってきました。これまでバイリンガル（二言語話者）は、表面上異なる体系をもった二つの言語を使用すると捉えられてきましたが、そうではなく、利用可能な言語レパートリーの中からコミュニケーション場面において最適な要素を選択し、それらを組み合わせて目的に応じて使用しているというものです。ここで重要な点は、言語に序列がないことです。日本語であろうと母語であろうと、どちらも自分の言語レパートリーを形成する要素として、肯定的に受け止め、またダイナミックに発展させていこうというこの視点は、子どもたちのもつ言語資源を尊重し、エンパワーするのではないでしょうか。日本でも、少しずつではありますが、その認識が広まってきました（例えば、神吉ほか, 2022）。今後の発展と子どもたちの学習への貢献を期待

したいと思います。

　以上、述べてきたように、「日本語ができない支援の必要な子どもたち」は「日本語以外の言語や文化にルーツがあり、多様な世界を生きる子どもたち」ととらえられるようになってきました。子どもたちに関わる多くの人々の努力によって、制度や支援、評価の方法、彼らへのまなざしが、変化してきていることがわかります。

3.3　外国ルーツの子どもたちの教育をめぐる課題

　子どもたちへの教育やまなざしが変化してきたとはいえ、まだまだ課題も山積しています。それは皮肉とも言えますが、支援がより充実化、専門化するに従って、子どもたちの状況が二極化してきていることです。一つめは、不就学率の高さや高等教育への進学率の低さです。支援を受けて高等教育に進む子どもたちが増加する一方、そのルートから外れていく子どもがいます。日本国民のみを対象として制定されている学校教育法は、外国籍住民に義務教育を課すことがなく、希望する人は就学してもよいという任意性を有しています。その結果、不就学の児童生徒が存在することになりました（小島, 2021）。2019年、不就学の外国籍の子どもは 22,488 人であり（文部科学省, 2020b）、これは外国籍の学齢期の子ども全体の 19.7％にあたる看過できない数字です。また、外国ルーツの子どもたちの高校進学率は、約60％ですが（清水, 2021）、日本全体が 98.8％であることを踏まえると、低いと言わざるを得ません。日本社会は、間断なき移行システムといわれ、学歴と職歴の間に空白がない方がよく、高校を卒業しなければ就職することも難しい社会（大多和, 2017）と言われています。小中学校の学習支援が専門化するのは望ましい傾向ですが、そこにとどまらず、高等教育やキャリアパスにつながる支援の制度を構築する必要があります。

　2つめは支援に地域差があることです。外国人住民が多い地域にある学校では、日本語支援や母語教育で積極的な実践が行われており、地域内の学校間や教員間で活発に情報共有も行われています。しかし、散在地域や人材不足に悩む自治体ではそのような教育が行われていません。特別な教育課程による日本語指導を実施していない学校にその理由をたずねたところ、「日本語と教科の統合的指導を行う担当教員がいない」、「特別な教育課程で行うための教育課程の編成が困難」という回答がありました（小島, 2015）。日本語支援が制度化されても、実際に実施されるかどうかは学校に委ねられているのが現状です。

　3つめに、母語による学習支援や母語教育において、言語によって実施状況や体制に差があります。例えば外国籍児童の母語別の割合を見ると、ポルトガル語と中国語が上位を占めています。これらの言語の話者の中には、高い日本語能力を持ち、学校

教育に貢献できる人が一定数いますが、少数言語になればそれは難しくなります。つまり全ての言語話者の子どもたちに同じような実践を提供できない状況になっています。受ける教育の内容や質が、居住地域や言語によって異なるというのは教育の公平性から考えても許されることではありません。

　4つめに、学校内で支援をする教師と支援にかかわらない教師とに分かれてしまうことです。これは一般化することはできませんが、日本語支援や母語支援にあたる教師や関係者が、校内で周辺化していることがあります。特に小学校では、「学級を担任することがよし」とされる風潮が強く、日本語支援になったことで学級担任から外れ、モチベーションを失う教師も少なくありません。子どもだけでなく、担当教師も孤独な存在であるように感じます。言語や文化の壁を感じ、子どもたちが学校の中で、うまくやりすごす術をもち、静かに学校生活を送る様子は多くの論考に記述されていますが、彼らを支える先生たちも取り残されている状況は広く共有されていません。在籍学級の中で子どもを育てようとせず、外国ルーツの子どもたちに関する困りごとはすべて日本語の先生に丸投げする、授業で消化できなかったことや、やり残した宿題を日本語教室にまかせるといった事例も数多くありました。ある日本語学習支援のボランティアは、職員室に机がなかったという経験を語っています。日本語支援にあたる教師が自信を持ち、自己達成できる場となるにはどうすればいいのでしょうか。子どもたちにかかわる全ての人がともに子どもを育てる一員であり、チームであることを今一度認識すべきだと考えます。

　今、日本の学校文化を経験した子どもたちが成長し、大学生、大学院生、社会人、保護者になっています。どのように学校世界を生きてきたのかを当事者として語ったり、高等教育を経て研究者になり、自らを研究対象として発信したりしています。それらを通じて、私たちはそれまで見えなかった子どもたちの世界を理解することができるようになりました。その声に耳を傾け、外国ルーツの子どもたちが日本社会で生きていくためにどのような支援が必要なのかを再考するとともに、多様な子どもたちがともに生きる学校はどうあるべきかを問い直す時期が来ていると言えるのではないでしょうか。

4　おわりに

　大学院生としてフィールドに入った頃は、「大学院生が学校に来て何をするんだ？」というような雰囲気がありました。現場の実態も知らないで理論ばかり振りかざしていると思われていたのかもしれません。最後に、研究者である「私」が今後、どのよ

うに実践と理論を往還するかについて、その意味を考えたいと思います。

　研究者はフィールドという場と相互依存的に関わっています。つまり、お互いに信頼関係をもちながら、学校内でおこる現象や人々のかかわりに新しい意味を見つけていく作業です。フィールドワークの方法を示した書籍には、場との関わり方として「積極的参与」、「消極的参与」、「観察のみ」などの種類があり、できるだけ場のもつ雰囲気や流れを壊さずに、透明人間のように静かに「観察する」最後の立場がよいとされているものもあります。しかし、研究者とて一人の人間です。私の例で言えば、研究者であり、教員であり、母であり、女性であり、子育て中であり、という様々な属性をその場に持ち込んでいます。ある学校の日本語教室で、翌日の在籍学級の国語の予習授業に参加している女子児童を観察しました。翌日、在籍学級の国語の時間に、担任の先生は、前日の日本語教室と全く同じ質問をしたのですが、児童は挙手することなく、ずっとうつむいていました。そして、授業が終わるやいなや、プリントをくしゃっと丸めて机の中にしまいこみました。それを後ろで見ていた私は、はがゆさのあまり、その子のところに飛んでいき、プリントを広げて「昨日、すごくうまくできてたのに、なんで手をあげへんかったん？」と肩を揺さぶりたい衝動に駆られたことがあります。これは、完全に参与者の範囲を超えています。透明人間になることはかなり難しいことだと実感した瞬間でした。そこで、私は思う存分関わってやろうと決め、子どもたちと一緒に泣いたり怒ったり悔しがったりすることにしました。フィールドを見ることは自分の立ち位置や考え方にも気づくこと、非常に面白いものだと実感しています。

　また、観察当時に解釈したものが、実は全く見当違いだったことがあります。これもある小学校の例ですが、中国ルーツの子どもたちを数十名集めて文化活動がおこなわれていました。獅子舞の練習が嫌で逃げ回る男児を見て、「その国が、子どもにとって行ったことのない想像上のホームである場合、文化の体現は、研究者の押し付けである」（高橋, 2012）と書きました。その時の男児が大学生になり、逃げ回っていた獅子舞について尋ねたところ、「獅子舞の獅子を担当したくて、すごく楽しみにしていた。でも教室のいわゆるボスってのが中国ルーツで、やはり教室のボスは、そのまま中国語教室のボスだったんですよ。当然、獅子舞は彼が担当で、ぼくたちは獅子の足。くやしくて泣きながら逃げました」と語ってくれました。衝撃でした。獅子舞をやりたかったとは！逃げ回る姿の表層だけ捉えて解釈をしたことを後悔しました。

　こうして、フィールドワークで得られた研究結果は、その後、異なる形で拡大していきます。「日本生まれの子どもたちの支援には何が効果的なのか」という疑問は、次の小学校への参与観察につながりました。また、博士論文を提出した後、同じ言語で

語り合えない親子の姿がずっと残っていました。学校で日本語支援をしたり、獅子舞を踊ったりするのはとても意味のあることですが、何か欠けているような気がしていました。当時、博士論文とともに成長した息子は、小学校 1 年生になり、毎日、家に帰ってきては学校のできごとを話していました。友達と遊んだ、給食にカレーが出た、下校途中でテントウムシを見つけた、などとても楽しそうです。その様子を見ながら、ふと「中国ルーツの子どもたちは、こういった話を誰とするのだろう？」と考えるようになりました。きっと親に褒められたり、共感してもらったり、ときには叱られたりしたいのではないだろうか、一方で、日本語ができないお母さんに中国語でなんと言えばいいか悩んでいるのではないだろうか、といった考えが頭から離れず、次の研究テーマを母語教育に設定しました。親が日本語を話せないなら、子どもが話せるようになればいい！その思いは、母語教育への推進活動に発展し、その中で感じた「日本生まれで日本語しか話せない子どもたちにとって、母語というより継承語と呼ぶべきでは？」という発見は、継承語教育の研究に形を変え、海外の多くの教室の観察へとつながりました。

　そして今、このような教育を受けた子どもたちは、成長してどのような進路を選択したのか、その選択にはどのような要因が影響を与えたのかという課題を得て、移民第二世代の大学生や社会人にインタビューをしています。当時を振り返って語ってもらうと、「当時は反抗して母語教室から逃げ回っていたけど、どこまでも追いかけてきてくれて実は嬉しかった」、「日本語を教えてくれた先生のことを忘れたことがない」、「高校進学のとき、特訓してくれた」という意見も聞かれ、子どもたちへの支援の意義を再認識することがあります。そして、彼らが進路やキャリアを選択した分岐点には、多くの人々のかかわりやできごとがあったことを知り、子どもたちの成長を様々な視点から、長期的に観察していくことの重要性を改めて感じるとともに、フィールドから離れられない自分に気づきます。

　私が研究者としてできることは、子どもたちを応援すること、子どもたちにかかわる教師や支援者をエンパワーすることです。そのために、今日も学校に通い、子どもたちの言動の背景に何があるのかを考察したり、理論や新しいアプローチを現場に届けて教師の実践や活動に意味づけをしたりしています。そういった活動がつながって、全ての子どもたちが自分の可能性を信じ、希望をもって充実した学校生活が送れる社会になることを強く願っています。

ディスカッション課題

1 あなたが住んでいるあるいは大学のある市町村に、外国ルーツの子どもたちはどのぐらい住んでいるでしょうか。近くの小中学校における在籍数や彼らへの教育内容について調べてみましょう。さらに、別の市町村の小中学校を調べた仲間と情報を共有し、その違いや課題、評価できる点を比較しましょう。

2 日本以外の国では、外国から来た子どもたちにどのような言語教育をしているのでしょうか。移民大国といわれるアメリカ、カナダだけでなく、アジア、北欧やヨーロッパ、アフリカなどの国についても調べてみましょう。

3 私たちは、どうやってオノマトペ（擬音語・擬態語）を身につけたのでしょう。以下の例を読み、あなたが先生あるいは学習支援者なら、この授業の後、子どもたちにどんな支援をするか考えてください。

　　　例：小学校 5 年生　理科「岩石」

　先生：ここにたくさんの岩石があります。さわってみてこれらをグループ分けしましょう。

　日本人の子ども A：うわ、さらさら。こっちはすべすべ。

　日本人の子ども B：ごつごつしてる。なんかざらざらして痛い。

　外国ルーツの子ども A：いい感じ。

　外国ルーツの子ども B：悪い感じ。

4 フィールドワークは、人々の意味世界を解釈できる研究方法ですが、一方で「調査されるという迷惑」（宮本・安渓, 2008）があるといわれています。その理由を考え、フィールドワークを行うにあたって留意する点を挙げてください。

5 本章に登場するような「交流するための共通の言語」を持たない親子は少なくありません。なぜこのような状況になるのか、また、このような親子に必要な支援は何かを考えてみてください。あなたが考えた支援策のうち、現在行われているものがあるかどうか、家庭、学校、地域、国レベルに分けて確認してみましょう。

さらに学ぶための参考図書・資料

清水睦美, 児島明, 角替弘規, 額賀美紗子, 三浦綾希子, 坪田光平編（2021）『日本社会の移民第二世代—エスニシティ間比較でとらえる「ニューカマー」の子どもたちの今—』明石書店.

西川朋美（編）(2019)『外国につながる子どもたちの日本語教育』くろしお出版.

毎日新聞取材班（編）(2020)『にほんでいきる—外国からきた子どもたち—』明石書店.

García, O. (2008). *Bilingual Education in the 21st Century: A Global Perspective.* Wiley-Blackwell.

Portes A., & Rumbout. R. (2001). *Legacies.* University of California Press.

第12章

共に創る
「職場の日本語 Can-do statements」

「コミュニケーションの失敗」のその先にある景色を求めて

大平幸　藤浦五月

キーワード

職場の日本語能力指標　Can-do statements　ことばのジャンル

相互行為能力　雑談による関係構築

1　はじめに

　2020年から続くコロナ禍において、地域に住む定住外国人も、技能実習生や専門的・技術的労働者など「活動に基づく在留資格」の外国人と同様に仕事を失い、新たな仕事に就けずにいます（安里, 2020; 鈴木, 2021）。まだまだ日本人と同様に働くこと・働いてもらうことが当たり前の環境であるとはいえません。その理由の一つに、コミュニケーションの問題があります。日本で暮らす外国人を雇用したくても、コミュニケーションに不安を覚える雇用者は多く、両者がうまくつながれていないのです。

　現在、私たちは日本に住む定住外国人の方の就労を支援することを目的として、「職場の日本語プロジェクト」という活動を行っています。プロジェクトでは、会話分析を専門とする研究者とともに就労の現場でコミュニケーション調査を実施し、職場での日本語能力指標を開発しています（大平ほか, 2018; 2019; 2021）。

　この章の執筆者大平と藤浦は、それぞれ出発点は異なりますが、大学院でフィールドを対象として調査・研究を行ってきたという点は共通しています。本章では、職場の日本語プロジェクトの実践についてご紹介するとともに、大学院での学びが、現在の実践にどのようにつながるのかについても述べたいと思います。

2　私の大学院生時代、私の０地点──教室で学んだ日本語が使えない

　本節では、大平の大学院生時代から現在に至るまでの経緯についてお話しします。私が大学院で学びたいと考えはじめたのは、日本語学校の学生からの「教室で学んだ日本語が教室以外で使えない」ということばが出発点でした。当時日本語学校で教えていた私は、日本語の習得を、教室の中ではなく、「生活」の中において見直してみたい。さらには、その日本語の習得がその人の人生の中でどのような意味を持つのかも含めてとらえ直してみたいと考えるようになりました。

　では、どのようにすれば、生活の中の日本語習得を長期的に見ていけるのか。研究の問いはそこからはじまりました。

2.1　言語変種研究──教室のことばが通用しない場へのアプローチ

　私は修士論文では、留学生を対象に、インタビュー調査を行いました。博士論文ではエスノグラフィーの手法を用いて調査を行いました。

　まず注目したのは、地域のことば、いわゆる方言です。方言は、教室でも教えられることがないため、もし留学生が地域のことばを習得していたとしたら、それは生活の中で学ばれたものということになります。地域のことばを追うことで、その人の生活の中で習得過程を明らかにできるのではと思い、方言習得について調べ始めました。

　方言や若者言葉などの言語変種（ヴァリエーション）は、1980 年前半までの日本語教育においては扱われなかった内容であり、その重要性も認識されていませんでした。そのような中、ネウストプニー（1981）、伴（1985）、沖（2007）は、生活のことばの重要性を主張しました。これらの論文は、日本語教育界で常識とされてきた、単一の変種が使用されるモノリンガルな社会という想定に疑問を投げかけ、学習者の遭遇する多様なことばに目を向けるものとなりました。しかし、議論の焦点は、生活におけるコミュニケーション上の阻害要因となっている方言を、教室でどのように教えるかということにありました。つまり、生活上の言語使用の誤用やコミュニケーションの齟齬は避けるべきものとされ、その問題の原因や解決の方法については言及されていますが、その齟齬がその人の「生活」にどのような影響を与えるのか、「失敗」の先に何があるのかは描かれていませんでした。本来ことばの学習は、その人の人生や周囲との関係に大きくかかわるものです。しかし、「言語変種」という概念によっては、「失敗」の後、その人やその人のことばがどのように変化するのか、そのことばがその人の生活においてどのような意味を持つのかは見えてこなかったのです。

2.2　ことばのジャンル（バフチン）
──ことばをどのようなものとして見るのか

　そんなとき出会ったのが「ことばのジャンル」という概念でした。この聞きなれない用語に出会ったのは、指導教官であった西口先生のゼミでした。そして、「ジャンル」という概念を援用することを躊躇する私の背中を一押ししてくれたのが、ある先輩の一言でした。言語変種は「虫を採集してピンで刺して眺める昆虫採集のようなもの」、ジャンルは「花と花の間を飛び回る虫を追いかけるようなもの」、つまり、言語変種研究は、ことばの意味がことば自体に備わっていると考え、ことばを人々の生活や文脈から取り出して見ていく方法、「ことばのジャンル」は、そのことばが人と人との間でどのように使われ、どのような意味や価値を持つのかを、生活の中において見ていく方法ということです。

　「ことばのジャンル」とは、ロシアの思想家バフチンが、対話理論の中で提唱した概念です。バフチンは、人間の生活にはさまざまな活動領域があり、その領域ごとに特有の発話のタイプが存在するといいます。そして、このような、人間の活動領域における言語使用が作りあげる「発話の相対的に安定した諸タイプ」を「ことばのジャンル」と呼びました（バフチン、1986b/1988, pp.115-116）。例に挙げているのは、手紙や日常的な会話や物語、軍隊の号令などです。

　西口（2013, p.90）は、ことばのジャンルこそが特定の活動従事に関与する知識であると述べています。Hall（1995）は、ことばのジャンルの習得を「専有（appropriation）」という概念を使って説明し、ことばの習得を単なることばの記憶ではなく、相互行為が行われる実践の参加において他者の声を流用することによって行われるものとしています。

　このようにジャンルという概念は、ことばを人と人の間の具体的な発話であり、人と人との関わりの歴史の中で作り上げられてきたやりとりのあり方として見ること、また、その習得を実践への参加、つまり社会への参入として見ることを促すものです。したがって、ジャンルという概念を導入することにより、ことばを活動領域との関係、実践との関係、その人の生きる社会との関係において検討することが可能になります。

2.3　実践共同体（レイヴ＆ウェンガー）
──ジャンルの獲得をどのようなものとして見るのか

　このようにして、ジャンルという概念を用いてことばの習得を見ていくことになりました。しかし、まだ課題が残されていました。それは「ジャンルの獲得をどう見るか」ということです。ことばのジャンルがその場の相互行為において立ち現れるもの

と見た場合、ジャンルはなんらかの実体をもったものではなく、知識としてその場から切り出して提示できるものでもありません。当然、生活の中の言語習得過程を描こうとすると、何をもって「ジャンルが獲得されたのか」を書かなければならないのですが、その人の生活における学習の達成を見る視点が定まらないと、ジャンルの獲得を記述することはできません。そこで、援用したのが「実践共同体」です。

　実践共同体とは、実践への相互参与のために集まった集団（Eckert & McConnell-Ginet, 1992）を指します。レイヴ＆ウェンガー（1991/1993）は、徒弟制度を基本とした実践共同体の例として、ユカタン半島の産婆やリベリアの仕立て屋などをあげています。実践共同体では、実践について明示的に教えられることはありませんが、メンバーは、実践に参加することで、仕事のやり方、職場での話し方、価値観といったリソースを共有していきます。

　実践共同体は、近代社会における学校制度を前提とした「学習」の見方の転換を要請するものでした。レイヴ＆ウェンガー（1991/1993）は、学習を全人格的な変容、つまり実践の中でメンバーがアイデンティティを変化させ、何者かになっていく過程であるとしています。従来の第二言語習得研究においては、個人が単語や文法を覚えたり、使えるようになったりすることが学習であるとみなされてきました。山下（2005）は、実践共同体の枠組みにより、これまで学習として取り上げられなかった事柄が、学習として取り上げられるようになるとしています。例えば、学習対象だった言語が、自分を表現するためのことばへと変化していくといったことを学習としてとらえることも可能になります（山下, 2005, p.26）。つまり、「実践共同体」を援用することによって、その人の生活の中におけることばの学習の達成、言い換えれば「ジャンルの獲得」の様相をとらえる視点を得られるのです。

　私がこれらの理論的枠組みによって見てきたのは、大学院で建築を学ぶ院生、留学生活を経て日本の企業で働く社会人、短期大学で自動車について学ぶ留学生などの言語習得過程です。あるケースでは、協力者がアルバイト先で「専門用語」を身につけ、アルバイトの中心的存在になっていく過程を「ジャンルの獲得」としてとらえました。また別のケースでは、協力者が、自動車整備の学校というコミュニティに共有された「専門用語」を巧みに操り、友達とのおしゃべりに興じる姿や、コミュニティで共有された自動車整備のストーリーをうまく流用しつつ、仲間たちと一緒に自分たちのストーリーをつくり上げていく姿を「ジャンルの獲得」として記述しました。

　この「ジャンルの獲得」概念の「獲得」は、私自身の学習をとらえる視点をより豊かなものにしてくれるものでした。職場の日本語プロジェクトの対象は定住外国人であり、その支援を考える上で、その人それぞれの生活の中の学習をとらえる必要があ

ります。学習を「ジャンルの獲得」としてとらえる視点は、現在のプロジェクトの研究や活動にも大きな影響を与えています。さらに、現在は「ジャンル」「実践共同体」の概念を土台にしつつ、グローバル化によって、人やモノ、ことばの移動と混淆が進む「超多様性（superdiversity, Blommaert, 2013）」社会における人とことばのあり方をとらえるためメトロリンガリズム（Pennycook & Otsuji, 2015）を援用しています。メトロリンガリズムは、従来の言語観にもとづく固定的な言語や文化の理解を超え、その枠に収まりきらない流動性を有した人、モノ、ことばが複雑に交差する場の形成に注目した理論的枠組みです。この理論を援用することにより、多文化化が進む現在の日本社会におけることばの「学習」をとらえることを試みています。このようにフィールドで起こっていることをうまく説明する理論的枠組みを模索する中で、自分自身の言語観、言語学習観も大きく変化していきました。対話理論や実践共同体の、ことばの学習を全人格的なものとみる視点、能力を個人に閉じたものでなく、人と人、人とことば、環境との関係性として見る視点は、現在の職場の日本語の研究や実践を支えるものとなっています。

3　私の大学院生時代
──「やりたいことゼロ・教育経験ゼロ」からの手探り

　本節では、藤浦の院生時代から現在の活動に至るまでの経緯についてお話しします。留学経験も現場経験もなく、「就活より勉強かなぁ」程度の気持ちで大学院に進学したため、研究課題から苦戦していました。今では「学びがどこにつながるか誰にもわからない。なんとなく大学院に来たっていい」と思っていますが、当時は目的もはっきりせず、現場経験もないことに焦りがありました。指定された論文や教科書を読みおもしろさを感じながらも、それがどこに紐づけられるかわかりませんでした。

3.1　呪われた語学学習者経験と変わる学習者観
　私自身の語学学習経験は、正しくあらねばならないという意識に固められたものでした。私にとっての語学は、出題を見て「あの文法を使う問題だ」と判断し、数学の公式を当てはめるように正解を探すものでした。楽しさを感じることなく、教室の隅で縮こまっていました。一方で、このような苦手意識と学びが交差することが度々ありました。例えば、学部生の頃、第二言語学習者（L2 learner）ではなく、第二言語使用者（L2 user）という概念（Cook, 2002）を学びました。ことばは「使う」ものであり、「できる・できない」をランクづけされる類のものではない。複数の言語を

使用することは、当該言語のモノリンガルと比較して劣った存在とみなされることではなく、権利とみなされるべきであるという考え方は、一つの救いになりました。

　また、「正しく言語を使用する」こと、すなわち「ネイティブ・スピーカーのように話す」ということにも囚われていましたが、大平（2001：本書第 2 章参照）が、研究分野や研究者の関心によってネイティブ・スピーカーという概念を、「当該言語との接触開始時期に注目した時間説、当該言語使用における有能さに着目した能力説、現実の諸要素を捨象し、完全な能力を有する理想的な話者を想定した理想説」に整理したことで（大平, 2001, p.99）、なんとなく受け入れている概念に多様なとらえ方があることを知りました。さらに大平（2001）は、これらの「ネイティブ・スピーカー」という概念が、そこから逸脱したものとしての「ノンネイティブ・スピーカー」という属性を形成している点を指摘しました。そして、静的なコンテクストで、問題をノンネイティブ・スピーカーに起因しているものとしてとらえる限り、逸脱した存在としてのノンネイティブ・スピーカーという属性が維持され続けてしまうことを危惧しています。さらに、トランスランゲージング（translanguaging）という概念（García & Wei, 2014）では、個人の中に別々の言語が独立して存在しているのではなく、複数の言語リソースが一つのシステムとして存在しているととらえられています。会話内で複数の言語リソースの中からことばを柔軟に使用する様子が観察・記述されています。こうした新たなとらえ方は、どちらかが主であり副であるといった考え方や優劣から抜け出し、「話者の能動的なことばの使用そのもの」に注目することを可能にしています。こうした考えに触れるにつれ、自分の語学コンプレックスが社会的に作られた呪いのように感じ、「呪いなら、解けるかも？」思えるようになりました。また、「概念」についても、「そもそも○○とは何か？」「そうした見方をすることで、見えなくなるものはないか？」と、丁寧に考える大切さも学びました。

3.2　会話分析──共に創る「何者であるか」

　博士課程在籍中、大学で日本語を教え始め、幸運なことに「学びたい！調べたい！」と思うことに出会えました。ある日、初級クラスの学生 A さん（中国出身）が「バイト先の日本人 B さんと休日によく遊んでいる」と話してくれました。詳しく聞くと、B さんは「関西弁をしゃべる女子高生」でした。それを聞いて衝撃を受けました。A さんは、教室内のやりとりではこちらの質問に回答することも難しいときがあったからです。一体どうやって関西弁をしゃべる女子高生と一日中「友達」をしているのかという興味から、雑談の収録をお願いしました。A さんは、バイト仲間として B さんの他に、C さん（男性・中級話者）がおり、よく 3 人で遊んでいました。この三者の

「雑談による関係構築」に興味を持ち、「友達としてのおしゃべりを可能にしているものは何か」を会話から探ることになりました。

　「雑談　友達」などさまざまなキーワードで検索した論文を読む過程で「会話分析」という研究手法に出会いました。Schegloff（1988）は、当時の発話行為理論の、特に一方の発話のみを注視して結論を導き出すという対象の狭さを指摘しました。シェグロフの事例では、解釈がずれている際に互いに修復が試みられ、解釈のずれは後続の発話があって初めて立ち現れることを記述していました。この「解釈のずれの修復も相互に体系だって行われ、やりとりがそれ自体として成立している」という構造の記述と考え方は、これまで失敗とされてきたものや、失敗の原因をどちらか一方に帰すあり方をとらえ直すものでした。会話分析について調べていると、夏季講習会や、定期的な勉強会（データセッション）があることを知り、不安を感じながらも申し込み、勉強を始めました。

　会話分析によってＡさんたちの振る舞いに注目して見ていくと、初級者のＡさんも、意味がうまく通じないときにさまざまな工夫をしていました。例えば、携帯で画像を見せ合ったり、同郷人Ｃさんを介しておしゃべりを続けたりしていました。さらに、「友達」をしているように見えても、非母語話者のＡさんとＣさんは常に同じような振る舞いで交流しているわけではありません。話題も関わり方もコロコロ変わる中で「何者として会話に参加しているか」を探る何かが必要でした。そこで、Gordon（2003）の、parallel participation and individual turns というターンの応答を参考にしました。例えば、Ａさんの質問にＢさんとＣさんが補完し合いながら連携して答える場面などが該当します。誰の質問に誰がどのように答えるか、連携関係を観察してみると、母語や出身などで固定されているわけではなく、「女性同士」「日頃の役割から〜についてよく知っている人」というような関係が瞬時に立ち現れ、組み変わっていきました。「失敗」も「何者か」も瞬時に立ち現れ、相互に達成されたり、修復されたりする現象を見て、私自身の「何かが足りない学習者」という不安も解消され、「何をしたいか、どうありたいか」に集中できるようになりました。また、日本語母語話者として、「関西弁の女子高生Ｂさんのように話せるだろうか」と自身に問いました。Ｂさんは、モノを含めた状況をうまく活用して Parallel turns を作り出し、友達であることを巧みに達成しているように見えたのです。相手や状況に合わせてあらゆるリソースを使った「知りたいという気持ちが全面に出たやりとり」こそが互いを理解するために必要な相互行為能力だと感じました（会話分析や相互行為能力については本書第5章にも説明があります）。

3.3　お互いに多様な手段を使えるお手伝い
　　　──関係を互いに創っていくために

　これらの経験から、外国語をただの記号として学ぶのではなく「あなたはどんな人か」「リソースを活用してどのように展開できるか」を重視したいと思いました。このような実感を得た大学院時代に『NEJ: A New Approach to Elementary Japanese』（西口，2012）の開発をTAとして間近で見られたのは幸運でした。本教材を使用した授業では、自分が何者であるかを語りながら日本語を身につける様子を身近で学ぶことができました。こうした経験を土台に、「学ぶ人の生活や声を教材に活かしたい」と思い、カリキュラムや教材開発について研究・実践するようになり、仲間とともに雑談による関係構築をめざした教材も開発しました（今田ほか，2021）。

　また、企業の研修を担当したときも「外国人社員の日本語力を上げてほしい」という依頼に対し、「彼らとよくやりとりをする担当者もコミュニケーションについて一緒に考えませんか」と提案し、双方の研修機会をいただけたのも、大学院での学びがあったからだと思います。次節で詳しく説明する、「職場の日本語プロジェクト」では、相互行為は参与者によって共同的に達成されるという考えを基本としていると聞き、今までの学びや経験がつながっていると感じ、飛び込みました。このプロジェクトでは、雇用を考えている事業者の人たちと外国人求職者の人たちが交流を重ね「やりとり」が少しずつスムーズになり、笑顔が増える様子を目にする機会があります。そんなとき、研究のきっかけをくれたAさんたちの楽しいやりとりを思い出します。

4　実践──「職場の日本語Can-do statements」の開発とワークショップ

　現在、「職場の日本語プロジェクト」メンバーとともに、就労を希望する定住外国人と職場をつなぐ実践を行っています。プロジェクトでは、職場で働くすべての人が自身の職場のコミュニケーションのあり方を検討し、よりよい職場環境にしていくためのツールとして「職場の日本語Can-do statement（以下Cds）」を開発しています。

　これまで雇用者も求職者も、職場のコミュニケーションにおいて何が問題なのかわからぬまま不安な気持ちだけが先行し、雇用に結びつかないという現状がありました。また、職場では、コミュニケーション上の齟齬の原因が外国人側に帰され、日本人側の問題は問われぬまま、外国人にのみ変わること（日本語力向上や文化順応）が求められていました。Can-do statementsの能力記述を導入することによって、言語化が難しい職場のコミュニケーションの問題を切り分け、その問題を説明可能なものにす

ることができます。そして働く人々全員の課題として具体化し、解決の糸口を探ることが可能になります。これまでも仕事に関する Can-do statements が開発されていますが（葦原・小野塚, 2014; 厚生労働省, 2020; 西郡, 2019; 宮崎ほか, 2017など）、私たちがめざす職場の日本語 Cds は、以下の特徴を有します。

4.1　職場の能力をどう見るのか —— 相互行為能力という視点

　職場の日本語 Cds の基盤をなすのは、「相互行為は全ての参与者によって共同的に達成される」という見方、つまり相互行為能力に根差した見方です。このような能力観は、私たちが学んできた対話理論、状況的学習理論、会話分析における能力観に通底するものです。これにより、コミュニケーションの齟齬を「失敗」とみなし、原因をどちらか一方に帰すのではなく、双方の努力によって解決可能なものととらえられます。また、環境や配置されたモノとの相互行為を見ることで、リソースの配置を含めた環境の改編も解決方法の選択肢に入れることができます。職場の日本語 Cds では、例えば「指示場面」であれば、「指示の出し手」と「受け手」、二つの Cds を作っています。コミュニケーションの齟齬を「指示の出し手」と「受け手」どちらかの失敗として追及するのではなく、職場の全ての人が、自身のコミュニケーションについて考え、解決法を検討することを可能にするからです。

4.2　どのようにして Can-do を作るのか —— 会話分析による調査と分析

　現場の人自身がコミュニケーションについて検討するには、職場の日本語 Cds が、実情に即したものであり、かつ現場の人の認識のあり方に近いものである必要があります。本プロジェクトでは、会話分析を専門とする研究者が、就労現場の映像をもとにデータセッションを重ね、分析を行っています。会話分析のメンバーが大切にしているのは、現場において生起した発話を会話の連鎖の中でとらえ分析することです。職場の日本語 Cds には、会話分析によってとらえられた相互行為の実相を反映させました（会話分析や相互行為能力については本書第 5 章にも詳しい説明があります）。

表1　指示場面の Cds 項目　「指示の出し手」

指示の出し手		
指示をする前に	1	相手が仕事を頼める状況かどうか適切に確認をすることができる
指示をする	2	相手が理解できる言葉を使って説明することができる
	3	受け手の理解を確認しながら指示を出すことができる
	4	説明が段階的に行える
	5	言語だけではなく、非言語的な手段や実物を有効に使って、説明を行うことができる 　例）実物を示す／作業をやってみせる／身振り
指示がうまくできなかった時	6	（受け手の反応に応じて）指示がわかるように簡略化できる
	7	指示の受け手が、指示を誤解していることに気づき、正しい理解に導くことができる
指示が終わる	8	指示が終わったことが示せる

表2　指示場面の Cds 項目　「指示の受け手」

指示の受け手		
指示を受ける前に	1	自分から相手に対して、援助を申し出ることができる
	2	自分が仕事を受けられる状況かどうか適切に伝えることができる
指示を受ける	3	指示に対して、適宜理解が示せる
	4	全体的な説明と、今すぐしなければいけないことの説明が区別できる
	5	指示されたことを、やってみせることができる
指示が理解できなかった時	6	理解できていないことが示せる
	7	不明点などに対して適切に確認が求められる
指示が終わる	8	指示を受諾したことが示せる

　作成した職場の日本語 Cds が現場の人たちに理解可能なものになっているかを確認するため、就労現場での試用を行いました。そして現場の人の声をもとに Cds を改編しました。このように、職場の日本語 Cds 開発では、①職場における日本語コミュニケーション調査、②会話分析をもとにした Cds の開発、③職場における試用と改編を、一連のサイクルとして行っています。Cds を就労の現場において完成させること、これもまた研究と実践における対話といえます。

4.3　何のために使うのか ── 対話の場を拓く

　私たちがめざすのは、「評価」を目的としない能力指標です。重要なのは、職場のメンバー間の対話の場を創り、改善に向けた方策を見いだしていくことです。そのための方法論として「対話型評価活動」を提案しています。私たちは「対話型評価活動」を、職場の人たち自身が対話を通してコミュニケーションについての気づきを得、さらには改善のための方法を見いだすための活動と定義します。評価「活動」としたのは、あくまでも職場の日本語 Cds を用いた「活動」が「対話」を拓くためのものであることを示し、「評価」だけを自己目的化しないようにするためです。

　では、どうやって職場の日本語 Cds を使って対話の場を作るのか。私たちは、職場のメンバー間の対話を促すため、ワークショップの手法を援用し、コミュニケーションの改善について考え、失敗のその先を話しあう場を創っていきたいと考えています。

5　ワークショップ ── 現場からコミュニケーションを創る試み

5.1　就労支援セミナー ── 共に働く環境を前向きにイメージするために

　ここでは、指示場面の Cds 項目「指示の出し手」（表 1 の 3「受け手の理解を確認しながら指示を出すことができる」）に対応したワークショップ事例をご紹介します。このワークショップは、兵庫県三田市国際交流会の皆さんと協力し、外国人就労者の雇用を検討している事業者・支援者の方に向けた就労支援セミナーにて行われました。

表 3　就労支援セミナーの概要

対象	外国人就労者の雇用を検討している事業者・支援者の方
目的	就労場面で役立つコミュニケーションワークと、外国人就労者の職場の体験談から「共に働ける職場づくり」の具体的なイメージを持ってもらい雇用につなげること
運営	三田市国際交流協会、職場の日本語プロジェクトメンバー
第 1 部	ワーク：就労場面で役立つワーク "推測力を高めよう！"
	① 指示のやりとりで発生した「繰り返し場面」をみて、コミュニケーション課題について参加者同士で話しあう ② ①で出された課題について、課題解決のためのアイデアを出す ③ ②で出されたアイデアを共有して意見交換を行う
第 2 部	職場の体験談を聞こう！ 日本で就労経験のある方を招き、働こうと思った理由、仕事の見つけ方、仕事を始めた頃困ったこと、困ったことがあったときの解決法、働き方や考え方の違い、やりがいなどを聞く
	全体意見交換

このセミナーの狙いは、就労場面で役立つコミュニケーションワークと外国人就労者の職場の体験談から「共に働ける職場づくり」の具体的かつ前向きなイメージを持ってもらい、将来の雇用に繋げることです。第1部「就労場面で役立つワーク"推測力を高めよう！"」と第2部「職場の体験談を聞こう！」に分けて行われました。7事業・団体12名の方が参加しました。セミナーの概要は表3のとおりです。

5.2　よりよい指示場面について双方向から考える

　第一部のワーク「推測力を高めよう！」は、指示者側からの働きかけに関するワークが少ないという問題意識から作成しました。このワークでは、「説明したのに、できていない」といったコミュニケーショントラブルは、受け手だけの問題なのかを考え、解決に向けての具体的なアイデアを出してもらいました。ワークで取り上げたのは、実際の職場のデータでも観察された、指示の一部を受け手が繰り返す場面です。「これ、冷蔵のとそうじゃないのと分けて並べてください」という指示に対し、受け手が「冷蔵…？」と繰り返す場面です（図1）。

　ワークでは、まず指示の受け手がなぜ繰り返しているのか、困りごとの要因を広く考えてもらいます。その後、それらを解決する手法としてどのようなことが考えられるか、相互理解につながるアイデアを参加者で話し合いました。

　まず、繰り返しについての可能性として、指示の受け手と出し手双方の要因が挙げられました。指示の受け手が「冷蔵」の意味がわからない、「冷蔵・冷凍」の両方を知っているために確認したいなど、理解にも幅があることが指摘されました。指示の出し手側の要因としては、声の大きさや話すスピード、指示詞の使い方などが挙げられました。さらに、周囲の騒がしさなど環境についても言及されました。

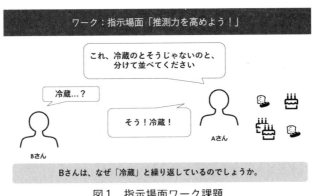

図1　指示場面ワーク課題

　次に、相互の理解を助けるためのアイデアを挙げてもらいました。アイデアは、二者間のやりとりに焦点を当てたものと、モノを含めた環境に焦点を当てたものに分けられました。二者間のやりとりに関するアイデアは、冷蔵・冷凍の意味は家庭でも入れるものを例に挙げる、実演する、相手の表情や行動などをよく観察するなどです。モノや環境に関するアイデアは、ホワイトボードを使う、見分けられる目印（シール）を商品に貼る、何度も聞き返しやすい職場の雰囲気を作るなどが挙げられました。

　実際の状況では、これほど多様な解釈が必要な場面はないかもしれませんが、まずは失敗の原因を早期に一つに決めつけてしまわないためにも想像するトレーニングが必要です。また、これまで限られたターンのやりとりで「失敗」とみなされていた現象を、お互いに試行錯誤しながら解決可能なものとしてとらえ直すことが大切です。本ワークでは、現場を想定した具体的な解決方法を考えてもらったため、表現だけでなく、リソースの配置手段・方法を含めた環境の改編も解決方法として共有できました。

5.3　働く場を共に創るために

　第2部では、日本で就労経験のある方を招き、働こうと思った理由、仕事の見つけ方、仕事を始めた頃困ったこと、困ったときの解決法、働き方や考え方の違い、仕事をしていてよかったと思うことなどを話してもらいました。ワーク「推測力を高めよう！」のような具体的な場面から考えられる解決方法について話しあうことも大切ですが、一方で、「生活・人生の中で、日本で働くということがどのように位置付けられているか」を互いに知るための対話機会や、双方の出会いの機会も積極的に創出していく必要があります。この就労支援セミナーのポイントは、共に働くための快適な場づくりを「双方」が行うものであるという気づきを得ることです。ワークでは、職場での経験を踏まえてアイデアを出してもらうため、それぞれの現場を想定した意見が出ます。その過程で、ことばだけでなく、モノや空間を利用した方法も参加者から挙げられます。就労経験者の苦労した点や乗り越え方についても同様で、人だけでなくモノや環境に関するエピソードも語られます。このような個人の経験を踏まえつつ対話を通じて解決方法を探るプロセスは、双方が現場でできる小さなことを増やせるのではと期待しています。

　本実践は、私たちが何か正解を持っていてそれを伝えるのではなく、現場の人々が互いに経験からストーリーやアイデアを持ち寄り互いに創っていくことで成り立っています。それは、こうした場を提供する私たち自身にも対話力が必要となります。

6　プロジェクトであることの意味——研究と実践のダイアローグ

　ここまで、私たちの大学院での学びと、現在の職場の日本語プロジェクトの実践に
つながる経験をお話し、職場の日本語プロジェクトの実践についてご紹介しました。

　職場の日本語プロジェクトは、多様な背景を持ったメンバーで構成されています。
現在のメンバーは会話分析やフィールド調査を専門とする研究者、外国人支援団体で
活動してきた人、日本語教師などです。また、現在、国際交流協会の方や、他の外国
人支援団体の方と協力して、定住外国人のための就労セミナーを実施しています。こ
のようにして、さまざまな分野や立場の異なる方と協働する機会を増やしています。

　協働というと、よいイメージを持つ方が多いかもしれません。協働ということばか
ら想起されるのは、そこから生まれる相乗効果や、好循環といったイメージではない
でしょうか。しかし、関わる人が増え、専門領域や立場が異なれば、それだけ見方や
価値観も多様になり、認識のズレや矛盾、葛藤が生じることも多くなります。

　おそらくプロジェクトがプロジェクトである意味はそこにあります。つまり、多様
な背景を持った人と共に動き、お互いの立ち位置を確認し合いながら答えを探ってい
くこと、それ自体がすでに対話なのです。そこで生じるズレや矛盾、葛藤は決して忌
むものではなく、対話を生み出す源泉です。バフチンは、複数の声や意識が互いにか
らみ合いながらも、それぞれ独立性を保ちながら存在する状態を「ポリフォニー
(polyphony)」ということばで説明しています（バフチン, 1984/1995, p.15、第 1
章参照）。研究と実践との境界に身をおき、多様なメンバーと対話すること、就労現場
の人々との対話を続けること、そこに現われる複数の声（自身との内的対話も含む）
に向き合い続けること、それが研究者かつ実践者である私たちの役割であり、そこに
いる意味なのかもしれません。

　社会も現場もこれまでにない急速なスピードで変化し、変化を前提に現場を見続け
なければなりません。そのような変化を楽しみつつ、自分自身を更新し続けていきた
いと考えています。矛盾や葛藤を越えて協働することから価値を発見し、新たな価値
を生み出すこと、それもまた私たちにとっての研究の場と実践の場のダイアローグの
意味なのだろうと思います。

謝辞

　職場の日本語プロジェクトは、第 5 章執筆者森本郁代さんはじめ 7 名のプロジェク
トメンバーとともに進めているプロジェクトです。本研究は、JSPS 科研費課題番号
17K02795、21K00610 の助成を受けたものです。

ディスカッション課題

1　今までのあなた自身の言語学習の経験を振り返ってみてください（母語習得、教室での言語学習（習得）、生活の中の言語学習（習得）など）。その自分の学習経験を、教育実践や研究に活かすとしたら、どのように活かすことができるでしょうか。

2　職場における雑談にはどのような役割があると思いますか。また、雑談をするには双方にどのような能力が必要だと思いますか。思いつくものをできるだけたくさん挙げてみてください。次に、その能力を分類してみてください。

3　ことばの能力の変化や学習を個人の内側で起こるものととらえるのではなく、人と人、人とことば、環境との関係性において起こるものと見ることで、能力や学習を見る視点はどのように変わるでしょうか。

4　能力指標が、社会が求める特定の知識や技能を持った人材を生み出すためのツールになっていたり、社会にとって「役に立つ」人とそうではない人を区別したりするためのツールになってしまうという危険性もあります。あなたの身の回りでそのような事例がないか探してみてください。また、問題を乗り越えるためにどのようなことができるか考えてみてください。

さらに学ぶための参考図書・資料

岡部大介（2021）『ファンカルチャーのデザイン』共立出版.

多和田葉子（2012）『エクソフォニー　母語の外へ出る旅』岩波現代文庫.

Gergen, K. J. (2011). *Relational being: Beyond self and community*. Oxford University Press. ガーゲン, K. J.（2020）鮫島輝美・東村知子（訳）『関係からはじまる―社会構成主義がひらく人間観―』ナカニシヤ出版.

Goodman, D. J. (2011). *Promoting diversity and social justice: Educating people from privileged groups*. Routledge. グッドマン, D. J.（2017）出口真紀子（監訳），田辺希久子（訳）『真のダイバーシティをめざして―特権に無自覚なマジョリティのための社会的公正教育―』上智大学出版.

Illich, I. (1973). *Tools for conviviality*. Harper & Row. イリイチ, I（2015）渡辺京二・渡辺梨佐（訳）『コンヴィヴィアリティのための道具』ちくま学芸文庫.

Wertsch, J. V. (1988). *Mind as action*. Oxford University Press. ワーチ, J. V.（2002）佐藤公治・黒須俊夫・上村佳世子・田島信元・石橋由美（訳）『行為としての心』北大路書房.

第13章

多文化共生のまちづくり

国際交流協会、行政、研究の対話から

山野上隆史

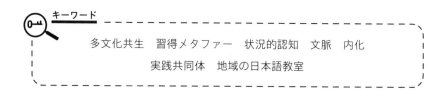

キーワード

多文化共生　習得メタファー　状況的認知　文脈　内化

実践共同体　地域の日本語教室

1　今の実践

　私は今、大阪府豊中市にある公益財団法人とよなか国際交流協会（以下とよなか国流）で働いています。今はもっぱら実践に取り組んでおり、私が研究に携わっていたのは大学院に在籍していた7年間程度に限られます。研究に携わっていた期間が短く、経験も限られますが、実践者としての立場から実践と研究のダイアローグについて考えたことを書きたいと思います。

　私の実践現場である豊中市は大阪府の北部にあります。人口は約四十万人、そのうち外国人は約7,000人で、アジアにつながりのある外国人が約9割を占めます。とよなか国流は1993年に市の予算で設立された財団法人で、「市民の主体的で広範な参加により、人権尊重を基調とした国際交流活動を地域から進め、世界とつながる多文化共生の社会をつくる」という理念を掲げて活動をしています（牧里, 2019）。

　とよなか国流は、阪急豊中駅前にある豊中市立とよなか国際交流センターの指定管理者として、施設の運営および事業の実施をしており、多言語相談サービスや日本語交流活動、子ども・若者支援事業など、約30の事業を約400人の市民と共に運営しています。また、市民と共に事業を運営するだけでなく、行政や学校、NPOなどとも

連携し、多文化共生のまちづくりに取り組んでいます。

　「多文化共生のまちづくり」という言葉は少しイメージが湧きにくいかもしれませんが、とよなか国流では外国人の支援、地域の国際理解を進めることで、出身や言葉、文化などの多様性を大切にし、誰もが暮らしやすい地域になるように日々業務に取り組んでいます。とよなか国流、ボランティア、市役所の担当課が力を合わせて取り組むことはもちろん、より多くの（理想は全ての）部署、組織・団体、人に地域に外国人が暮らしていることを知ってもらい、外国人だからという理由で差別されたり、排除されたりすることなく安全・安心して暮らせるようにしたいと思っています。

　外国人が日本で生活する際、よく法の壁、言葉の壁、心の壁にぶつかると言われますが、そのうちの言葉の壁、コミュニケーションの壁に関する事業として、日本語交流活動を週7回（うち2回は市内の公民館などで）実施しています[1]。そのいずれも市民ボランティアとともに運営しており、参加ボランティアの数は100人を超えます。「日本語交流活動」という言葉は聞き慣れないかもしれませんが、外国人が日本語を学ぶことだけを意図した活動ではなく、日本語でのコミュニケーションを通じて外国人が地域で暮らす日本人と出会ったり、外国人同士が出会ったり、友達を作ったり、地域の生活情報を得たり、困りごとを相談したり、日本語交流活動自体が居場所になったり、あるいは日本語交流活動以外の必要なサポートにつなぐ窓口になったり…など、偶発的なことも含めて、日本語を使って活動をしながら、人と人が出会い、つながることが大事だという思いを込めて付けている名称です。また、外国人が市民ボランティアとつながることの意味は大きく、いざというときのセーフティネットとして機能することも少なくありません。もちろん、活動を通じてボランティア側が学ぶこともたくさんあります。

　また、外国人ママと子どもを対象とした日本語交流活動として、市内3か所の図書館でも「おやこでにほんご」という活動を行っています。これは外国人だけでなく、ボランティアも参加するのは子育て中のママに限定しており、ピア（同じような立場）を生かした場づくりをしています。

　こういったボランティア活動を事業として成立させるために、事業の担当職員はボランティアの養成講座やフォローアップ講座のほか、ボランティアとのミーティングに参加したり、広報を行ったり、市役所の担当部署などに活動状況や成果の報告を行ったりしています。また、行政職員や学校教員、大学生や地域の小学生などの視察の受

---

1)　そのほか、市民グループが自主的に行っている活動が週4回あります。日本語交流活動を含め、とよなか国際交流協会の取り組みについてはHP（https://www.a-atoms.info/index.php）をご覧ください。

け入れも行います。

　上記の日本語交流活動は主に大人を対象とした活動ですが、子どもを対象とした日本語教育として、教育委員会が行う初期指導の教室のほか、教科学習につなげる日本語指導をとよなか JSL というボランティアグループと共に行っています。

　私は事務局長という立場にあるので、直接事業の運営を行うわけではありませんが、日本語交流活動の担当職員が動きやすいように後方支援（情報提供や助言など）を行ったり、市や議会との関係作りなど外部との調整を行っています。

2　研究との出会い

　そもそも私が日本語教育について知ったのは高校生のときです。それまで漠然と中学校か高校の教員になりたいと思っていましたが、何の教科を専攻するか、決めかねていました。そんなとき、ひょんなことから「国際」をキーワードに進路について考えることとなり、たまたま見つけたのが日本語教師という仕事でした。仕事の内容について具体的なイメージがあるわけではなく、「日本語教師になれば世界中で仕事ができて楽しそう」という程度でしたが、大学で日本語教育について学び、留学生と交流する中で徐々に日本語を教えることに楽しさを感じていきました。

　大学卒業後、そのまま大学院に進学しました。入学当初は「効果的・効率的に日本語を教えて、外国人が日本で幸せに暮らせるようにしたい。教え方を極めたい」と思っていました。ところが、大学院では「日本語を学習するとはどういうことか、そもそも学ぶとはどういうことか」といったことが議論されていました。最初は戸惑いもありましたが、「いい教え方を開発したい」という教師目線での考え方から、学習者の立場から学習について考える、大きな転換点になりました。それまでは「いい教え方をすれば、学習者の日本語は（自動的に）上手になるもんだ」ぐらいに思っていたところがありましたが、実際はそんなことはなく、教室の中で教師と学習者の間で何が起きているのか、そもそも学びをどう捉えるか、さまざまな角度から考えるようになりました。

　その「学び」について、大学院では個人と社会文化的な状況・文脈の関係から学習を捉え直すということに取り組んでいました。従来の学習観では習得メタファー、つまり学習とは「個人が」「客観的に存在する何か」を習得することであると考えられてきましたが、例えば、認知心理学の「状況的認知」という分野においては、学習は学習者個人にのみ注目していても解明できるようなものではなく、学習者を含め、その場で一緒に活動している人々や、そこに配置されている道具や記号などが、一つのシ

ステムとしてうまく組織される過程や様子を取り上げることが必要であり、人の認知や学習は文脈を抜きに語ることができないと主張しています。例えば、ゼミでも仕事でも何でもいいのですが、1人でプレゼンをする場面を思い浮かべてみてください。その人のパフォーマンスはその人の能力によって全てが規定されるか…というとそうではありません。使い慣れたパソコンでいつも使っているソフトが使えるかどうか、マイクのあるなしや会場の環境、聴衆の反応などさまざまな要因が絡んでパフォーマンスは成立します。質疑応答もとても嫌らしい質問が出てうまく返せなければ「できない人」に見えるし、うまく話を深めてくれる質問が出れば「できる人」に見えていきます。人の認知や学習は文脈と切りはなして語ることはできないのです。

　また、文脈の捉え方にしてもさまざまな次元があります。他者に注目した研究では、例えば子どもが高次精神機能（随意的注意、論理的記憶、概念形成、意志など）を獲得していく過程について、最初は大人など「より有能な他者」の援助を受けて協働的に達成されていたものが、徐々に大人が担っていた役割を自分で行うようになり、最終的に1人でできるようになる内化（internalization）の過程を学習として描き出しています。さらに、それら内化の過程は社会文化的に構成された道具や記号によって媒介されていることを描き、子どもが生物学的にだけでなく、社会文化的に成熟した存在になっていく過程を捉えています。

　また、学習の文脈として実践共同体を取り上げている研究もあります。実践共同体とは、個々人が自分の従事している行為のやり方と意味を共有し、すでに編み出された資源をレパートリーとして使いながら実践を遂行していく人の集団のことですが、その実践の共同体への参加の過程を通して、実践に関する知識やスキルを身に付けていくこと、知識やスキルだけでなくアイデンティティがどのように変化していくかということを記述しています。全人格的な変容のプロセスとして学びを捉えるのです（本書第12章参照）。

　さらに、人々が関わる実践共同体は一つではなく、複数の実践共同体を行き来しながら知識や経験を積み重ね、越境しながら日々暮らしていることが言われています。その間でうまく調整がつくこともあれば、矛盾を来すようなこともあります。全人格的な学びは単線的なものではなく、葛藤や調整をはらんだものとして描かれます。

　学習を個人のみに注目して考えていた頃は、日本語教育についても文法などの学習項目をどう説明し、学習者の頭の中に知識・情報をインプットするかという発想で考えていましたが、個人とその文脈を切り離さずに考えることが大きく視野を広げてくれました。教室で誰と誰がどう関わるのか、相互行為の中で用いられるリソースはどのように配置すれば学びにつながりやすいかといった場のデザインという切り口で学

習を捉えるようになりました。また、教室だけでなく、外の世界との関係も見ないといけないのではないかと思うようになりました。

　「上手に教えられる、いい教師になりたい」という素朴な思いは、研究で学んだことを受け、「学習者の学びは社会文化的文脈と切り離すことなく捉えないといけない」「学習者の学びをどう支えるか、教師の指導はそもそも役に立っているのか、役に立っているとするならば、どのように役に立っているのか」に変わっていきました。研究によって、自分の立ち位置が変わり、視野が広くなった気持ちでいました。

3　多様な外国人との出会い

　大学、大学院で私が出会う外国人は基本的に留学生に限られていたのですが、大学院に入ってしばらくした後、今の職場であるとよなか国流の日本語交流活動でボランティアを始めることになりました。当時はぼんやりと、地域で暮らす外国人も日本語ができるようになったら、日本で幸せに暮らせるようになるかな…程度の認識しかなく、駆け出しではあるものの「日本語教育の専門家としての知見が何か役に立つのではないか」「大学院で学んでいる学習論がボランティア活動のやり方を考える上で役に立つのではないか」という期待、さらには使命感をもっての参加でしたが、実際の現場は私が想像していたものと全く異なりました。

　参加者の中には留学生もいましたが、その家族として来日した人、仕事で来日した人、国際結婚で来日した人など、これまで私が出会ってこなかった人たちばかりでした。年齢も親に連れられてくる2歳の子どもから70代まで幅広く、出身も来日の目的も来日のタイミングも本当にさまざまでした。

　多くの人は「日本語が上手になりたい」と思っているのですが、なぜ上手になりたいのか、その理由は本当にさまざまでした。仕事で必要、国際結婚で家での会話が日本語、学校のお手紙が読めるようになりたい、地域の人と話したい、友達が欲しい、小学校で子どもたちに日本語でいろいろなことを教えてあげたい、日本語ができないと自分の子どもにバカにされる、日本語ができないので排除される、仕事で解雇されたので仕事に就けるように日本語を勉強したいなど。また、自分の今の状況にしんどさや苦しさを感じている人、生活がとても厳しい人もいますし、暴力・暴言やいじめの話も頻繁に出てきます。外国ルーツの子どもを集めて行った、とあるワークショップで講師の「いじめられたことがある人？」という問いかけに、ほぼ全員が静かに手を挙げたシーンは今も忘れられません。「あなたはこれができない」「わかっていない」「あれしなさい」「これしなさい」とたくさん日本語で言われるけど、「自分の話を聞い

てくれるのはここだけです」という人も少なくなかったです。自分の知っている日本語教育は極めて限られた部分の話であったと気付かされました。

　地域の日本語教室がどうあるべきか、さまざまな意見がありますが、地域で暮らす外国人の現状を踏まえると、また、地域の日本語教室が多文化共生社会のまちづくりを目指すものであるとするならば、日本語を学びたいということ以外にも外国人の多様なニーズや想い、しかも自分らしく生きたいというごくごく普通の願いが、切実な形で流れ込んでくるという現実から何を目指すかという議論をしなければならないと思います。

　また、多様なニーズや想いに寄り添おうと、いろいろな声を聞く中で、外国人の生活は在留資格に大きく規定されてしまうこと、外国人に対する偏見・差別の意識が日本社会に根深く存在することなどもわかり、個々の現場が頑張って日本語を教え、日本語が上手になっても幸せに暮らせるとは限らない、より大きな課題の存在について、リアルに感じるようになりました。学習者の声からは、単純労働者として酷使される、景気が悪くなったり都合が悪くなると解雇されたり、帰国させられる、外国人だからということで地域社会からはじかれる、遠巻きに観察される、言葉や見た目、文化の違いによっていじめられる、出入国管理及び難民認定法によりしっかり管理はされるが権利は保障されないなど、社会の中で外国人がどのように扱われ、位置付けられているか、社会構造がそもそもゆがんでいるのではないかということが見えてきました。

　外国人一人ひとりに対する支援を充実させることだけでなく、その社会文化的文脈としての国の制度や社会全体の外国人の受け止め方を変えていかなければ、多文化共生を目指して日本語教育を行ったとしても、地域で暮らす外国人が幸せに暮らせるようになるとは限らないということを思い知らされました。

　このように外国人一人ひとりの声の中にも在留管理制度や日本社会における外国人の受け止められ方などのゆがみが深く絡んでいることを実感し、大学院で学んだ個人や学習を社会文化的な文脈と切り離さずに捉えるということがよりリアルに感じるようになりました。個人と社会は切り離されるものではなく、個人の学びや生活状況から社会が透けて見えますし、逆に社会文化的文脈を通して個人の置かれている状況を説明することができると確信するようになりました。この頃、外国人に対する日本語学習の機会の提供が十分ではないにもかかわらず、在留資格の更新に一定の日本語能力を要件として課すことの是非が新聞などのメディアでも報じられており、日本社会に都合よく使われ、日本語ができないから切り捨てられる人が増えるのではないかという危機感を抱いていました。

　だからこそ、多文化共生のまちづくりを目指して現場で取り組むだけでなく、一人

一人の学びやよりよい生活を実現するためには、より大きな文脈から変えないといけないと強く思うようになりました。

4　実践の現場から施策の企画立案の現場へ

そのころ、文化庁で日本語教育担当職員の公募が出され、応募したところ採用され、2009年4月から文化庁で日本語教育専門職として仕事を始めることになりました。

個々の日本語教室にとって社会文化的文脈に当たる「国の施策の部分に関与できる、そこを変えることができれば、多文化共生のまちづくりを大きく後押しできる」と思っていました。研究やとよなか国流での実践から、個人と社会はつながっていると実感していましたし、多文化共生に関してその根っこから変えていきたいということを思っての転職でした。

また、その頃は、国の取り組みがなかなか進まない、外国人の実態を反映したものにならないのは「国が現場の状況を全然わかっていないからであり、そこを埋めるのが私の役割だ」「現場のことを知っている人間が入れば国の施策も進むはずだ」と思っていました。が、もちろん、現実は全く、そんな簡単な話ではありませんでした。

文化庁に入って最初に驚いたのは、担当課の職員は日本語教育に対する知識や情報量も多く、意識も高く、その必要性を強く感じていたことです。当時、「生活者としての外国人」のための日本語教育事業[2] や難民に対する日本語教育、文化審議会国語分科会日本語教育小委員会での「生活者としての外国人」に対する日本語教育の内容・方法に関する議論など、文化庁としては積極的に日本語教育施策を進めていました。

一方で、予算や権限が限られ、担当職員も少ないことから、施策としてできることは限られていました。現場の状況やニーズは一定程度把握しており、施策も進めているものの、現場のニーズに見合っただけの施策を進めることはできていないという状況でした。また、そういった国の状況もあってか、都道府県や自治体による日本語教育の取り組み状況の格差は大きく、日本語教育を受けたくても自分の住んでいる市町村に通えるところがないという外国人は60万人を超えていました。

そういった状況を改善するために、より多くの人に日本語教育の必要性、重要性を理解してもらうこと、その結果として人や予算を多く投入してもらう必要がありましたが、実態はなかなか変えられませんでした。文化庁の中に限らず、関係省庁に対し

---

2)　自治体やNPOなどに対して、日本語教室設置、教材作成、人材育成などのプログラムを委託して実施するもの。

て、国会議員など政治家に対して、産業界に対して、地方自治体に対して、日本語教育の必要性や重要性を説明し、アピールする機会は少なくありませんでしたが、「日本語教育が大事だ」というところまでは伝わるものの、「どの程度優先すべきことなのか、それをすることでどういった効果が得られるのか」といったことはうまく伝えられず、私の感覚としては、思ったほどには日本語教育を広げることはできませんでした。

　省庁全体で人や予算には限りがあり、ある取り組みに優先して回すようにするということは、他の事業に充てられていた人や予算を削るということになります。地域で生活する外国人に対して日本語教育を実施することは大事というところまでは割と簡単に話が進むのですが、それはどの程度の人と予算をかければ、どの程度効果が出るのか、それが地域社会や日本社会全体にとってどういった意義があるのか、今、どの程度必要なのか等々、それらの素朴で一般的な質問に答え、他の文化芸術の振興や伝統文化の保持など、文化庁内での他の分野との人や予算の獲得合戦に勝ち残るために十分なデータや研究成果が私の所属している課にはありませんでした。

　現場の実践の実績や効果について、論理的、客観的にわかりやすく説明し、日本語教育について関心がない、必要性や重要性を感じていない人にも伝えていく資料を作ることができなかったのです。施策を進めるために、どのような調査研究を行い、どのような根拠を作るか、改めて調査研究の果たす役割の大きさを痛感しました[3]。

　また、文化庁で働くまでは、国というものを、各地域で行われる現場の実践を遠くで取り囲むものとしてしか見ていませんでしたが、国で働くことを通して、さまざまな事業報告や要望書、調査研究の結果などを資料として使い、すでに行われている法律や制度や施策との整合性も取りながら、職員のみならず、大学などの有識者や議員、関連する他省庁、産業界など多様な人・セクターとの絡みの中で施策について議論を行い、進めていくという国の仕事自体が一つの実践であると思うようになりました。

　その実践の中で、調査研究の成果は組織や立場を越えて、現実世界の見方、解釈の仕方を示し、議論のための共通の土台・認識基盤を作ることができると感じるようになりました。また、そういった共通の土台・認識基盤がない中での議論は多様な人・セクターの間での綱引きや力関係の影響を受けやすいということが次第にわかっていきました。さまざまな施策を合理的に透明性を持って進めていくためにも、調査研究が果たす役割は大きいですし、調査研究によって議論のための土台・基盤を作ること

3）当時、日本語教育の推進に関して議論されていた論点やそれに関する意見やデータ（当時、施策の検討の際に参考にすることができると思われたもの）などについては、文化庁（2013; 2014）があります。

ができてこそ、多様な人・セクターの持っている資源や想いを活かし、施策を進める
ための建設的な議論ができるようになると感じるようになりました。また、調査研究
にもとづく共通の土台・認識の基盤があってこそ、実際に現場に関わっていない人、
専門家ではない人でも日本語教育の必要性や効果、重要性について理解できるだけで
なく、根拠を持って説明できるようになる、そのことで初めて施策が広がりを見せて
いくと思います。

　国もある意味、一つの実践現場であり、固有の社会文化的文脈の中で動くため、調
査研究による成果が十分に手元にない中では、施策は多様な人・セクターの間での綱
引きや力関係と無縁ではありません。そのため、全国各地域で行われている日本語教
室のニーズや想いがそのままストレートに施策に反映されているわけではありません[4]。
必要とされている施策が十分に用意できない、現場が求めていることと少し内容が違
うといったことも多かったです。そういった状況の中、全国各地で施策説明や講演を
行う際、国の取り組みや状況について歯がゆい思いを持ちつつも「国も頑張っている
けど、なかなか簡単に進まないこともあるんです。どうしても時間がかかってしまう
こともあるので、現場でも今ある資源を使ってうまく頑張ってください。」と言ってし
まう自分に「現場に対して、そんなことを言うために国で仕事をしようと思ったんだっ
たっけ？現場に対して何とか頑張ってくださいって言うばっかりじゃなく、また頑張っ
てみるか」という思いから、2016 年から再度、とよなか国流で仕事をすることにし
ました[5]。

5　多様な実践をつないで進めるために

　こういった経緯があり、再度、とよなか国流で仕事をするようになりました。初回
はとにかく右も左もわからず、明日のことも見えないけど、目の前のことに没頭する
という感じでしたが、2 回目は初回に比べると落ち着きも余裕も出てきました。国の
実践の経験を経て、事業に直接参加する人だけでなく、市役所や議会、地域の市民活
動や福祉や関係団体などさまざまなセクターとしっかりと関係を作って、多文化共生

---

4)　反映されるかどうか以前に、そもそも声が届いているのかといったことも綱引きや力関係に左右されま
　　す。こういった綱引きや力関係により施策が左右されるということは、国レベルに限った話ではなく、
　　地域から国まで全ての次元で起きていることだと思います。また、日本語教育の分野に限った話でもな
　　いと思います。
5)　私の退職後は日本語教育の推進に関する法律が制定されるなど、日本語教育に関する国の取り組みは
　　しっかりと進んでいます。現在の取り組みについては、文化庁の HP（https://www.bunka.go.jp/
　　seisaku/kokugo_nihongo/kyoiku/）をご覧ください。

のまちづくりを広げていこうと思い、日々仕事をしています。

　しかし、国で働いていたときと同じように「このことが説明できるようになりたい」「これがわかったらいろいろと判断できるのに、それがわからない」「これが言えたらもっと進められるのに…」と思うことがいくつもあります。特に地域の日本語教育に関連する事柄を挙げると以下のようなものです。

- 地域で暮らしている外国人はどの程度日本語ができるのか。どの程度、日本語学習経験があり、日本語学習に関してどういった希望を持っているか。［ニーズに関する基本的な情報がない］
- 地域で暮らす外国人がどうやって日本語教室のことを知るのか。また、足を運ぼうと思うのか。情報提供やつながり方にどういった工夫がありうるか。［周知広報の実態およびその効果がはっきりしていない］
- 日本語教室に参加する学習者について、入れ替わりが早いが、それは地域や社会全体の外国人の構成などの変化により生じたものか、当該地域での情報の流れ方の変化によるものか。［地域全体の外国人の動向と日本語教室への参加の動向に関連があるのかどうかがわからない］
- 個々の学習者にとって日本語学習や日本語教室への参加はどのような意味を持つのか。また、継続的に日本語学習を続けることが難しい人がいるが、それは仕事や生活状況の変化によるものか、日本語教室が合わなかったからか。［日本語教室の教室プログラムや実施時間や体制の変更が必要なのかどうかがわかりにくい］
- 日本語教育機関のように学習者の目的が一定程度そろっているわけではないので、個人個人のニーズの把握が難しい。さらにどこまで多様で広がりを持つニーズに応えていくのか、日本語教室に参加する学習者は日本語学習を求めているのか、それ以外のことを求めているのか、そのバランスなども含めて、対応が難しい。外国人が感じている言葉の壁は実際に言葉だけによるものか。［活動形態、運営方法、プログラムの内容の適切さをどのように判断するか］
- そもそも、日本語教室を設置するねらい、目的をどう設定するか。日本語教室について、日本語学習だけでなく、居場所や交流、生活情報の収集、相談など多様な役割が求められることがあるが、それらの多様な役割をどう整理することができるか。それらはどちらかを選択しないといけないようなものなのか。［役割分担をどういう考えにより合理的に説明することができるか］
- 日本語教室は誰が主体となって設置されるべきか。誰が主体となって運営する

のか。行政なのか、外国人を雇用している事業者なのか、市民なのか。それとも多様な主体による協働が適当なのか。また、適切な主体や協働先がないときに、どうすればよいか。[担い手をどうするか]

- 地域で日本語教室を開設し、実施することにどういった効果があるか。日本語能力はどう変わるのか。日本語能力以外に効果はあるか。それはどう示されるのか。実施体制や運営方法、プログラムによってそれらはどう変わるのか。[日本語教育の意義や効果をどのように根拠を持って説明するか]
- 日本語教育のプログラムを実施する人材をどのように確保するか。[人材確保]
- 自治体によって多文化共生のまちづくりや日本語教育について、取り組みの温度差が激しい。どうすれば取り組みに積極的ではない自治体でも進めることができるか。また、受益者負担や自己責任といった考え方、行政が実施する日本語教室では、住んでいる地域によって参加できる教室が限られる場合などがあるが、どう整理するか。[日本語教育を行政施策として扱う場合に整理すべきこと]

　ここで取り上げたものが、課題を網羅しているわけではありませんし、国や研究者などによっても調査研究はいろいろと進められています。ただ、自分が現場に関わっている中で、また他の地域で日本語教室の運営に携わっている人と意見交換をする中で、しばしばこういった課題を耳にします。現場一人ひとりはそれぞれの問いに対する考えや意見を持っていることが多いです。肌感覚として、「こうだ」と言えるものがないわけではありません。ただ、根拠を持って、十分に説明できる状況ではないところが多いと思います。

　そのため、例えば、外国人のニーズに気付いた市民が自主的に日本語教室を始めることはできても、自治体において日本語教育を施策として進めるのは難しい現実があります。十分な根拠があるわけではないので、施策が実現するかどうかは、施策を担当する市役所の担当者が現場の話をよく聞いてくれるかどうか、伝えたい話が市役所の担当者の感覚と合うかどうか、ちゃんと理解してくれるか…それら全部まとめて担当者に「いい人」が来てくれるかどうかといった要素に大きく左右されるという状況があると思います。当然、市の担当者だけでなく、行政や議会、事業者…などでも同じような事態になります。

　現場で活動している人も多様な切り口から、実例を交えて、説明、説得を試みますが、そんなときに「研究成果があれば、理解が進むのにな」と思うことは少なくありません。自分が思ったこと、考えたことではなく、自分ではない誰かが所定の手続き

を踏んで、明らかにしてくれたこと、根拠を持って説明してくれていることはとても大きな武器になります。

　また、研究成果は現場そのものに対しても、視界をすっきりさせるという点で大きく貢献できると思います。個々の現場はそれぞれの社会文化的文脈…と言えば聞こえはいいですが、さまざまなしがらみの中でがんじがらめになっていて、何から解きほぐしてどう進めばいいか、こんがらがっていることがあります。「長年、この曜日のこの時間帯にこの場所でやっている。変えたくても、場所が確保できるかどうかわからないし、そもそも学習者が来てくれるかわからない。教材や活動内容を変えると新しいものに慣れるまで大変。みんな、この時間に合わせて来てくれているし…」等々、現場での人間関係や取り組みの歴史、関係機関団体などとの約束や取り決め、地域の期待や視線などさまざまな要素によって、なかなか思い切って改善、改革を進めることが難しい場合もあります。そもそも解決策を考える以前に、何を課題として捉えるかという段階で議論がまとまらない、ハレーションが起きることもあります。

　こういったときに、研究が現場の複雑性を一定の切り口から整理して描く、あるいはある部分を切り取って描くからこそ整理ができる、こんがらがった糸を解きほぐすことができるということがあります。よそから来た研究者には聞いたこともないし、見えない、想像もつかないことがあるからこそ逆に、すっきりとした形で説明ができるのです。もちろん、そういったさまざまな要素が捨象されて説明されることに現場が反発することもあるとは思いますが、捨象するからこそ見えることもあるのではないでしょうか。研究が現実の全てを説明できるわけではないですし、それは到底できない、そもそも求める必要のないことなのだと思いますが、それでも現場が「リアリティ」を感じることができる、自分の見方や感じ方とは違うけれども、説得力やもっともらしさを感じることができる研究はありますし、そういった一つのリアリティをもとに現場を変えていくことができるのではないかと思います。

　実践現場で奮闘している人たちが、自分たちの取り組み状況や内容を客観視し、振り返ることができ、現場をしがらみから解放する研究になれば、次の一歩が踏み出しやすくなるでしょう。それは決して、研究者に答えや正解を教えてほしいという話ではないと思います。研究は現実世界の一つの理解、解釈、説明の方法だと言えると思うのですが、情報量では現場の人たちに勝てない部分があるからこそ、その理解、解釈、説明のキレや深みで勝負をする、その結果が現場をすっきりとさせ、変えていく

といったサイクルがあれば理想的だと思います[6]。

6　コロナ禍における外国人の生活などへの影響に関する調査研究を行って

　豊中市はそれほど大きな自治体ではありませんが、地域によって住んでいる外国人の出身や来日目的などの傾向には違いがあり、近年、特に市の南部で働く外国人の増加が顕著です。とよなか国流では、肌感覚として、市の南部で課題が増えていると感じていましたが、北部に拠点があるとよなか国流では十分にカバーできず、市役所（人権政策課）とも南部展開の必要性について何度となく話をしていました。ただ、なかなか思ったような事業展開はできていませんでした。南部地域に拠点を設けることについて、とよなか国流がもっていたデータを駆使して市役所や市議会議員などに伝えてはいたのですが、それらのデータは断片的なものであり、それでは十分に施策は動かすことができないという状況がありました。そこで逆に市から「どういう結果が得られるか、話がどう転ぶかはわからないが、一緒に調査研究を行って、しっかりしたデータを集めましょう」と提案を受け、調査研究を行うことになりました（豊中市・公益財団法人とよなか国際交流協会, 2022）。

　また、調査研究の実施に先立ち、新型コロナウイルスの感染拡大を受け、豊中市ととよなか国流では2020年4月に多言語情報支援センターを設置して、外国人に対してコロナやコロナの感染拡大防止、生活支援に関する多言語情報の提供を行ってきましたが、その効果の検証を主目的とし、豊中市の地域ごとの状況把握もかねて調査研究を行うこととなりました。

　調査研究の実施に当たっては、とよなか国流、豊中市（人権政策課）以外にも多くの人、機関・団体と共に検討を行いながら、アンケート調査とインタビュー調査を進めました。

- 学識者（榎井縁［大阪大学大学院人間科学研究科附属未来創生センター特任教

---

6) 現場をフィールドにする場合も、現場に対して答えを提供しなければならない、課題に対する解決策を提示しなければならないということはないと思います。また、解決策を提示してはいけないということもないと思います。一つの切り口から提示される解決策などを参考にして、資源として使って、現実の文脈に合わせて、どう解決するかはあくまでも現場の問題だと思います。資源としての解決策ではなく、実際の解決を志向した解決策は現場をしがらみから解放するほどでもないと感じることが多々あります。

授]、高谷幸［東京大学大学院人文社会系研究科准教授］）
- 地域の NPO（多文化共生：NPO 法人国際交流の会とよなか、子ども支援：NPO 法人 ZUTTO 居場所ぐーてん）
- 外国人コミュニティ（Toyonaka Vietamese Association、Hidaya、とよなか国際交流協会中国人グループ、在日本大韓民国民団大阪府豊能支部）
- 豊中青年会議所、社会福祉法人豊中市社会福祉協議会、豊中市在日外国人教育推進協議会
- 豊中市（学校教育課、産業振興課、地域共生課）
- 公益財団法人大阪府国際交流財団
- とよなか都市創造研究所

　また、調査研究に関する第三者評価としての分析（永吉希久子［東京大学社会科学研究所准教授］）も行いました。調査全体のデザインは、とよなか国流と豊中市人権政策課でまず、たたき台を作成しました。現場の活動や行政施策を進める際の課題意識をできるだけ盛り込み、活動や施策の改善につなげられるか考えて作ったベースに、委員それぞれの観点から意見やアイデアをもらって、ブラッシュアップするという流れで行いました。

　調査からは、多言語情報支援センターの発する情報は十分には届いていなかったこと、その理由としては実際に日本語教室に通っている人と通っていない人の間では生活支援に関する制度の利用状況には差が出たこと、社会との接点がどれぐらいあるかにより、支援の利用状況が異なっていたこと、今、政府が積極的に受け入れを行っている若い外国人労働者ほど情報が届きにくく、支援から切り離されている状況があることなど、現場の実践に対する示唆や国に伝えるべきことなど、さまざまなことが見えてきました。何となくぼんやりと肌感覚として持っていたものが、具体的に数字や語りの形になったことで、現状や課題に明確に輪郭が与えられたと感じました。もちろん、この結果を受けて、何をすることが正解か、どうすればいいかを考え、実践するのはこれからになりますが、大きな一歩になったと思います。特に研究者による分析は、肌感覚を越えて、現場で起こっていることを一歩も二歩も深く分析してくれており、まさに豊中市で何が起きているか、その現実の切り取り方、解釈の仕方を提供してくれました。また、現場では関連性が見えていなかったことに対してつながりがあることを示してくれました。

　「市と共に行った」「単にデータを集めただけでなく、研究者に分析および第三者評価を行ってもらった」というのは大きく、多様なセクターと話を進めるときの前提、

基盤になっています。多文化共生と防災や地域福祉をどうつないでいくか、市役所の担当部署との話も少しずつ進めていますが、例えば、防災担当の職員との話では、こちらから状況を説明する前に「実はこういった調査研究があるんです。そこで多くの外国人が地域の避難所について知らないし、防災訓練にも参加したことがないということがわかったので…」と話を切り出されたときには「それはうちがやった調査ですが…」と思いつつも実際に関わっていない人、普段から現場に関わっているわけではない人が拠り所として使っているということに「よしっ！」と思い、改めて施策を進める際の基盤を作る役割の大きさを実感しました。

　また、調査を多様な機関と一緒にやったことも大きく、つながりが深まっています。共に事務局を担った市役所の担当課とは、これまで以上にざっくばらんに話ができるようになりましたし、事細かに説明をしなくても伝わることが増えました。一緒に調査をやって何とか報告書を仕上げたということを通して、そもそも話したらわかってもらえるだろうという期待を双方が持てるようになったことはとても大きいです。ほかにも、実際に調査に関わった団体の人が「インタビューを通してこんなことがわかった。見えてきた」ということを話している場面に遭遇したり、「調査を一緒にやれてよかった。声をかけてもらってよかった」という話から、別の取り組みが動き出したりしました。また、近隣の市からも「豊中で調査をしたのを受けて、うちでも調査をすることにしたんです」という声をもらったりしています。

　今回の調査研究で多文化共生のまちづくりに必要なことが全てわかったわけではありませんし、粗いところもたくさんあるのですが、調査研究が実践に対して与える影響がとても大きいと感じると同時に、調査研究を誰とどう進めるか…ということによっては、調査研究自体が多様な人、機関を結び付けていく一つの実践になるのではないかということを感じています。

　また、今回の調査研究の結果は一番コンパクトにしたものではA4サイズで1ページに圧縮し、関係各所に配布しています。とても乱暴、もったいない…と思われるかもしれませんが、でも、そこまでコンパクトにしてこそ、読んでくれる人、使ってくれる人がいて、広がっていくのだろうと思います。

7　今後に向けて

　多文化共生のまちづくりは未だ答えの見えない活動です。地域社会も世界も人の動きは止まらないので、常に状況を把握し、答えを探し続ける取り組みだと思います。また、関心のある人だけががんばって実現できる話ではなく、その過程に1人でも多

くの機関や部署、人を巻き込み、理解や共感を広げていくこと、関わり方の度合いは人それぞれでよく、理解者、協力者、参加者、運営者のどれか、つまりは関係者を増やしていくことが多文化共生のまちづくりだろうと思います。それを進めていくためにはどっぷりと現場に浸かって実践にまい進するだけでなく、少し引いた目で、客観的な目で現場を見直すことが大事で、そのことでいろいろな人を巻き込めるようになるのだと思います。

　実践と研究のダイアローグということを軸に、これまでの自分を振り返ってみると、1）研究によって視野が広がったり考えが深まったり（大学院）、2）現場で働くことで研究で学んだことのリアリティが増したり（とよなか国流）、3）転職した先ととよなか国流の現場からは社会文化的文脈としてしか見ていなかった国の現場自体が一つの実践であり、多様なセクターがつながりあうことが重要だということ、さらにつなげるために研究が果たす役割は大きいと改めて認識したこと、4）とよなか国流の現場で活動する中で、改めて研究が多様な実践をつなげる役割を果たすことを再認識すると同時に、調査研究自体を一つの実践として多様な機関をつなげる形で実施することも可能かもしれないということを学んできたのだと思います。

　実践の現場、行政、研究とも日本語教育というテーマは同じであったとしても、見えている部分は違いますし、それに伴い、持っている知識、情報、ノウハウや資源も違ってきます。それは「違う」というだけであって、現場、行政、研究のどれが正しい／間違っている、優れている／劣っているという話ではないと思いますし、むしろそういった正誤、序列の意識は対話を止める要因にしかならないと思います。実践と研究の間の対話の形はさまざまですが、いずれにしてもその対話が社会を創り、進めていくプラットフォームになるのではないかと感じています。これからも1人でも多くの人と、多くの立場の人と多文化共生のまちづくりを楽しんでいきたいと思います。

ディスカッション課題

1　あなたが住んでいるあるいは学校や職場のある市町村に、外国人はどれぐらい住んでいるでしょうか。どこの出身の人が多いでしょうか。その人たちは、いつ頃、どのような目的で来日した人が多いでしょうか。調べてみましょう。

2　あなたが住んでいるあるいは学校や職場のある市町村に、地域で暮らす外国人が参加できる日本語教室はあるでしょうか。地域で暮らす外国人の生活を支えるボランティアグループや国際交流協会はあるでしょうか。どんなプログラムを実施しているでしょうか。調べてみましょう。

3　あなたが住んでいるあるいは学校や職場のある市町村では、外国人はどのような課題を抱えているでしょうか。自治体、国際交流協会などの支援団体、地域の日本語教室などで活動している人、外国人を雇用している事業者、外国人がたくさん住む地域の自治会などの人に聞いてみましょう。課題の認識はどの程度共通しているか、どこが違うか、整理しましょう。また、その違いがどこから生まれたか、その違いは埋める必要があるかどうか、埋められる方法はあるか、考えましょう。

4　国は、外国人がどのような課題を抱えていると認識しているでしょうか。各省庁で公開されている研究会や会議の報告書を調べてみましょう。あなたが住んでいるあるいは学校や職場のある市町村の人たちの認識とどの程度共通しているか、どこが違うか、整理しましょう。また、その違いがどこから生まれたか、考えましょう。

5　外国人が抱える課題に対して、支援策がある場合とない場合の間で外国人の生活はどう変わるでしょうか。また地域や日本社会全体への影響には、どういったことがあるか、考えましょう。

さらに学ぶための参考図書・資料

髙谷幸編著（2022）『多文化共生の実験室―大阪から考える―』青弓社.
中島智子, 権瞳, 呉永鎬, 榎井縁（2021）『公立学校の外国籍教員―教員の生（ライブズ）、「法理」という壁―』明石書店.

第14章

多文化間共修と日本語教育の往還

社会を創る協働的な学びのために

藤原智栄美

キーワード

共修　多文化教育　協働学習　参加型学習　文化本質主義

1　はじめに

　日常で抱く「当たり前」を別の角度から見つめ直すこと。加速度的に社会が変化していく中、教育実践者として成長していくために、そうした視点は欠かせません。慣れ親しんだ環境の中で培われた考えや行動は、知らず知らずのうちに日本語教師としての自身の固定的なビリーフとなっていることがあります。

　日本語教師になって間もない頃の自分を振り返ると、目の前にいる学習者が「文型や表現を理解し、スムーズに使えるようになること」がその日の授業の目的であるとの思いが頭を占め、視点が「教室」という空間にとどまりがちだったように思います。そんな自分の日本語教育観を大きく変えたきっかけは、日本語教師として4年間滞在した台湾での生活でした。台湾は、日本統治時代に「国語」としての日本語教育政策が行われた歴史を持っています。ある日、その時代に日本語教育を受けた世代の方々が日本語を学んでいる教室を訪れる機会がありました。生徒さんは70代・80代で、その日の教材は芥川賞の受賞小説でした。80代半ばの先生のお話に熱心に耳を傾ける20名ほどの教室には、日本とは全く異なる日本語の学びのコミュニティが存在していました。子どもの頃の思い出を日本語で懐かしそうに語る方、日本語で俳句を作り出

展する方、そして、統治時代には木村という日本名を持っていたことを話してくださった方。日本語は、人々の人生における記憶や生き方と深く結びついていました。台湾で行われた日本語の政策が、台湾の方々の人生、日常の言語使用にいかに大きな影響をもたらすものだったかを強く感じたその学びの光景が、今も心に残っています。

　ことばは、情報伝達の手段、人間関係構築の手段であるだけでなく、それが話される社会・個人の歴史と深く関わり、社会の在り方や個人の人生に大きな影響を与え、自分がその社会の中で何者であるのかという意識（アイデンティティ[1]）、何者となっていくのかを形作る役割を果たしています。歴史的に日本と深く結びついた台湾で経験した、日本語に対してさまざまな思いを持つ日本語話者との出会いは、日本語教育が教室の枠を超えたより広いコンテクストに位置付けられた社会的実践であるという新たな視点を与えてくれたのです。

　本章では、社会的実践としての日本語教育が分野を超えて他の教育領域と交わる接面から何が生まれるのかに着目し、学習者が日本語の教室という枠、そして日本語ということばの枠を超え、他者との対話を通じて学び合う実践の意義と可能性に迫ります。

2　多言語・多文化社会としての日本社会が抱える課題 ── その改善に向かうために

　ことばやその使用は、ある社会の歴史の営みの中に深く織り込まれ、ことばを通した話者のやり取りによって、社会そのものが形作られていきます。そして、社会的行為としてのことばの教育もまた、社会に働きかけ、変容させていく力を持っています。多言語・多文化化に直面し、さまざまな問題が顕在化している現在の日本社会の中で、教育的な実践はどのような役割を果たし得るのでしょうか。

　2023年6月末現在、日本における在留外国人の数は322万3,858人にのぼり[2]、ま

---

1) 「アイデンティティとしての言語」について、春原（2006）は、「第一言語にせよ第二言語にせよ、言語習得は成長の過程であり、その目的は自己形成または自己実現と社会化または同化である。言語はコミュニケーションの道具であったり、思いを伝える器であったりする以前に、その人がその人であるためのアイデンティティ（地下に八方に深浅に張られた根っ子）の重要な一部である。（中略）『世界をどう解釈するか』『自分をどう理解するか』というアイデンティティの問題は、自分の言葉探しへとつながる」（p.304）と述べています。

2) 出入国在留管理庁 HP「令和5年6月末現在における在留外国人数について」https://www.moj.go.jp/isa/publications/press/13_00036.html（2024年1月30日確認）

た、厚生労働省が示した「外国人雇用状況」[3] によると、2023年10月末現在の日本の外国人労働者数は204万8,675人で、いずれの数も過去最高を更新しました。労働現場だけでなく、日本の学校の中で、日本語指導が必要な外国人児童生徒がここ10年間で1.4倍増となる[4] など、さまざまな場での異文化間接触が増えています。こうした在留外国人の増加に伴い、地方自治体・諸団体による多言語サービスの促進や災害時のサポート体制の構築、そして地域の日本語教室の運営など、各地で在留外国人の生活を支えるためのさまざまな取り組みがなされるようになりました。しかし、その一方で、日本に住む外国人の生活に影を落とす問題として、ホスト住民[5] 側から向けられる偏見や差別が挙げられます。人権教育啓発推進センター（2017）が行った調査では、過去5年の間に「日本で外国人であることを理由に侮辱されるなどの差別的なことを言われた経験」のある人は約3割、「外国人であることを理由に住宅の入居を断られた経験」を持つ人が約4割、「職場や学校の人々が外国人に対する偏見を持っていて、人間関係がうまくいかなかった」と感じる人が約4人に1人にのぼったことが報告されています。また、在留外国人の「子どもの教育について」の調査を行ったサーベイリサーチセンター（2022）[6] によると、「子どもがいじめにあった経験を持つ」との回答が調査対象者の6割を占めています。その半数が「日本人と習慣が違うため」をいじめの理由に挙げており、差別という問題の深刻さが浮き彫りとなっています。

　山田（2018）は、こうした問題の背景に、在留外国人を現状の日本社会に一方向的に適応させる「同化的多文化共生」[7] が日本社会に根強く存在していることを指摘し、深刻な状況にあるマイノリティの問題（例：学校現場における偏見・差別など）への対応を緊急に行う必要性を論じています。日本人・日本社会側と在留外国人側が対等・平等に社会参加する「対等的多文化共生」の実現には、人々の意識の変容と、人々が「参加」する形で社会の制度やシステムなどの社会構造を変革していくことが重要であ

---

3)　厚生労働省HP「『外国人雇用状況』の届出状況まとめ」https://www.mhlw.go.jp/stf/newpage_37084.html（2024年1月30日確認）
4)　文部科学省HP「外国人児童生徒等教育の現状と課題」https://www.mext.go.jp/content/20210526-mxt_kyokoku-000015284_03.pdf（2022年2月23日確認）
5)　外国籍の人々を受け入れるホスト社会側の人々を指す総称として用いられます。
6)　サーベイリサーチセンターHP「2022第二回在留外国人総合調査『在留外国人の子どもの教育について』」https://www.surece.co.jp/wp_surece/wp-content/uploads/2022/05/2022052604.pdf（2022年10月11日確認）
7)　山田（2018）は、「同化的多文化共生」を「先住文化的強者が新来文化的弱者に迎合を求める形」（p.16）と定義しています。

り、その手段の一つとして、山田は多文化教育の役割を挙げています。一部の教育機関で行われている「多文化教育」の取り組みは、まだ「点」の状態であり、点から線、線から面へと、その規模を拡げていく必要性を山田は強調しています。筆者は山田が述べている多文化教育、つまり日本人側と外国人側が対等に学びあう場が「面」として拡がっていくことが、両者の非対称性に揺らぎをもたらす有効なツールになると考えます。

　本章では、多文化教育の実践の一つの形として、これまで筆者が10年関わってきた、日本語母語話者と日本語学習者が同じ教室の中で共に主体的に学びあう「多文化間共修」[8]に焦点を当てます。坂本・堀江・米澤（2017）は、日本人学生と外国人留学生、すなわち言語・文化的背景が異なる学生がコミュニケーションの壁を互いに乗り越え、そのプロセスから学ぶことのできる教育的仕組みを多文化間共修と呼んでいます。次節では、さまざまな教育機関で展開されている多文化間共修によって生み出される学びの意義と課題について論じます。

3　多文化間共修が生み出す学びの特徴

　多文化間共修は、多様な言語・文化的背景を持つ学生が、社会における事象・問題に関する議論・発表・共同プロジェクトなどの協働作業を通して、多角的思考の習得、異文化理解力の向上などを目指して共に学びあう教育実践です。近年、さまざまな現場で実践されている共修授業の展開は、2000年以降にさらに強化された国・各教育機関による国際化戦略の推進に伴う留学生の受け入れ数の増加と、グローバル人材の育成を目指すさまざまな取り組みの促進が影響しています。それに加えて、多文化間共修の中で学習者が経験する学びの幅広さと豊かさにもその拡がりの理由があるのではないでしょうか。以下、多文化間共修の学びの幅広さと豊かさを生み出す3つの要因について見ていきます。

---

8)　研究・実践分野では、通常、国際共修、多文化共修という名称が同義で使用されています。久川（2018）は、「異文化」および「自文化」の相違を学習のゴールに設定することは両者の「意味ある交流」を妨げる可能性があり、それを回避するためには「多文化」という概念を必要とし、「多文化間共修」を用いています。「国際共修」はもっとも広く用いられており、その使用を否定するものではありません。しかし、「国際」には「諸国家・諸国民に関係すること」（広辞苑, 第5版, p.936）との辞書的意味があり、国家間の視点で語られる（植田, 2006）ことが多い用語であるため、4.2で示した文化本質主義の問題性を超克し、国という単位を超えた学びを重視する観点との一貫性に鑑み、本稿では「多文化間共修」もしくは「共修」とします。

3.1　学習者間の協働性

　共修授業が持つ学びの最大の特徴は、学習者間の「協働性」です。協働学習による学びの意義について、坂本（2008）は以下のように述べています。

　　多様で異質な学習者が、お互いの能力やスキル、地域や文化的な資源を共有し、対等なパートナーシップと信頼関係を構築することで、同質的な組織内学習ではとうてい不可能な高い学習目標や課題の達成が可能になり、新たな「学びの共同体」と「学びの文化」が作られるのである。（中略）「協働学習」は、多様な価値観や文化がしばしば対立し、葛藤する世界を変革するための一つの教育的方策として理解することができる。（坂本, 2008, pp.55-56）

　上記の指摘にあるように、協働学習は多様で異質な能力を持った他者との出会いが前提となります。また坂本は、学習者間の学びの中で、一方が他方に依存したり、一方的に恩恵を与える関係では協働的な学びが成立せず、学習者の高い自立性と対等なパートナーシップが重要であると述べています。協働学習では、学習者同士を結びつけるための学習目標や課題達成への意思が明確に共有されることで、新たな学びのコミュニティと価値観の創造につながります。

　共修授業における学習者間の協働性がもたらす学びの重要な側面として、北出（2010）は異文化間コミュニケーション（intercultural communication）能力を挙げ、その育成を促すための授業実践を提案しています。授業での留学生と日本人学生の長期的で対等な協働学習が学びを導く要因として北出は「コミュニティの形成活動」に着目しました。活動の中で、学習者個人は、意識的、無意識的にグループ活動への期待と不安を持ったり、コミュニケーション方法におけるメンバー間の衝突を経験し、それを乗り越えるプロセスを経て、異なる価値観への柔軟性、それを理解しようとする姿勢、感情的ではなく建設的に取り組む姿勢という異文化間コミュニケーション能力の獲得に至るとされています。

3.2　教師の役割：学習者の創造的な対話を導くファシリテーター

　多文化間共修の中で、教師は、学習者同士の対話とそれらを通じて形成される学びのコミュニティへの参加を重視し、促します。話者間での対話の性質に関し、安斎・塩瀬（2020）は以下のように述べています。

　　対話（dialogue）とは、あるテーマに対して、自由な雰囲気のなかで、それぞれ

の「意味づけ」を共有しながら、お互いの理解を深めたり、新たな意味づけをつくりだしたりするためのコミュニケーションです。（中略）自分とは異なる意見に対して早急な判断や評価を下さずに、どのような前提からその意味づけがなされているのか、「理解を深める」ことを重視します。それはすなわち、自分自身の前提を相対化し、理解することにもつながります。結果として、お互いに共通する新たな意味を発見し、自分たちにとっての現実を形づくっていくことになります。（安斎・塩瀬, 2020, p.27）

　多文化間共修では、上記のような学習者間の対話による学びを導くファシリテーターとしての役割が、教師に求められます。石川・小貫（2015）は、教育実践の中で、教師が、対話[9]により深い学びを導くラーニング・ファシリテーター（学習者の主体的な学びを促進する専門家）となることの重要性を強調し、（1）対話の場を準備し、対話を深める問いを設定する、（2）参加者をもてなす安心・安全な場を開く、（3）根底を探求する問いを提起し、問いへの集中を促す、（4）場の進行と状況を見守る、（5）多様性の力を生かし、対立を止揚する、といったファシリテーターにとって必要なスキルを挙げています。教師の役割が一方向的な知識の詰め込みを行うことではなく、学習者の教室コミュニティへの主体的な参加と創造的な学びを促すことにあるという教師観の変容は、学生を教室の中での知識の受動的な受け手から、主体的かつ創造的に学ぶ能動的な存在としてとらえる学習者観の転換を導くものだといえるでしょう。

3.3　学びに対する学習者の内省

　多文化間共修の学びを促進する要素として重要な役割を果たしているのは、学習者が授業内活動から得られた自らの学びを振り返るプロセスです。堀江（2017）は多文化間共修における異文化接触経験を学びにつなげるために、学習者自身の振り返りと考察が重要であると述べ、共修の実践を支える理論として、コルブの経験学習の循環理論（Kolb, 1984）を挙げています。同理論によると、学習者は「実際の経験」→「振り返り・観察」→「概念的理解」→「アイデアの試行」という4段階を経て、自身が経験したこと（例えば、授業内での他の学生との対話や共同プロジェクトの実施）

9）　石川・小貫（2015）は、対話のスキルが機能している場を「対等な仲間同士の意見交換や相互が大切にする価値観を尊重して共感的な意見交換が行われ、自分の意見に固執せず、自分の意見を仮説として提起しており、異なる意見を傾聴し、違いを活かしつつ深める意見交換ができている場」（p.181）であると説明しています。

の中で、他者との文化的差異や共有知識、自身の感情について内省し振り返ることで、それらが概念化され、次に別の場面で試行し、再度経験し、学びを深めていくことが可能となるのです。共修授業での活動や話し合いは、その進行中には気づかなくても終了後に文字にして振り返ることで、自身が経験したことの意味づけが行われ、他の科目で学んだ知識と関連付けて概念や事象のとらえ直しができることもあります。また、学習者の振り返りは、学生がいかなる学びを得ているのかの可視化につながり、教師自身の内省・授業改善のための貴重な材料となります。

4　多文化間共修の学びをデザインする ―― 実践の事例と課題

4.1　実践の事例

　本節では、多文化間共修の具体的事例として、筆者が担当した授業を取り上げます。クラス名称は「異文化間テーマ演習」で、1年次から4年次までの複数学部の学生が受講可能な教養科目（定員：40名）です。留学生は日本留学試験を受けて入学する正規留学生、協定校からの交換留学生が参加しており、授業は全て日本語で行われています。科目概要・到達目標・各回の授業内容[10]（トピック・授業で取り上げられるキーワード）は表1のとおりです。

　授業内容の選定において軸とした第1の観点は、「文化」の多様性への気づきです。到達目標に掲げられている「他文化・多文化についての社会状況を多角的に観察・分析する」力の育成のためには、異文化の特徴が「国」によってのみ説明され得るものではないという視点が重要です。そのため、本授業で扱うトピックには、日本における社会的マイノリティのコミュニティが直面する課題や、日本における言語の多様性（地域方言・方言に対する政策・敬語使用意識と言語的な共生）が含まれています。第2の観点は、「個人」に焦点を当てた異文化理解です。受講生が持つ文化に対する見方は、それまでに自身が直面したさまざまな経験を通して構築されてきたもので、今その瞬間に対話している目の前の個人が持つ価値観とそれが形成されてきた背景を知ることそのものが異文化理解の一つの形であることを伝えています。また、クラス内で

---

10) コロナ禍の2020年度〜2022年度の授業形態は、Zoom を用いたライブ配信授業、Zoom と対面のハイブリッド授業で実施されたため、コロナ前の授業内容に変更を加えました。表1は全回が対面形式での授業内容を示しています。

表1　異文化間テーマ演習の科目概要・到達目標・各回の内容

(1) 科目概要	日本・世界における様々な問題・トピックに関する資料や映像をもとに、討論・発表等を行うことにより、他文化・多文化についての理解を深めるための演習科目。正規レベルの日本語力を有する留学生と日本人学生の協働学習を想定する。
(2) 到達目標	他文化・多文化についての社会状況を多角的に観察・分析する力を身に付け、社会や文化を相対視できるようになる。

(3) 内容	〈トピック〉	〈キーワード〉
第1回	互いを知るためのワーク、文化とは	氷山モデル
第2回	異文化に対する見方：私たちには世界がどう見えているのか	ステレオタイプ、カテゴリー化、コンテクスト、偏見
第3回	言語コミュニケーション	ことばによる誤解とその解決（断り行動）、ポライトネス理論
第4回	非言語コミュニケーション	表情、アイコンタクト、ジェスチャー、タッチング、身体距離（近接学）
第5回	価値観	国際化、フォトランゲージ、地球家族
第6回	自分を知る：自己開示と共感	ハッピーグラフ、心理分析
第7回	他国の中の日本：越境する人々	移民社会、日系ブラジル人、言語維持・言語シフト、継承語教育、多文化共生
第8回	調査して発表しよう	クラス内調査、インタビュー
第9回	世界の仕組みを理解する：貿易ゲーム	先進国と途上国、シミュレーションゲーム
第10回	即興ディベート	論理的思考
第11回	格差について考える	識字率、貧困
第12回	日本の中の多様性①	手話、ろう文化宣言、ジェンダー
第13回	日本の中の多様性②	日本語の多様性、方言、言語意識、敬語
第14回	最終発表①	自身が影響を受けた文化について伝える
第15回	最終発表②、まとめ	

学生間の関係がより近づいた学期半ばの時期に、心理分析やライフラインメソッド[11]の手法を用いて自身の価値観に気づく活動を行います。最終発表ではこれまで自身に影響を与えてきたさまざまな文化の語りが共有され、自身の生き方を創ってきた経験を協働的に振り返ることで、個人の価値観とその形成過程の理解を深めます。

11）人生を一本の線で描き、その浮き沈みに着目した語りを聴く方法を指します。サトウほか（2019）では、「これまでその人が歩んできた道のり（ライフコース）を描くこと（視覚化）、そしてそれを基に人生経験を語ること（言語化）を通じて、自己の組織化（self-organization）に迫ることができる」(p.30)手法であると述べられています。

　授業内活動は一部講義形式を取り入れながらも、参加型学習をもとにした受講者間の対話（ペア、グループディスカッションを織り交ぜます）を軸に進んでいきます[12]。また、3.3で述べた「学びへの振り返り」として、学生たちはその日の活動に対する気づきや疑問を文字にして提出します。翌週のクラスで、特徴的だったコメントに関して全体で共有し、個々のコメントに対してはフィードバックを書いて返却します。学習者間による対話だけでなく、教員が学習者個人の内省や疑問に応える双方向的なやり取りを増やすことで、その後の学びへの動機づけを促す試みが重要だと考えています。

4.2　多文化間共修が抱える課題

　これまで見てきたように、多文化間共修は学習者間の対等な関係性の構築を重視し、学習者にさまざまな気づきや新たな視点を提供する教育実践ですが、常に、円滑に授業が進んでいくわけではありません。多様なバックグラウンドと価値観を持つ学生が関わりあう多文化環境ならではの課題が授業の中で立ち現れることがあります。以下、共修クラスでしばしば起こる3つの課題を取り上げます。

1）異文化間比較における「文化本質主義」

　第1の課題は、「文化」に対する静的で固定的な見方です。共修では、ある文化の特徴・習慣や他文化との差異が授業で取り上げられることがあります。丸山（2021）は、国を単位とした比較文化的な視点を「比較文化コミュニケーションアプローチ」とし、そうした見方は世界の文化の多様性の一端を静態的に知るには有効である一方、個人が持ち得る多様で複雑なアイデンティティや可変性を国単位の文化に限定してしまうことで、個人が異なる文化を持つ対話者に応じてやりとりする動態性を説明することが不可能になると指摘しています。全体の授業計画の中で扱われる内容が、比較文化アプローチに偏りすぎた場合、学習者の文化に対する画一的な見方の強化につながる可能性が考えられます。堀江（2017）は、多文化間共修の課題の一つとして、受講生が「多文化とは国籍の多様性である」と直結して考える傾向があることを挙げています。例えば、筆者が担当した共修授業でも、学生が提出した課題に、ディスカッションの中でグループのメンバーからある国に対するステレオタイプ的な発言を聞いて複雑な気持ちを持ったことが記されていたことがあります。馬渕（2010）は、「日

12）このクラス内容では、基本的に各授業回で異なるトピックを扱いますが、学期中にグループであるテーマについての考察を深めていくプロジェクト型の活動が実施される共修授業もあり、形態はさまざまです。

本人以外の者は一般化された他者として括られ、日本人とは異なる人、異なる社会、文化・規範を持つ人として想定される」見解を「文化本質主義」と呼び、以下のように説明しています。

> 文化本質主義的見解では、想定された自文化と異文化との間に、はっきりとした境界が存在する。さらに、自文化や異文化のもつ独自性は、固定的で変化のしにくいものである。また文化本質主義的見解は、自文化の内部での、または異文化の内部での差異性には関心が低いか、それを無視する傾向がある。（馬渕, 2010, pp.127-128）

　文化本質主義は、日本社会のさまざまな文脈において見られる考え方で、前述した山田の「同化的多文化共生」とも決して無関係ではないと思われます。共修という実践が取り組んでいくべき重要な課題の一つだといえるでしょう。

2) 留学生・日本人学生という二分法の限界

　第2の課題として、共修における「留学生」・「日本人学生」というカテゴリー化を挙げたいと思います。「留学生と日本人学生の学び合い」を目的とする共修では、ディスカッションを行う際、上記のような属性のバランスを考慮してグループ分けがなされたり、受講者数全体における両者の割合ができるだけ均等になるための対応を行う教育機関もあると思います。共修授業の目的・運営上、考慮が必要な点ではあるとしても、実際の授業において、上記の二分法の枠組みを当てはめることが必ずしも適切ではないケースが見られます。例としては、両親の国際結婚により二つの文化的背景を持つ学生や日本で生まれ育った海外ルーツの学生にとって、「日本人」・「留学生」という二分法による分類がクラス活動の基本として感じられた場合、その枠組み自体に違和感を抱きながら参加し続ける状況が推察されます。本章2で述べた、日本における「多文化教育」として多文化間共修が機能するためには、「日本人」と「（日本人に属さない）それ以外の人々」というカテゴリー化、そして社会における偏見の根底にある両者の境界・分断を和らげていく視点が重要です。教室が「日本人」・「外国人」という両者の差異が強化・再生産される場となることは、多文化間共修が目指す学びから離れてしまうことになります。そのためには、教師自身が「留学生」・「日本人学生」という二分化が持つ意味・影響に意識を向けつつ、いずれかの立場に偏ることのない授業内容を組み立てていくこと、そして教室は、文化の多様性と豊かさを内包する一つの「社会」であり、「留学生」・「日本人」という立場・境界を超えて、さまざま

な文化・価値観を抱く学習者たちがその社会における一人ひとりの構成員であることを学習者に伝えていくことが重要ではないでしょうか。

3）授業内における使用言語

第3の課題として、教室内で用いる言語に関わる問題が挙げられます。一般的に、共修授業で教師・学習者がどの言語を用いるかに関しては、クラスの目的や到達目標、受講生の言語レベルなどにより決定されます。共修授業で用いられる指導言語としては、日本語による開講科目がもっとも多く、次いで英語による開講、日本語と英語の2言語使用と続いています（高橋美能, 2019）。英語で行われる共修クラスの実施について、留学生と対等に議論するためには日本人学生に一定の英語を求めるべきではないかとの議論がある（高橋, 2016）一方、末松（2019）では「英語を母語とする自分が、いくつかの国際共修授業で、教材として扱われたことに違和感を覚えた」（pp.258-259）という学生の声が存在することが示され、「学習者が、自らの学びよりも、他者の学びにより貢献していると感じてしまう授業・活動設計は望ましくない」（同上, p.259）と述べられています。共修クラスに参加する留学生は、日本語能力の向上を目指して日本に留学した英語以外の言語を母語とする学生も多いため、学生の言語使用ニーズへの考慮が重要です。末松が指摘しているように、すべての学生に教育的な利益がある授業設計が授業進行上の鍵であるといえます。

5　日本語教育を多文化間共修に活かす
──知見・実践がもたらす視点

これまで、多文化間共修における学びの特徴と課題について述べてきました。筆者は、共修と日本語教育というそれぞれの実践を往来する中で、学習者の構成・クラスの形態は異なったとしても、二つの接面に立つことで見える共通した課題とその改善に向けて影響し合える点があると感じています。本節では、日本語教育における実践や日本語教育学で積み上げられてきた知見が、多文化間共修が直面する課題の解決にどのように活かせるかという視点から論じます。

5.1　教室という空間を超えて社会とつながり、社会を創るための学びへ

日本語教育における教学的なパラダイム転換は、社会文化的アプローチの到来による学習観の変化によって生じたといえます。西口（1999）では、学習者個人が「頭の中」にある特定の知識・技能を体系的に獲得することを学習としてとらえる個体主

義的な学習観の見直しと、学習を共同体の実践により深く参加することに伴って起こる主体の全人的な変容だととらえる状況的学習論（レイヴ＆ウェンガー, 1991/1993）について論じています。そこでは、教室の中で特定の知識や技能の獲得をめざして「教え」「学ぶ」という学習経験を「解体」し、内容やテーマを巡って共に学び合い、教室という枠を超えて人を創る社会的実践の編成を試みる新しい日本語教育の意義が示されています。

> 「学びの経験の編成」に視点が移行したことは、極めて重要な意味を持つ。なぜならそれは、「教える」よりも、学習者一人ひとりのあり方を尊重しながら、「皆が学べる相互作用的な環境」を提供しようという方向に発想が転換したことを意味し、またもう一方で、社会との関わりにおいて教育を編成するという新たな視点を得たことを意味するからである。こうした視点の変化は、日本語教育の可能性を未来に向かって大きく開くものである。（西口, 1999, p.15）

　西口は、こうした実践の中で日本語教育者は、教室を飛び出して、多文化共生社会を生きる人を創る社会的実践に携わることになると述べました。西口が示した日本語教育と社会とのつながりは、その後の日本語教育の流れの中でも重要な視点として受け継がれています。

　佐藤・熊谷（2011）は、学習者が自分の属しているコミュニティ、あるいは属したいと考えるコミュニティに自ら積極的に働きかける「社会参加をめざす日本語教育」を提案しました。そこではコミュニティに存在するルール・規範・慣習について学習者自らが考察し、それを受け継ぐか、変えていくための努力をするのかに関し、社会の構成員の１人として責任を担う主体的な存在として学習者がとらえられています。また、佐藤ほか（2018）では日本語教育におけるクリティカルアプローチにもとづく実践が提案されています。このアプローチでは、物事を深く分析する視点（弱クリティカル性）に加え、学習者が自分たちの生きる未来やコミュニティの未来を創造するために、「既存の枠組みを見直し、必要があれば変えていこうとする意識・視点・姿勢・態度（強クリティカル性）」（p.20）を重要視し、日本語教育を「語学」の枠を超えた教育の中に位置づけ、知識（ある言語事項）の習得だけを求めるのではなく、コミュニティの成長に寄与する社会的な営みとしてとらえています。佐藤らが考える学習者としての「クリティカルな日本語使用者」は、言語形式や言語使用のルール・慣習を修得することのみに囚われる存在ではなく、自らのアイデンティティを日本語で表現し、交渉できるような日本語話者であり、「日本人」「日本文化／社会」の枠に囚

われすぎず、その流動性、多様性を認識した上で、今ある慣習・やり方を異なった側面から分析し、新たな価値を生み出すために日本語を用いて討議を行うことができる日本語使用者（同上, p.21）です。そこでは、前節で述べた「文化本質主義」における静的な文化のとらえ方と大きく異なり、そうした固定的な見方を超えて、変容することを前提とした「日本文化／社会」が想定されています。その動的な社会を創っていくのは、日本語を学ぶ人々を含めた社会の構成員一人ひとりです。

5.2　トランスリンガリズム（言語の境界線を越えた多言語意識）によることばのとらえ方

　4.2の3）では、共修授業における言語使用から生じる問題に触れました。前述したように、言語能力の向上が授業の目的として掲げられた場合、授業に参加する学生の発話自体が能力向上のための言語リソースとしてとらえられ「利用されている」との感情が生まれ、授業で定められた使用言語と学習者の言語使用のニーズに乖離があった場合には学習者のフラストレーションとモティベーションの低下につながる恐れがあります。そのような言語的な課題に対応する一つの方策が、近年注目されているトランスランゲージング（translanguaging）という考え方です（本書第11章、第12章参照）。複数言語を話す人のことばを「日本語」、「英語」と独立した言語としてとらえるのではなく、そうした区分を超えた一つの言語レパートリーとしてみなします。尾辻（2016）は、日本語教育が世界とつながるためには、近代の国家主義的なイデオロギーにもとづいた「日本語」教育から乖離し、固定的でモノリンガル的なイデオロギーにもとづく「日本語」という概念やそれらを習得対象化した言語教育の再考が必要であると指摘しています。また、日本語学習者はそうした「イデオロギーに基づいた『言語』の犠牲者でなく、『ことば』の構築者として積極的に多文化・多言語社会に参加することが大切」（p.56）であると述べています。共修授業においても、上記のようなモノリンガル的な「言語」のイデオロギーは、根強く存在しているように思います。日常生活の中でさまざまな言語環境を行き交う学習者を、「○○語」を話す言語話者というモノリンガル的な見方から解放し、さまざまな言語資源の総体であるレパートリーを用いる「ことば」の使用者としてとらえるトランスリンガリズムの思想は、多文化間共修の言語的課題を解きほぐすための有用な視点の一つになり得るのではないでしょうか。

6　空間を超えて拡がる共修
──さらに深化する学びの機会の創出へ

　近年の多文化間共修の新しい流れの中で、教育実践が一つの教室にとどまらず、オンラインツールを媒介として、教室から社会へ、そして日本から海外へと、空間的な拡がりを見せています。コロナ禍における教育現場の授業形態の変容がそうした動きを加速化したといえます。その一つに、海外と日本をつなぐ学生間の交流学習が挙げられます。例えば、筆者の担当する演習クラスでは、韓国・中国の大学の日本語学習者とのオンラインによる交流学習として、Zoom を用いて授業内ディスカッションを行う同期型交流、各学生がグループで作成した動画を SNS で送りコメントを出しあう非同期型交流を行っています。澤邉ほか（2018）では、教室と社会とのつながりを意識しながら、交流相手を含めてさまざまな人と関わる交流学習を「拡張型交流学習」と呼んでいます。「拡張する」[13] ことは、教育機関や言語の枠組みを超え、教室を越境し、学外の生活世界と深く結びつく行為です。学習者が社会の中の課題を発見し、解決策を考え、実行・検証するプロセスを経ながら、教室という枠を越えてさまざまな人々と交流し、学びあうコミュニティを形成していく拡張型交流学習は、今後の多文化間共修における学びを深化させていく可能性を秘めた意義ある実践として、さらに注目されていくと思われます。共修では新たな形を採り入れながらさまざまな実践が日々行われており、授業内の活動がもたらす教育効果の検証、実践のねらいを丁寧に文章化して学習者に明確に伝えること、機関を超えた情報共有と協働的な改善など、教育開発的な課題への取り組みが今後のさらなる分野発展にとって重要です。

7　おわりに

　本章では、多文化間共修という教育実践が生み出す学びの特徴と課題について述べるとともに、課題解決のために日本語教育的な実践を多文化間共修にどのように活かせるかという視点に立って論じました。多文化間共修・日本語教育という二つの実践を往還し、筆者が感じることは、教室での学びにとどまらない社会、そして日本社会の枠をも超えた世界とつながる「越境」からの学びが二つの実践において今後ますま

---

13) 澤邉らは、拡張型交流学習の「拡張」は、エンゲストロームの「拡張型学習（expansive learning）」、つまり「学習者が学外の社会的な生活世界とネットワークする学習であり、実践者（教師や親、地域住民など）が協働で形成していく学びのプロセス」（p.130）を指すと述べています。

す重要になっていくのではないかということです。日本語教育そして多文化間共修が扱うべき問題は、日本社会や互いの国で起きている事象・出来事に限らず、今この瞬間に世界が直面する喫緊の共通課題の中にも多く存在しています。その改善・解決に向けて一つの授業でできることは大きくないとしても、共に意見を伝え合い、問題の切り口を探るための対話が共有されていくことで、国という枠組みを超えたグローバルな視点が深まり、授業前には気づかなかった新しい見方が生み出される実践的なコミュニティへとクラス自体が変容していく可能性を秘めています。教室は学びの場であるだけでなく、教室そのものが多様性に富む個性や価値観を持った人々が出会い、対話し、新しい価値観を生み出す一つの社会そのものです。また、そうした日常の教室に身を置く実践者である教師自身が、ときに教室を越え、自国を越えて活動し、分野を超えて人々と交わり、そこでの出会い・出来事を体感することで、学習者に提供できる学びはより豊かに、深くなっていきます。また、そうした越境を通して自身の世界の拡がりを感じることが日本語教育の面白みの一つで、今この本を手に取り読んでくださっている皆さんの未来にもつながっていくのかもしれません。

　社会に存在する人と人の間の不平等な関係性を脱却し、公平・公正な社会を創る手段・場として教育が機能するためには、教師・学習者がそうした社会を目指し、実現するための参画者・変革者の1人であることに気づき、協働的な対話がさまざまな現場・形で積み重ねられる取り組みが拡がっていくことが、その確実な力となるのではないでしょうか。

ディスカッション課題

1　皆さん自身が普段行っている活動の領域を越境し、他の領域の人々とつながる社会的な実践は、自身の見方を拡げることのできる機会となります。現在、皆さんが学んでいる学問領域、または実際に教えたり活動したりしている現場を越えて、他の分野や現場の人々とつながることができるとすれば、どのような形のつながり方、協働的な取り組みが考えられるでしょうか。また、そうすることで、自身の見方や学習者の学びにどんな変化が生まれると思いますか。

2　共修は、多様な文化的背景を持った学習者がともに学びあう協働学習を特徴としています。これまで学習者として経験したり、または、教師としての実践において取り入れた協働学習があれば、その内容（目的・授業の流れ・活動後の振り返りの方法など）を説明しましょう。その実践からもたらされる学びとはどのようなものでしょうか。

3　「文化本質主義」とはどのような見方であるか、それがもたらす影響について、皆さん自身のことばで説明してください。日本社会、そして皆さんの日常生活の中で、文化本質主義な見方が現れている具体例には、どのようなものがありますか。

4　参加型学習とはどのような学びでしょうか。また、「銀行型教育」との違い、具体的な実践例について、知っていることを共有してみましょう。

5　日本、または他国で行われている「多文化教育」の実践内容について、調べて共有しましょう。誰を対象に、どのような目的で行われていますか。また、その教育が学習者や社会に及ぼす影響はどのようなものでしょうか。これからの日本で、どのような現場で、どのような多文化教育の実践が考えられるか、意見を出し合いましょう。

さらに学ぶための参考図書・資料

青木麻衣子, 鄭惠先（編）(2023)『国際共修授業―多様性を育む大学教育のプラン―』明石書店.

参考文献

〈日本語文献〉

青木直子（2006）『日本語ポートフォリオ改訂版』https://www.bunka.go.jp/seisaku/ kokugo_nihongo/kyoiku/seikatsusha/h24_nihongo_program_a/a_53_1.html （2023年6月10日参照）.

青木直子（2011a）「学習者オートノミーが第二言語ユーザーを裏切る時——3つのレベルの社会的文脈の分析——」青木直子，中田賀之（編）『学習者オートノミー——日本語教育と外国語教育の未来のために——』ひつじ書房，241-263.

青木直子（2011b）『在日外国人の日本語学習支援ツール「日本語ポートフォリオ」を媒介とした支援者の学び』平成20年度～平成22年度科学研究費補助金研究成果報告書.

青木直子（2013）『外国語学習アドバイジング——プロのアドバイスであなただけの学習プランをデザインする——』Kindle電子書籍.

青木直子，尾崎明人（2004）「結論」『接触会話における在日外国人の日本語習得に影響を及ぼす心理的・社会的要因の研究』平成13年度～平成15年度科学研究費補助金研究成果報告書，123-129.

青木直子，中田賀之（編）（2011）『学習者オートノミー——日本語教育と外国語教育の未来のために——』ひつじ書房.

青木直子，バーデルスキー，マシュー（編）（2021）『日本語教育の新しい地図——専門知識を書き換える——』ひつじ書房.

秋吉貴雄，伊藤修一郎，北山俊哉（2020）『公共政策学の基礎 第3版』有斐閣ブックス.

安里和晃（2020）「コロナ禍における質的調査と権利擁護——外国人住民を対象とした生活実態調査を事例として——」『京都社会学年報：KJS』28, 29-53.

葦原恭子，小野塚若菜（2014）「高度外国人材のビジネス日本語能力を評価するシステムとしてのビジネス日本語Can-do statementsの開発」『日本語教育』157, 1-16.

安斎勇樹，塩瀬隆之（2020）『問いのデザイン——創造的対話のファシリテーション——』学芸出版社.

池田玲子，舘岡洋子（2007）『ピア・ラーニング入門——創造的な学びのデザインのために——』ひつじ書房.

石川一喜，小貫仁（編）（2015）『教育ファシリテーターになろう！——グローバルな学びをめざす参加型授業——』弘文堂.

今田恵美，高井美穂，吉兼奈津子，藤浦五月，田中真衣（2021）『関係作りの日本語会話——雑談を学ぼう——』くろしお出版.

岩田夏穂，初鹿野阿れ（2012）『にほんご会話上手！聞き上手・話し上手になるコミュニケーションのコツ15』アスク出版.

植田晃次（2006）「ことばの魔術の落とし穴——消費される『共生』——」植田晃次，山下仁

（編）『「共生」の内実——批判的社会言語学からの問いかけ——』第2章, 三元社, 29-53.

上野千鶴子（編）（2001）『構築主義とは何か』勁草書房.

宇都宮裕章（2014）「ダブルリミテッド言説に対する批判的論考」『静岡大学教育学部研究報告・教科教育学篇』45, 1-13.

梅澤収（2020）「地域・学校づくりをESDの観点で考える——大学の役割を問いながら——」『日本教育政策学会年報』27, 90-99.

梅田康子（2005）「学習者の自律性を重視した日本語教育コースにおける教師の役割——学部留学生に対する自律学習コース展開の可能性を探る——」『愛知大学 言語と文化』12, 59-77.

太田晴雄（1996）「日本語教育と母語教育——ニューカマーの外国人の子どもの教育課題——」宮島喬, 梶田孝道（編）『外国人労働者から市民へ——地域社会の視点と課題から——』有斐閣, 123-143.

太田晴雄（2000）『ニューカマーの子どもと日本の学校』国際書院.

大多和雅絵（2017）『戦後 夜間中学校の歴史』六花出版.

大平幸, 掛橋智佳子, 佐野真弓, 森本郁代（2018）「メンバー間における課題共有のための職場のCan-do statements ——3つの職場の人々との対話を通して見えてきたこと——」『2018年度日本語教育学会秋季大会予稿集』462-467.

大平幸, 佐野真弓, 森本郁代（2019）「定住外国人の働く環境を作る『指示場面のCan-do statements』の開発——『職場』という文脈における指示連鎖の相互行為分析をもとに——」『2019年度日本語教育学会秋季大会予稿集』202-208.

大平幸, 藤浦五月, 森本郁代（2021）「定住外国人の働く環境を作る『指示場面のCan-do statements』の活用—— Cdsに基づいた『対話型評価活動』の試み——」『日本語教育方法研究会誌』27(1), 2-3.

大平未央子（2001）「ネイティブスピーカー再考」野呂香代子, 山下仁（編著）『正しさへの問い——批判的社会言語学の試み——』三元社, 85-110.

大舩ちさと（2020）「海外の中等教育段階における日本語教育の研究動向分析——中等日本語教育の理論構築に向けて——」『日本語教育』175, 100-114.

岡崎敏雄（2009）「持続可能性教育としての日本語教育——課題の克服とその具体的形態——」『筑波大学地域研究』30, 1-16.

岡崎眸（2013）「持続可能性日本語教育——言語教育への生態学的アプローチ. 学士課程教育における意義——」『日本言語文化研究会論集』9, 1-17.

岡本夏木（1982）『子どもとことば』岩波書店.

沖裕子（2007）「談話論からみた方言と日本語教育」『日本語教育』134, 28-37.

奥優伽子（2016）「日本語教室で学習記録簿を使ってみて」『ことばと文字』6, 56-63.

奥野由紀子（編著）岩﨑典子, 小口悠紀子, 小林明子, 櫻井千穂, 嶋ちはる, 中石ゆうこ, 渡部倫子（著）（2021）『超基礎・第二言語習得研究 SLA』くろしお出版.

長田佳奈子, 武井康次郎, Jaranya Chumyangsim, Watchara Suyara（2013）「コンケン大学日本語教育ワークショップの成果と課題」『国際交流基金バンコク日本文化センター

　日本語教育紀要』10, 77-86.

尾辻恵美（2016）「世界とつながる言語レパートリー――トランスリンガリズムの視点からの言語教育――」トムソン木下千尋（編）『人とつながり、世界とつながる日本語教育』第3章, くろしお出版, 44-65.

尾辻恵美, 熊谷由理, 佐藤慎司（編）（2021）『ともに生きるために――ウェルフェア・リングイスティクスと生態学の視点からみることばの教育――』春風社.

香川秀太（2009）「異種の時間が交差する発達――発達時間論への新展開へ向けて――」サトウタツヤ（編）『TEMではじめる質的研究――時間とプロセスを扱う研究をめざして――』第5章第6節, 誠信書房, 157-175.

鎌田修（2012）「プロフィシェンシーと対話」鎌田修, 嶋田和子（編）『対話とプロフィシェンシー――コミュニケーション能力の広がりと高まりをめざして――』凡人社

上村圭介（2020）「日本言語政策学会における言語政策研究――『言語政策』掲載論文の傾向――」『言語政策』16, 53-68.

神吉宇一（2020）「国内における地域日本語教育の制度設計――日本語教育の推進に関する法律の成立を踏まえた課題――」『異文化間教育』52, 1-17.

神吉宇一（2022）「公的日本語教育を担う日本語教師に求められるもの」『日本語教育』181, 4-19.

神吉宇一, 熊谷由理, 嶋津百代, 福地麻里, グエン, ホン ゴック（2022）「SDGsをテーマにしたweb雑誌作成プロジェクトとTranslanguaging ――日米COILプロジェクトから――」村田晶子（編）『オンライン国際交流と協働学習――多文化共生のために――』くろしお出版, 121-138.

北出慶子（2010）「留学生と日本人学生の異文化間コミュニケーション能力育成を目指した協働学習授業の提案――異文化間コミュニケーション能力理論と実践から――」『言語文化教育研究』9(2), 65-90.

北出慶子（2017）「ネイティブ日本語教師の海外教育経験は、教師成長を促すのか」サトウタツヤ, 安田裕子編『TEMで広がる社会実装』第1章第2節, 誠信書房, 48-68.

北出慶子, 嶋津百代, 三代純平（編）（2021）『ナラティブでひらく言語教育――理論と実践――』新曜社.

木戸彩恵, サトウタツヤ（編）（2019）『文化心理学――理論・各論・方法論――』ちとせプレス.

串田秀也（2006）「会話分析の方法と論理――談話データの『質的』分析における妥当性と信頼性――」伝康晴, 田中ゆかり（編）『講座社会言語科学6　方法』ひつじ書房, 188-206.

串田秀也, 好井裕明（編）（2010）『エスノメソドロジーを学ぶ人のために』世界思想社.

桑野隆（2020）『増補　バフチン――カーニヴァル・対話・笑い――』平凡社.

桑野隆（2021）『生きることとしてのダイアローグ――バフチン対話思想のエッセンス――』岩波書店.

公益財団法人千葉市国際交流協会（2021）『わたしを伝える日本語』

https://www.youtube.com/playlist?list=PLdvMCZD_p_eYwa9sHBFxcoXix2cAv_ehl（2023年6月10日参照）.

厚生労働省（2020）『就労場面で必要な日本語能力の目標設定ツール』
https://www.mhlw.go.jp/stf/newpage_18220.html（2022年8月15日参照）.

国際交流基金（2000）『海外の日本語教育の現状——日本語教育機関調査・1998年——』国際交流基金.

国際交流基金（2011）『海外の日本語教育の現状——日本語教育機関調査・2009年——』国際交流基金.

国際交流基金（2017）『2015年度海外日本語教育機関調査』
https://www.jpf.go.jp/j/project/japanese/survey/result/survey15.html（2023 年 6月30日参照）.

国際交流基金（2023）『2021年度海外日本語教育機関調査』
https://www.jpf.go.jp/j/project/japanese/survey/result/survey21.html（2023 年 6月30日参照）.

小島祥美（2015）「特別の教育課程導入と外国人児童生徒の教育」『移民政策研究』7, 56-70.

小島祥美（2021）「外国籍の子どもの不就学問題と解決に向けた提案——20年間の軌跡からの問い直し——」『異文化間教育』54, 78-94.

齋藤ひろみ, 菅原雅枝, 松本一子, 築樋博子（2017）「日本語指導を担当する加配教員の役割と可能性」『第2回子どもの日本語教育研究会資料』17-27.

坂本旬（2008）「『協働学習』とは何か」『生涯学習とキャリアデザイン』5, 49-57.

坂本利子, 堀江未来, 米澤由香子（編）（2017）『多文化間共修——多様な文化背景をもつ大学生の学び合いを支援する——』学文社.

佐川祥予（2022）『相互行為能力の諸相——共構築・ナラティヴ・自己形成——』溪水社.

佐久間勝彦（2015）「海外日本語教育研究の課題」『海外日本語教育研究』創刊号, 2-24.

桜井厚（2002）『インタビューの社会学——ライフストーリーの聞き方——』せりか書房.

迫田久美子（2020）『改訂版 日本語教育に生かす第二言語習得研究』アルク.

佐藤彰, 秦かおり（編）（2013）『ナラティブ研究の最前線』ひつじ書房.

佐藤郁哉（2002）『フィールドワークの技法——問いを育てる, 仮説をきたえる——』新曜社.

佐藤慎司, 神吉宇一, 奥野由紀子, 三輪聖（編）（2023）『ことばの教育と平和——争い・へだたり・不公正を乗り越えるための理論と実践——』明石書店.

佐藤慎司, 熊谷由理（編）（2011）『社会参加をめざす日本語教育——社会に関わる, つながる, 働きかける——』ひつじ書房.

佐藤慎司, 高見智子, 神吉宇一, 熊谷由理（編）（2018）『未来を創ることばの教育をめざして——内容重視の批判的言語教育（Critical Content-Based Instruction）の理論と実践——【新装版】』ココ出版.

佐藤慎司, 長谷川敦志, 熊谷由理, 神吉宇一（2018）「『内容重視の言語教育』再考——内容重視の『批判的』日本語教育（Critical Content-Based Instruction: CCBI）に向けて

──」佐藤慎司，高見智子，神吉宇一，熊谷由理（編）『未来を創ることばの教育をめざして──内容重視の批判的言語教育（Critical Content-Based Instruction）の理論と実践──【新装版】』第1章，ココ出版，13-36.

サトウタツヤ（編）（2009）『TEMではじめる質的研究──時間とプロセスを扱う研究をめざして──』誠信書房.

サトウタツヤ（2015）「TEAというアプローチ」安田裕子，滑田明暢，福田茉莉，サトウタツヤ（編）『ワードマップ TEA 理論編 複線径路等至性アプローチの基礎を学ぶ』第I部第1章，新曜社，3-28.

サトウタツヤ（2019）「記号という考え方 記号と文化心理学 その1」木戸彩恵，サトウタツヤ（編）『文化心理学──理論・各論・方法論──』第3章，ちとせプレス，27-39.

サトウタツヤ，春日秀朗，神崎真実（編）（2019）『質的研究法マッピング──特徴をつかみ、活用するために──』新曜社.

佐野真弓（2017）「宛先語を伴わない発問に対する学習者の応答──第二言語としての日本語の教室における学習者の相互行為に注目して──」『社会言語科学』20(1), 115-130.

ザラト，ジュヌヴィエーヴ（2007），姫田麻利子（訳）「「文化リテラシー」とは何か──異文化能力の評価をめぐるヨーロッパの議論から──」佐々木倫子，細川英雄，砂川裕一，川上郁雄，門倉正美，牲川波都季（編）『変貌する言語教育──多言語・多文化社会のリテラシーズとは何か──』くろしお出版，116-140.

新村出（編）（1998）『広辞苑』第5版，岩波書店.

澤邉裕子，中川正臣，岩井朝乃，相澤由佳（2018）「教室と社会をつなげる交流学習実践コミュニティは何を目指すのか──外国語教育における〈拡張型交流学習〉の可能性──」『日本語教育研究』44, 115-133.

嶋津拓（2010）『言語政策として「日本語の普及」はどうあったか──国際文化交流の周縁──』ひつじ書房.

嶋津拓（2011）「言語政策研究と日本語教育」『日本語教育』150, 56-70.

嶋津百代（2017）「アイデンティティについて語るためのことば──外国語学習環境の日本語学習者によるディスカッションの考察──」『関西大学外国語学部紀要』17, 1-16.

嶋津百代（2018）「日本語教育・教師教育において『語ること』の意味と意義──対話にナラティブの可能性を求めて──」『言語文化教育研究』16, 55-62.

嶋津百代（2021）「対話と協働構築のナラティブ」北出慶子，嶋津百代，三代純平（編）『ナラティブでひらく言語教育──理論と実践──』第4章，新曜社，61-79.

清水睦美（2021）「日本の教育格差と外国人の子どもたち──高校・大学進学率の観点から考える──」『異文化間教育』54, 39-57.

周萍（2010）「日本に定住する中国人はなぜ地域の日本語教室をやめるのか──学習者の背後にある社会的環境からその原因を見る──」『阪大日本語研究』22, 143-171.

人権教育啓発推進センター（2017）『平成28年度 法務省委託調査研究事業 外国人住民調査報告書──訂正版──』https://www.moj.go.jp/content/001226182.pdf（2022年2月10日参照）.

末松和子（2019）「学生を主体とした授業づくりと教員の役割」（第12章）末松和子，秋庭裕子，米澤由香子（編）（2019）『国際共修──文化的多様性を生かした授業実践へのアプローチ──』東信堂, 254-278.

杉澤経子（2009）「『多文化社会コーディネーター養成プログラム』づくりにおけるコーディネーターの省察的実践」『多文化社会コーディネーター養成プログラム──その専門性と力量形成──』東京外国語大学多言語多文化教育研究センター, 6-30.

杉田浩崇（2021）「エビデンスに基づく教育──黒船か、それとも救世主か──」石井英真（編）『流行に躍る日本の教育』東洋館出版社, 231-256.

杉谷和哉（2022）『政策にエビデンスは必要なのか── EBPM と政治のあいだ──』ミネルヴァ書房.

鈴木江理子（2021）『アンダーコロナの移民たち──日本社会の脆弱性があらわれた場所──』明石書店.

高木智世（2008）「相互行為を整序する手続きとしての受け手の反応──治療的面接場面で用いられる「はい」をめぐって──」『社会言語科学』10(2), 55-69.

高橋朋子（2009）『中国帰国者三世四世の学校エスノグラフィー』生活書院.

高橋朋子（2011）「中国にルーツを持つ子どもたちへの中国語教育」『帝国崩壊とひとの再移動』勉誠出版, 226-236.

高橋朋子（2012）「母語教育の意義と課題 学校と地域──2つの中国語教室の事例から──」『ことばと社会 リテラシー再考』14, 320-330.

高橋朋子（2019）「中国にルーツを持つ子どもの母語・継承語教育」『親と子をつなぐ継承語教育』くろしお出版, 253-267.

高橋朋子（2022）「母語・継承語も育てる」西川朋美（編著）『外国につながる子どもの日本語教育』くろしお出版, 165-183.

高橋美能（2016）「国際共修授業における言語の障壁を低減するための方策」『大阪大学大学院人間科学研究科紀要』42, 123-139.

高橋美能（2019）「国際共修授業の普及と多様なバックグラウンドの学生同士の多文化共生」『留学交流』100, 1-13.

田島信元（2008）「文化心理学の起源と潮流」田島信元（編）『朝倉心理学講座11 文化心理学』朝倉書店, 1-17.

坪根由香里（2007）「コンケン大学教育学部日本語教育プログラムにおけるカリキュラム」『国際交流基金バンコク日本文化センター』4, 213-222.

手塚まゆ子（2021）「グループワークにおける個人的活動から共同的活動への移行──反転授業クラスの会話分析から──」『日本語教育』179, 47-61.

寺沢拓敬（2019）「ポリティクスの研究で考慮すべきこと──複合的合理性・実態調査・有効性──」牲川波都季（編）『日本語教育はどこへ向かうのか──移民時代の政策を動かすために──』くろしお出版, 109-130.

唐寧娜（2019）『日本語能力初中級の中国人留学生のあいづち──音声的な反応を中心に──』修士論文（未公刊）, 関西学院大学.

當作靖彦（2013）『NIPPON 3.0の処方箋』講談社.

特定非営利活動法人神戸定住外国人支援センター（2007）『10周年記念誌「かぜ」』.

特定非営利活動法人神戸定住外国人支援センター（2017）『20周年記念誌「土」』.

伴野崇生（2013）「『難民日本語教育』の可能性と課題――難民の権利・尊厳の保障のための日本語学習支援の構想――」『難民研究ジャーナル』3, 難民研究フォーラム, 26-43.

豊中市, 公益財団法人とよなか国際交流協会（2022）『コロナ禍における外国人市民の生活等への影響に関する調査研究報告書』.

中島和子（2013）「テーマ『ダブルリミテッド・一時的セミリンガル現象について考える』について」『母語・継承語・バイリンガル教育研究（MHB）』3, 1-7.

中村和夫（2004）『ヴィゴーツキー心理学完全読本』新読書社.

長友和彦（監修）, 森山新, 向山陽子（編）（2016）『第二言語としての日本語習得研究の展望――第二言語から多言語へ――』ココ出版.

永吉希久子（2020）『移民と日本社会――データで読み解く実態と将来像――』中公新書.

永吉希久子（2021）『日本の移民統合――全国調査から見る現況と障壁――』明石書店.

西川玲子（2005）「日常会話に起こるナラティブの協働形成――理論構築活動としてのナラティブ――」『社会言語科学』7(2), 25-38.

西口光一（1999）「状況的学習論と新しい日本語教育の実践」『日本語教育』100, 7-18.

西口光一（編）（2005）『文化と歴史の中の学習と学習者――日本語教育における社会文化的パースペクティブ――』凡人社.

西口光一（2012）『NEJ: A New Approach to Elementary Japanese ――テーマで学ぶ基礎日本語――』くろしお出版.

西口光一（2013）『第二言語教育におけるバフチン的視点――第二言語教育学の基盤として――』くろしお出版.

西口光一（2014a）『NEJ ――テーマで学ぶ基礎日本語（ベトナム語版）vol.1 ――』くろしお出版.

西口光一（2014b）『NEJ ――テーマで学ぶ基礎日本語（ベトナム語版）vol.2 ――』くろしお出版.

西口光一（2015）『対話原理と第二言語の習得と教育――第二言語教育におけるバフチン的アプローチ――』くろしお出版.

西口光一（2020）『新次元の日本語教育の理論と企画と実践――第二言語教育学と表現活動中心のアプローチ――』くろしお出版.

西口光一（2021）「対話の原型と対話原理の原点――『生活のなかの言葉と詩のなかの言葉』におけるイントネーション――」『多文化社会と留学生交流』25, 1-12.

西郡仁朗（2019）「介護福祉の日本語教育の現状と支援者の育成――介護の日本語 Can-do ステートメントを中心に――」『日本語教育』172, 18-32.

西阪仰（2008）「発言順番内において分散する文――相互行為の焦点としての反応機会場――」『社会言語科学』10(2), 83-95.

西野藍（2005）「教室での学習者の母語使用を理解する」西口光一（編）『文化と歴史の中

の学習と学習者——日本語教育における社会文化的パースペクティブ——』凡人社, 102-122.

西野藍（2012）「タイにおける『体験交流活動型日本語学習』の実践と教師支援」『国際交流基金バンコク日本文化センター日本語教育紀要』9, 99-108.

西野藍（2019）「①海外派遣プログラム」『ことばで社会をつなぐ仕事——日本語教育者のキャリアガイド——』凡人社, 10-13.

西野藍（2023）「タイの教員養成制度改定から見えてくるもの——これからの中等日本語教員に求められるコンピテンシーとは——」『ICU 日本語教育研究』19, 3-20.

西野藍, 石井容子（2009）「学習者の協同と教師の関わりを重視したディスカッション練習の活動デザイン」『国際交流基金日本語教育紀要』5, 1-6.

西野藍, Khamthongthip Tawat, Kritsananon Supalak（2009）「タイの大学の教育学部における日本語教員養成と日本語教育科目のデザイン」『国際交流基金バンコク日本文化センター日本語教育紀要』5, 155-164.

西野藍, 太原ゆか, 内田陽子（2011）「タイの中等日本語教師教育と Education Professional Standards ——現場の教員の視点から見た意義と問題——」『国際交流基金バンコク日本文化センター日本語教育紀要』8, 115-124.

西野藍, 坪根由香里, 八田直美（2020）「タイの中等日本語教員 A のキャリア形成過程——複線径路・等至性アプローチ（TEA）による分析——」『ICU 日本語教育研究』16, 3-19.

西野藍, 八田直美, 坪根由香里（2022）「タイの大学日本語教員養成課程卒業生の追跡調査から見るキャリア選択の実態——中等日本語教員を職業として選ぶ理由——」『国際交流基金日本語教育紀要』18, 119-130.

西野藍, 平田真理子（2010）「専門職としての日本語教員養成——タイ・コンケン大学の事例研究——」『国際交流基金バンコク日本文化センター日本語教育紀要』7, 71-80.

布尾勝一郎（2016）『迷走する外国人看護・介護人材の受け入れ』ひつじ書房.

ネウストプニー, J. V.（1981）「外国人の日本語の実態（1）外国人場面の研究と日本語教育」『日本語教育』45, 30-40.

ネウストプニー, J. V.（2002）「方法論のプロセス」ネウストプニー, J. V., 宮崎里司（編）『言語研究の方法——言語学・日本語学・日本語教育学に携わる人のために——』くろしお出版.

野畑理佳, ガムチャンタコーン, ウィーパー（2006）「タイにおける中等日本語教員養成講座の概要と追跡調査報告——タイ後期中等教育における日本語クラスの現状——」『世界の日本語教育』16, 169-187.

野山広（2007）「日本の言語政策と多文化共生社会——諸外国の受入れ政策や言語政策との比較を通して——」山本忠行, 河原俊昭（編）『世界の言語政策第 2 集 多言語社会に備えて』くろしお出版, 29-58.

秦かおり, 村田和代（編）（2020）『ナラティブ研究の可能性——語りが写し出す社会——』ひつじ書房.

バフチン, ミハイル, 佐々木寛（訳）（1999a）「芸術と責任」『ミハイル・バフチン全著作』

第1巻, 伊東一郎, 佐々木寛 (訳) 水声社.

バフチン, ミハイル, 佐々木寛 (訳) (1999b)「行為の哲学によせて」『ミハイル・バフチン全著作』第1巻, 伊東一郎, 佐々木寛 (訳) 水声社.

バフチン, ミハイル (2002), 桑野隆 (訳)「生活のなかの言葉と詩のなかの言葉——社会学的詩学の問題によせて——」『バフチン言語論入門』, 桑野隆, 小林潔 (編訳) (2002) せりか書房.

バフチン, ミハイル, 佐々木寛 (訳) (2004)「文芸学の形式的方法」『ミハイル・バフチン全著作』第2巻, 磯谷孝, 佐々木寛 (訳) 水声社.

バフチン, ミハイル, 桑野隆 (訳) (2013)『ドストエフスキーの創作の問題』平凡社ライブラリー.

羽太園, 西野藍 (2012)「非母語話者日本語教師を対象とした超短期研修の成果——体験交流活動を通じた意識の変化——」『国際交流基金日本語教育紀要』8, 169-184.

林貴哉 (2017)「『海』を通した共生の姿——言語、文化、世代を超えた教室外の学びの場——」『未来共生学』4, 430-432.

林貴哉 (2018)「ベトナム人集住地域における複数言語の使用と学習に関する研究——日本に定住した中国系ベトナム難民のライフストーリーから——」『言語文化教育研究』16, 136-156.

春原憲一郎 (2006)「学習パラダイムと教育パラダイムの落差——近代パラダイムの解体に向けて——」国立国語研究所 (編)『日本語教育の新たな文脈——学習環境、接触場面、コミュニケーションの多様性——』第5章, アルク, 284-310.

伴紀子 (1985)「『生活日本語』の教育上の配慮」『日本語教育』56, 110-120.

樋口直人 (2020)「労働——人材への投資なき政策の愚——」高谷幸 (編)『移民政策とは何か——日本の現実から考える——』人文書院, 23-39.

久川伸子 (2018)「多文化間共修をめざす『談話分析』の授業デザイン——初回と2回目の授業実践の事後課題の分析——」『東京経済大学人文自然科学論集』147-156.

平田オリザ (2001)『対話のレッスン——日本人のためのコミュニケーション術——』講談社学術文庫.

平畑奈美 (2019a)『移動する女性たち——海外の日本語教育と国際ボランティアの周辺——』春風社.

平畑奈美 (2019b)『「ネイティブ」とよばれる日本語教師——海外で教える母語話者日本語教師の資質を問う——』春風社.

文化審議会国語分科会 (2019)『日本語教育人材の養成・研修の在り方について (報告) 改定版』文化庁
https://www.bunka.go.jp/seisaku/bunkashingikai/kokugo/kokugo/kokugo_70/pdf/r1414272_04.pdf (2023年8月5日参照).

文化庁 (2013)『日本語教育の推進に向けた基本的な考え方と論点の整理について (報告)』
https://www.bunka.go.jp/seisaku/bunkashingikai/kokugo/hokoku/pdf/suishin_130218.pdf (2022年10月27日参照).

文化庁（2014）『日本語教育の推進に当たっての主な論点に関する意見の整理について』. https://www.bunka.go.jp/seisaku/bunkashingikai/kokugo/hokoku/pdf/hokoku_140131.pdf（2022年10月27日参照）.

細川英雄（2019）「ことばの活動によるコミュニケーションとその教育の意味——欧州評議会における言語教育政策観の推移から——」佐藤慎司（編）『コミュニケーションとは何か——ポスト・コミュニカティブ・アプローチ——』くろしお出版, 56-75.

細川英雄, 尾辻恵美, マリオッティ, マルチェッラ（編）（2016）『市民性形成とことばの教育——母語・第二言語・外国語を超えて——』くろしお出版.

堀永乃, 澤田幸子, 野村愛（2020）『初級からこんなに話せる！——ナラティブで学ぶ日本語160時間——』凡人社.

堀江未来（2017）「多文化間共修とは——背景・理念・理論的枠組みの考察——」坂本利子, 堀江未来, 米澤由香子（編）『多文化間共修——多様な文化背景をもつ大学生の学び合いを支援する——』第1章, 学文社, 1-33.

堀口純子（1997）『日本語教育と会話分析』くろしお出版.

前川喜久雄（2004）「『日本語話し言葉コーパス』の概要」『日本語科学』15, 111-133.

牧貴愛（2012）「タイ——『聖職者的教師』と『専門職的教師』の調和を目指す国——」小川佳万, 服部美奈（編）『アジアの教員——変貌する役割と専門職への挑戦——』第9章, ジアース教育新社, 216-236.

牧貴愛（2020）「タイにおける『研究に基礎を置く』教員養成の制度的基盤——実践研究を中心に——」『広島大学大学院人間社会科学研究科紀要 教育学研究』1, 246-255.

牧里毎治（監修）, 公益財団法人とよなか国際交流協会（編）（2019）『外国人と共生する地域づくり——大阪・豊中の実践から見えてきたもの——』明石書店.

松尾慎（2015）「地域日本語教育を問いつづける」神吉宇一（編）『日本語教育学のデザイン——その地と図を描く——』第5章, 凡人社, 101-122.

松尾憲暁（2023）「キャリア形成における日本語教育の意味づけの変容——養成課程修了後に日本語教師以外の職業に就いたS氏の語りの分析——」『小出記念日本語教育学会論文集』31, 41-56.

馬渕仁（2010）『クリティーク 多文化、異文化——文化の捉え方を超克する——』東信堂.

丸山真純（2021）「トランスカルチュラル・コミュニケーションとしての異文化コミュニケーション、トランスランゲージングと（マルチ）リンガ・フランカとしての英語（1）——オンライン多文化共修の再概念化に向けて——」『経営と経済』100(4), 263-299.

水谷信子（1993）「『共話』から『対話』へ」『日本語学』12(4), 4-10.

光元聰江, 岡本淑明（2006）『外国人児童・生徒を教えるためのリライト教材』ふくろう出版.

箕浦康子（1999）『フィールドワークの技法と実際——マイクロ・エスノグラフィー入門——』ミネルヴァ書房.

宮崎里司, 中野玲子, 早川直子, 奥村恵子（2017）『外国人介護職への日本語教育法——ワセダバンドスケール（介護版）を用いた教え方——』日経メディカル開発.

宮本常一，安渓遊地（2008）『調査されるという迷惑——フィールドに出る前に読んでおく本——』みずのわ出版.

三代純平（編）（2015）『日本語教育学としてのライフストーリー——語りを聞き、書くということ——』くろしお出版.

村上祐介，橋野晶寛（2020）『教育政策・行政の考え方』有斐閣ストゥディア.

森直久（2009）「回顧型／前向型TEM研究の区別と方法論的問題」サトウタツヤ（編）『TEMではじめる質的研究——時間とプロセスを扱う研究をめざして——』第5章第5節, 誠信書房, 153-157.

森本郁代（2001）「地域日本語教育の批判的再検討——ボランティアの語りに見られるカテゴリー化を通して——」野呂香代子，山下仁（編）『「正しさ」への問い——批判的社会言語学の試み——』第7章, 三元社, 215-247.

森本郁代（2020）「アクティブラーニングにおける大学生の話し合いの特徴——意見や提案の連鎖の分析から——」村田和代（編）『これからの話し合いを考えよう』ひつじ書房, 45-62.

文部科学省（2014）『外国人児童生徒のための JSL 対話型アセスメント DLA』https://www.mext.go.jp/a_menu/shotou/clarinet/003/1345413.htm（2020年1月5日参照）.

文部科学省（2020a）『「日本語指導が必要な児童生徒の受入状況等に関する調査（令和3年度）」の結果（速報）について』https://www.mext.go.jp/content/20220324-mxt_kyokoku-000021406_01.pdf（2020年1月5日参照）.

文部科学省（2020b）『外国人の子供の就学状況等調査結果（確定値）について』https://www.mext.go.jp/b_menu/houdou/31/09/1421568_00001.htm（2020年1月5日参照）.

八木真奈美（2013）『人によりそい、社会と対峙する日本語教育——日本社会における移住者のエスノグラフィーから見えるもの——』早稲田大学出版部.

八木真奈美（編）（2022）『話す・考える・社会とつなぐためのリソース——わたしたちのストーリー——』ココ出版.

八木真奈美, 池上摩希子, 古屋憲章（2019）「個人の経験を社会・変革・未来へつなげる実践を目指して——ナラティブをリソースとする教材作成の試み——」『言語文化教育研究』17, 404-423.

安田裕子（2019）「TEA（複線径路等至性アプローチ)」サトウタツヤ，春日英朗，神崎真実（編）『ワードマップ 質的研究法マッピング——特徴を掴み、活用するために——』新曜社, 16-22.

安田裕子, 滑田明暢, 福田茉莉, サトウタツヤ（編）（2015）『ワードマップTEA理論編　複線径路等至性アプローチの基礎を学ぶ』新曜社.

山下隆史（2005）「学習を見直す」西口光一（編著）『文化と歴史の中の学習と学習者』凡人社, 6-29.

山田泉（2018）「『多文化共生社会』再考」松尾慎（編）『多文化共生──人が変わる、社会を変える──』第1部, 凡人社, 3-50.

山本冴里（2014）『戦後の国家と日本語教育』くろしお出版.

山本真理（2016）「相互行為における聞き手反応としての『うん／はい』の使い分け──『丁寧さ』とは異なる観点から──」『国立国語研究所論集』10, 297-313.

好井裕明, 山田富秋, 西阪仰（1999）『会話分析への招待』世界思想社.

義永美央子（2009）「第二言語習得研究における社会的視点──認知的視点との比較と今後の展望──」『社会言語科学』12(1), 15-31.

義永美央子（2018）「自律学習支援のための日本語学習記録における教師コメントの分析」『大阪大学国際教育交流センター研究論集 多文化社会と留学生交流』22, 33-46.

義永美央子（2021a）「溶け合うことばの境界」青木直子, バーデルスキー, マシュー（編著）『日本語教育の新しい地図──専門知識を書き換える──』ひつじ書房, 25-46.

義永美央子（2021b）「第二言語の使用・学習・教育とイデオロギー──モノリンガルバイアス、母語話者主義、新自由主義──」尾辻恵美, 熊谷由理, 佐藤慎司（編著）『ともに生きるために──ウェルフェア・リングイスティクスと生態学の視点からみることばの教育──』春風社, 135-163.

義永美央子（2021c）「ことばの学び方を学ぶ授業のデザイン──学習者オートノミーの育成を目指して──」『言語文化教育研究学会第7回年次大会予稿集』77-82.

義永美央子, 瀬井陽子, 難波康治, 角南北斗, 韓喜善（2021）「日本語学習支援の全学的な展開に向けて── OUマルチリンガルプラザとOU日本語ひろばの実践報告──」『大阪大学国際教育交流センター研究論集 多文化社会と留学生交流』25, 55-61.

義永美央子, 難波康治, 瀬井陽子, 角南北斗, 韓喜善（2022）「リアルとバーチャルを結んだ日本語学習支援の取り組み──3年間の総括──」『大阪大学国際教育交流センター研究論集 多文化社会と留学生交流』26, 41-53.

羅曉勤（2020）『台湾高等教育での日本語人材育成における実践研究──今を生き・未来につながる教育を目指して──』瑞蘭出版.

ラスムセン, ロバート（著）蓮沼孝, 石原正雄（編著）（2016）『戦略を形にする思考術──レゴシリアスプレイで組織はよみがえる──』徳間書店（Kindle Paperwhite）.

亘理陽一, 草薙邦広, 寺沢拓敬, 浦野研, 工藤洋路, 酒井英樹（2021）『英語教育のエビデンス──これからの英語教育研究のために──』研究社.

〈英語文献〉

Aston, G. (1986). Trouble-shooting in Interaction with learners: The more the merrier?, *Applied Linguistics*, 7, 128-143.

Atkinson, P. (2017). *Thinking ethnographically*. Sage.

Bakhtin, M. M. (1984). *Problems of Dostoevsky's poetics* (C. Emerson, Trans.). University of Minnesota Press. バフチン, ミハイル（1995）, 望月哲男, 鈴木淳一（訳）

『ドストエフスキーの詩学』筑摩書房.

Bakhtin, M. M.（Vološinov, V. N.）（1986a）. *Marxism and the philosophy of language* (L. Matejka, L. & I. R. Titunik, Trans.). Harvard University Press. バフチン, ミハイル（1980）, 北岡誠司（訳）『言語と文化の記号論──マルクス主義と言語の哲学──』新時代社.

Bakhtin, M. M.（1986b）. The problem of speech genres in *Speech genres & other late essays* (V. W. McGee, Trans.). University of Texas press. バフチン, ミハイル（1988）, 佐々木寛（訳）「ことばのジャンル」新谷敬三郎, 伊東一郎, 佐々木寛（訳）『ことば 対話 テキスト』新時代社.

Bamberg, M.（1997）. Positioning between structure and performance. *Journal of Narrative and Life History*, 7, 335-342.

Bamberg, M., & Georgakopoulou, A.（2008）. Small stories as a new perspective in narrative and identity analysis. *Text and Talk*, 28(3), 377-396.

Bateson, G.（2000）. A theory of play and fantasy in *steps to an ecology of mind* (pp.177-193). University of Chicago Press. ベイトソン, グレゴリー（2000）, 佐藤良明（訳）「遊びと空想の理論」『精神の生態学』新思索社, 258-279.

Biesta, G. J. J.（2009）. Good education in an age of measurement: On the need to reconnect with the question of purpose in education. *Educational Assessment, Evaluation, and Accountability*, 21(1), 33-46.

Block, D.（2003）. *The Social turn in second language acquisition*. Edinburgh University Press.

Blommaert, J.（2013）. *Ethnography, superdiversity and linguistic landscapes: Chronicles of complexity*. Multilingual Matters.

Bouchard, J. & Glasgow, G. P.（2019）. Agency in language policy and planning: A theoretical model. In J. Bouchard & G. P. Glasgow（Eds.）, *Agency in language policy and planning: Critical inquiries* (pp.22-76). Routledge.

Brumfit, C.（1984）. *Communicative methodology in language teaching: The roles of fluency and accuracy*. Cambridge University Press.

Bruner, J. S.（1986）. *Actual minds, possible worlds*. Harvard University Press. ブルーナー, ジェローム S.（1998）, 田中一彦（訳）『可能世界の心理』みすず書房.

Bruner, J. S.（1990）. *Acts of meaning*. Harvard University Press. ブルーナー, ジェローム S.（1999）, 岡本夏木, 仲渡一美, 吉村啓子（訳）『意味の復権──フォークサイコロジーに向けて──』ミネルヴァ書房.

Byram, M.（1997）. *Teaching and assessing intercultural communicative competence*. Multilingual Matters.

Byram, M.（2008）. *From foreign language education to education for intercultural citizenship: Essays and reflections.* Multilingual Matters. バイラム, マイケル（2008）, 細川英雄（監修）, 山田悦子, 古村由美子（訳）（2015）『相互文化的能力を育む外国語

教育——グローバル化時代の市民性形成をめざして——』大修館書店.

Canagarajah, S. (2006). Ethnographic Methods in language policy. In T. Ricento (Ed.), *An introduction to language policy: Theory and method* (pp.153-169). Blackwell.

Caroll, D. (2005). Vowel-marking as an interactional resource in Japanese novice EFL conversations. In K. Richards & P. Seedhouse (Eds.), *Applying conversation analysis* (pp.214-234). Palgrave Macmillan.

Cenoz, J., Gorter, D., & May, S. (Eds.). (2017). *Language awareness and multilingualism* (3rd ed.). Springer.

Chase, S. E. (2018). Narrative inquiry: Toward theoretical and methodological maturity. In N. K. Denzin & Y. S. Lincoln (Eds.). *The Sage handbook of qualitative research* (pp.546-560). Sage.

Chiswick, B. R., & Miller, P. W. (2002). Immigration earning: Language skills, linguistic concentrations and the business cycle. *Journal of Population Economics, 15*, 31-57.

Chiswick, B. R., & Miller, P. W. (2003). The complementarity of language and other human capital: Immigrants earnings in Canada. *Economics of Education Review, 22*(5), 469-480.

Clark, K. & Holquist, M. (1984). *Mikhail Bakhtin.* Belknap Press. クラーク, K., ホルクイスト, M. (1990), 川端香男里, 鈴木晶 (訳)『ミハイール・バフチーンの世界』せりか書房.

Coleman, J. S. (1988). Social capital in the creation of human capital. *American Journal of Sociology, 94*, S95-S120.

Cook, V. J. (Ed.). (2002). *Portraits of the L2 User.* Multilingual Matters.

Cooper, L. (1989). *Language planning and social change.* Cambridge University Press.

Corder, P. (1967). The significance of learner's errors. *International Review of Applied Linguistics, 5*, 161-170.

Council of Europe. (2001). *Common European framework of reference for languages: Learning, teaching, and assessment.* Cambridge University Press. 吉島茂, 大島理枝ほか (訳) (2004)『外国語教育II——外国語の学習, 教授, 評価のためのヨーロッパ共通参照枠——』朝日出版社.

Cranton, P. A. (1992). *Working with adult learners.* Wall & Emerson. クラントン, P. A. (1999), 入江直子, 豊田千代子, 三輪健二 (訳)『おとなの学びを拓く——自己決定と意識変容をめざして——』鳳書房.

Cummins, J. (1984). *Bilingualism and special education.* Multilingual Matters.

Cummins, J. (1989). Language and literacy acquisition in bilingual contexts. *Journal of Multilingual and Multicultural Development, 10*(1), 17-31.

Cummins, J., & Early, M.（2011）. *Identity texts: The collaborative creation of power in multilingual schools*. Trentham Books.

Davies, B., & Harré, R.（1990）. Positioning: The discursive production of selves. *Journal for the Theory of Social Behaviour*, *20*(1), 43-63.

De Fina, A.（2015）. Narrative and identities. In A. De Fina & A. Georgakopoulou（Eds.）, *The handbook of narrative analysis*（pp.351-368）. Wiley Blackwell.

De Fina, A., & Georgakopoulou, A.（2012）. *Analyzing narrative: Discourse and sociolinguistic perspectives*. Cambridge University Press.

De Fina, A., Schiffrin, D., & Bamberg, M.（Eds.）,（2006）. *Discourse and identity*. Cambridge University Press.

Duranti, A.（1986）. The audience as co-author. *Text*, *6*(3), 239-247.

Eckert, P., & McConnell-Ginet, S.（1992）. Think practically and look locally: Language and gender as community-based practice. *Annual Review of Anthropology*, *21*, 461-490.

Emerson, R. M., Fretz, R. I., & Shaw, L. L.（1995）. *Writing ethnographic fieldnotes*. University of Chicago Press. エマーソン, R., フレッツ, R., ショウ, L.（1998）, 佐藤郁哉, 好井裕明, 山田富秋（訳）『方法としてのフィールドノート――現地取材から物語作成まで――』新曜社.

Epston, D., & White, M.（1992）. A proposal for a re-authoring therapy: Rose's revisioning of her life and a commentary. In S. McNamee & K. J. Gergen（Eds.）, *Therapy as social construction*（pp.96-115）. Sage. エプストン, D., ホワイト, M.（2014）「書きかえ療法――人生というストーリーの再著述――」マクナミー, S., ガーゲン, K. J.（編）, 野口裕二, 野村直樹（訳）『ナラティヴ・セラピー――社会構成主義の実践――』遠見書房, 103-137.

Feng, J.（2022）. How an utterance is regarded as implying disagreement: an analysis of confirmation requests in Japanese decision-making meetings. *Journal of Japanese Linguistics*, *38*(1), 97-117.

Firth, A., & Wagner, J.（1997）. On discourse, communication, and（some）fundamental concepts in SLA research. *The Modern Language Journal*, *81*(3), 285-300.

Flores, N., & Rosa, J.（2015）. Undoing appropriateness: Raciolinguistic ideologies and language diversity in education. *Harvard Educational Review*, *85*(2), 149-172.

Freire, P.（2005）. *Pedagogia Do Oprimido*. Paz e Terra. フレイレ, P.（2011）, 三砂ちづる（訳）『被抑圧者の教育学――新訳』亜紀書房.

García, O., & Wei, L.（2014）. *Translanguaging: Learning, bilingualism and education*. Palgrave MacMillan.

Gardner, R., & Wagner, J.（Eds.）,（2004）. *Second language conversations*.

Continuum.

Gee, J. P. (1999). *An introduction to discourse analysis: Theory and method.* Routledge.

Geertz, C. (1973). *The interpretation of cultures.* Basic Books.

Georgakopoulou, A. (2007). *Small stories, interaction and identities.* John Benjamins.

Georgakopoulou, A. (2011). Narrative analysis. In R. Wodak, B. Johnstone & P. Kerswill (Eds.), *The SAGE handbook of sociolinguistics* (pp.396-411). Sage. イェルガコポロ, A. (2013)「ナラティブ分析」佐藤彰, 秦かおり, 岡本多香子（訳）, 佐藤彰, 秦かおり（編）『ナラティブ研究の最前線——人は語ることで何をなすのか——』ひつじ書房, 1-42.

Gergen, K. J. (1997). *Realities and relationships: Soundings in social construction.* Harvard University Press. ガーゲン, K. J. (2004), 永田素彦, 深尾誠（訳）『社会構成主義の理論と実践——関係性が現実をつくる——』ナカニシヤ出版.

Goffman, E. (1959). *The presentation of self in everyday life.* Anchor. ゴフマン, E. (1974) 石黒毅（訳）『行為と演技——日常生活における自己呈示——』誠信書房.

Goffman, E. (1961). *Encounters: Two studies in the sociology of interaction.* Bobbs-Merrill. ゴフマン, E. (1985), 佐藤毅（訳）『出会い』誠信書房.

Goffman, E. (1981). *Forms of talk.* University of Pennsylvania Press.

Goffman, E. (1986). *Frame analysis: An essay on the organization of experience.* Northeastern University.

Goodman, D. J. (2000). *Promoting diversity and social justice: Educating people from privileged groups* (2nd ed.). Sage. グッドマン, D. J. (2017), 出口真紀子（監訳）田辺希久子（訳）『真のダイバーシティをめざして——特権に無自覚なマジョリティのための社会的公正教育——』上智大学出版.

Gordon, C. (2003). Aligning as a team: Forms of conjoined participation in (stepfamily) interaction. *Research on Language and Social Interaction, 36*(4), 395-431.

Granovetter, M. S. (1973). The strength of weak ties. *American Journal of Sociology, 78*(6), 1360-1380.

Hall, J. K. (1995). (Re) creating our worlds with words: A sociohistrical perspective of face-to-face interaction. *Applied Linguistics, 16,* 206-232.

Holec, H. (1981). *Autonomy and foreign language learning.* Pergamon Press.

Holliday, A. (2006). Native-speakerism. *ELT Journal, 60*(4), 385-387.

Holquist, M. (1981). Glossary. In M. M. Bakhtin, *The Dialogic imagination: Four essays* (pp.423-434). University of Texas Press.

Hornberger, N. H., & Johnson, D. C. (2007). Slicing the onion ethnographically: Layers and spaces in multilingual language education policy and practice. *TESOL*

Quarterly, 41(3), 509-532.

Jacoby, S., & Ochs, E. (1995). Co-construction: An introduction. *Research on Language and Social Interaction, 28*(3), 37-72.

Johnson, D. C. (2013). Positioning the language policy arbiter: Govermentality and footing in the school district of Philadelphia. In J. Tollefson (Ed.), *Language policies in education: Critical issues* (2nd ed.) (pp.116-135). Routledge.

Johnson, D. C., & Ricento, T. (2013). Conceptual and theoretical perspectives in language planning and policy: Situating the ethnography of language policy. *International Journal of the Sociology of Language, 219*, 7-21.

Kato, S., & Mynard, J. (2016). *Reflective dialogue: Advising in language learning.* Routledge. 加藤聡子, マイナード, J. (2022), 義永美央子, 加藤聡子 (監訳)『リフレクティブ・ダイアローグ——学習者オートノミーを育む言語学習アドバイジング——』大阪大学出版会.

Kolb, D. A. (1984). *Experiential learning: Experience as the source of learning and development,* Prentice Hall.

Kramsch, C. (1986). From language proficiency to interactional competence. *The Modern Language Journal, 70*(4), 366-372.

Kristeva, J. (1980). *Desire in language: A semiotic approach to literature and art.* (L. S. Roudiez, Ed.). (T. Gora, A. Jardine & L. S. Roudiez, Trans.). Columbia University Press. クリステヴァ, J. (1983), 原田邦夫 (訳)『記号の解体学——セメイオチケ 1 ——』せりか書房.

Labov, W. (1972). *Language in the inner city: Studies in the Black English vernacular.* University of Pennsylvania Press.

Labov, W., & Waletzky, J. (1997 [1967]). Narrative analysis: Oral version of personal experience. *Journal of Narrative and Life History, 7*(1-4), 3-38.

Lave, J., & Wenger, E. (1991). *Situated learning: Legitimate peripheral participation.* Cambridge University Press. レイヴ, J., ウェンガー, E., 佐伯胖 (訳) (1993)『状況に埋め込まれた学習——正統的周辺参加——』産業図書.

Lerner, G. H. (1996). On the semi-permeable character of grammatical units in conversation: conditional entry into the turn space of another speaker. In E. Ochs, E. A. Schegloff, & S. A. Thompson (Eds.), *Interaction and grammar* (pp.238-276). Cambridge University Press.

Liddicoat, A. J., & Taylor-Leech, K. (2020). Agency in language planning and policy. *Current Issues in Language Planning, 22*(1-2), 1-18.

Linde, C. (1993). *Life stories: The creation of coherence.* Oxford University Press.

Lodge, D. (1990). *After Bakhtin: Essays on fiction and criticism.* Routledge. ロッジ, D. (1992), 伊藤誓 (訳)『バフチン以後——「ポリフォニー」としての小説——』法政大学出版局.

Long, M. (1981). Input, interaction, and second-language acquisition. *Annals of the New York Academy of Sciences, 379*, 259-278.

Long, M. (1983). Native speaker/non-native speaker conversation and the negotiation of comprehensible input. *Applied Linguistics, 4*(2), 126-141.

MacIntyre, A. (1981). *After virtue.* University of Notredame Press. マッキンタイア, A. (2021), 篠﨑榮（訳）『美徳なき時代』みすず書房.

May, S. (2013). *The multilingual turn: Implications for SLA, TESOL, and bilingual education.* Routledge.

Mead, G. H. (2015). *Mind, self, and society.* University of Chicago Press. ミード, G. H. (2018), 植木豊（訳）「精神・自我・社会」『G. H. ミード著作集成』作品社, 199-602.

Menken, K., & García, O. (Eds.), (2010). *Negotiating language policies in schools: Educators as policymakers.* Routledge.

Mori, J., & Nguyen, H. (2019). Conversation analysis in L2 pragmatics research. In N. Taguchi (Ed.), *The Routledge handbook of second language acquisition and pragmatics* (pp.227-240). Routledge.

Murray, G. (2018). Self-access environments as self-enriching complex dynamic ecosocial systems. *Studies in Self-Access Learning Journal, 9*(2), 102-115.

Norton, B. (2013). *Identity and language learning: Extending the conversation.* Multilingual Matter. ノートン, B. (2023), 中山亜紀子, 福永淳, 米本和弘（訳）『アイデンティティと言語学習——ジェンダー・エスニシティ・教育をめぐって広がる地平——』明石書店.

Ortega, L. (2013). Ways forward for a bi/multilingual turn in SLA. In S. May (Ed.), *The multilingual turn: Implications for SLA, TESOL and bilingual education* (pp.32-53). Routledge.

Pennycook, A., & Otsuji, E. (2015). *Metrolingualism: Language in the city.* Routledge.

Putnam, R. D. (2000). *Bowling alone: The collapse and revival of American community.* Simon & Schuster. パットナム, R. D. (2006), 柴内康文（訳）『孤独なボウリング——米国コミュニティの崩壊と再生——』柏書房.

Raymond, G. (2003). Grammar and social organization: Yes/no interrogatives and the structure of responding. *American Sociological Review, 68*(6), 939-967.

Ricento, T. K. (2000). Historical and theoretical perspectives in language policy and planning. *Journal of Sociolinguistis, 4*(2), 196-213.

Ricento, T. K., & Hornberger, N. H. (1996). Unpeeling the onion: Language planning and policy and the ELT professional. *TESOL Quarterly, 30*(3), 401-427.

Ricoeur, P. (1990). *Time and narrative* (vol.3) (K. Blamey, & D. Pellauer, Trans.). University of Chicago Press. リクール, P. (1990), 久米博（訳）『時間と物語 (3)』新曜社.

Roever, C., & Kasper, G. (2018). Speaking in turns and sequences: Interactional competence as a target construct in testing speaking. *Language Testing, 35*(3), 331-355.

Roberts, C., Byram, M., Barro, A., Jordan, S., & Street, B. V. (2001). *Language learners as ethnographers*. Multilingual Matters.

Rosen, H. (1988). The autobiographical impulse. In D. Tannen (Ed.), *Linguistics in context: Connecting observation and understanding* (pp.69-88). Ablex.

Ryan, M. (2007). Toward a definition of narrative. In D. Herman (Ed.), *The Cambridge companion to narrative* (pp.22-35). Cambridge University Press.

Sacks, H. (1984). Notes on methodology. In J. M. Atkinson & J. Heritage (Eds.), *Structures of social action: Studies in conversation analysis* (pp.21-27). Cambridge University Press.

Sacks, H., Schegloff, E. A., & Jefferson, G. (1974) A simplest systematics for the organization of turn-taking for conversation, *Language, 50*(4), 696-735.

Scharmer, C. Otto. (2018). *The essentials of theory U: Core principles and applications*. Berret-Koehler. シャーマー, O. C. (2019), 中土井僚, 由佐美加子 (訳)『U理論エッセンシャル版──人と組織のあり方を根本から問い直し、新たな未来を創造する──』英治出版.

Schegloff, E. A. (1988). Presequences and indirection: Applying speech act theory to ordinary conversation. *Journal of Pragmatics, 12*, 55-62.

Schegloff, E. A. (2006). Interaction: The infrastructure of social institutions, the natural ecological niche for language, and the arena in which culture is enacted. In N. J. Enfield & S. C. Levinson (Eds.), *Roots of human sociality: Culture, cognition, and interaction* (pp.70-96). Berg.

Selinker, L. (1972). Interlanguage. *International Review of Applied Linguistics, 10*(3), 209-231.

Senge, P. M. (1990). *The fifth discipline: The art and practice of the learning organization.* Doubleday. 郭進隆, 齊苦蘭 (譯) (2018)「第五項修練 (全新修訂版): 學習型組織的藝術與實務」天下文化遠見出版.

Senge, P. M., Nelda Cambron-McCabe, Timothy Lucas, Bryan Smith, Janis Dutton, Art Kleiner (2012). *Schools that learn: A fifth discipline fieldboot for educators, parents, and everyone who cares about education*. Crown. センゲ, ピーター M.・キャンブロンーマッケイブ, ネルダ・ルカス, ティモシー・スミス, ブライアン・ダットン, ジャニス・クライナー, アート (2019), リヒテルズ直子 (訳)『学習する学校──子供・教員・親・地域で未来の学びを創造する──』英治出版.

Sfard, A. (1998). On two metaphors for learning and the dangers of choosing just one. *Educational Researcher, 27*(2), 4-13.

Suchman, L. A. (1987). *Plans and situated actions: The problem of human-machine communication*. Cambridge University Press. サッチマン, L. A.（1999）, 佐伯胖（監訳）『プランと状況的行為――人間－機械コミュニケーションの可能性――』産業図書.

Swain, M.（1985）. Communicative competence: Some roles of comprehensible input and comprehensible output in its development. In S. Gass & C. Madden（Eds.）, *Input in second language acquisition*（pp.235-253）. Newbury House.

The Douglas Fir Group.（2016）. A transdisciplinary framework for SLA in a multilingual world. *The Modern Language Journal, 100*（s1）, 19-47.

Vygotsky, L. S.（2012）. *Thought and language*.（rev. ed）.（A. Kozulin, Ed. & Trans.）. The MIT Press. ヴィゴツキー, L.（2001）, 柴田義松（訳）『思考と言語 新訳版』新読書社.

Vygotsky, L. S.（1997a）. *The Collected Works of L. S. Vygotsky, Volume 3: Problems of the Theory and History of Psychology.*（R. W. Rieber, & J. Wollock, Ed.）.（R. van der Veer, Trans.）. Springer. ヴィゴツキー, L.（1987）, 柴田義松, 藤本卓, 森岡修一（訳）『心理学の危機』明治図書出版.

Vygotsky, L. S.（1997b）. *The Collected Works of L. S. Vygotsky, Volume 4: The History of the Development of Higher Mental Functions.*（R. W. Rieber, Ed.）.（M. J. Hall, Trans.）. Springer. ヴィゴツキー, L.（2005）, 柴田義松（訳）『文化的――歴史的精神発達の理論――』学文社.

Wertsch, J. V.（1991）. *Voices of the mind*. Harvard University Press. ワーチ, J. V.（2004）, 田島信元, 佐藤公治, 茂呂雄二, 上村佳代子（訳）『心の声――媒介された行為への社会文化的アプローチ――』福村出版.

Wertsch, J. V.（1998）. *Mind as action*. Oxford University Press. ワーチ, J. V.（2002）, 佐藤公治, 黒須俊夫, 上村佳世子, 田島信元, 石橋由美（訳）『行為としての心』北大路書房.

Wiley, T. G.（2015）. Language policy and planning in education. In W. E. Wright, S. Boun & O. García（Eds.）, *The Handbook of bilingual and multilingual education*（pp.164-184）. John Wiley & Sons.

Wiley, T. G., & García, O.（2016）. Language policy and planning in language education: Legacies, consequences, and possibilities. *The Modern Language Journal, 100*（S1）, 48-63.

Woodword, K.（2002）. *Understanding identity*. Arnold.

Yankelovich, D.（1999）. *The magic of dialogue: Transforming conflict into cooperation*. Touchstone Rockerfeller Center. 陳淑婷（譯）吳咨杏, 張桂芬審校（2011）「對話力：化衝突為合作的神奇力量」朝邦.

Young, K. G.（1987）. *Taleworlds and storyrealms: The phenomenology of narrative*. Martinus Nijhoff.

Zuengler, J., & Miller, E. R.（2006）. Cognitive and sociocultural perspectives: Two parallel SLA world? *TESOL Quarterly, 40*（1）, 35-58.

〈中国語文献〉

洪瑞斌（2013）「培養青年之生涯靭力：就業力外的另一章」『電子報月刊／就業安全半年刊』
　　102(2).
　　http://www2.evta.gov.tw/safe/docs/safe95/userplane/half_year_display.
　　asp?menu_id=3&submenu_id=545 &ap_id=1875（2015/6/18参照）
劉孟奇，邱俊榮，胡均立（2006）『大專畢業生就業力調查報告』青輔會.

索 引

執筆者紹介　＊執筆順

西口光一（にしぐち・こういち）【監修者】
広島大学森戸国際高等教育学院特任教授、（公社）日本語教育学会会長。国際基督教大学大学院教育学研究科博士前期課程修了。博士（言語文化学）。日本語教育の企画、リソース制作・システム開発、コース・コーディネーション、教員研修。専門分野は、言語哲学と日本語教育学。著書に『メルロ＝ポンティの言語論のエッセンス─身体性の哲学、オートポイエーシス、対話原理─』（福村出版、2022年）などがある。

義永美央子（よしなが・みおこ）【編者】
大阪大学国際教育交流センター教授。大阪大学大学院言語文化研究科博士後期課程単位取得退学。博士（言語文化学）。大学・大学院留学生対象の日本語教育や、日本語教師研修などに携わっている。専門分野は応用言語学、日本語教育学。著書に『[改訂版] 日本語教育の歩き方─初学者のための研究ガイド─』（大阪大学出版会、2019年、共著）などがある。

佐川祥予（さがわ・さちよ）
静岡大学国際連携推進機構講師。大阪大学大学院言語文化研究科博士後期課程修了。博士（言語文化学）。大学・大学院留学生対象の日本語教育に携わっている。また、タイで実践コミュニティに関するフィールドワークを行っている。専門分野は、ナラティブ研究、相互行為分析、日本語教育学。著書に『相互行為能力の諸相─共構築・ナラティヴ・自己形成─』（渓水社、2022年）がある。

嶋津百代（しまづ・ももよ）【編者】
関西大学外国語学部教授。大阪大学大学院言語文化研究科博士後期課程単位取得退学。博士（言語文化学）。学内では日本語教師養成に携わり、学外では「日本語教師教育者ネットワーク」を立ち上げ、日本語教師・教師教育者の専門性向上のための活動を続けている。専門分野は日本語教育学・教師教育学・ナラティブ研究。著書に『ナラティブでひらく言語教育─理論と実践─』（新曜社、2021年、共編著）などがある。

森本郁代（もりもと・いくよ）【編者】

関西学院大学法学部・言語コミュニケーション文化研究科教授。大阪大学大学院言語文化研究科博士後期課程単位取得満期退学。博士（言語文化学）。大学生・大学院生に対する日本語教育と大学院での日本語教師養成に携わる。専門分野は会話分析。近年は、多様な人々による「話し合い」に関心を持ち、大学生のアクティブラーニングにおける話し合い能力の育成から、まちづくりの話し合い、裁判員裁判の評議の話し合いなどを対象に研究を進めている。著書に『自律型対話プログラムの開発と実践』（ナカニシヤ出版、2012年、共編著）などがある。

神吉宇一（かみよし・ういち）【編者】

武蔵野大学グローバル学部日本語コミュニケーション学科教授。大阪大学大学院言語文化研究科博士後期課程単位取得満期退学。元日本語教育学会副会長、元文化審議会国語分科会委員、文化庁地域日本語教育アドバイザー、江東区社会福祉協議会副会長。専門分野は日本語教育学・言語教育政策・地域日本語教育。著書に『日本語学習は本当に必要か―多様な現場の葛藤とことばの教育―』（明石書店、2024年、共編著）などがある。

西野藍（にしの・あい）

国際基督教大学教養学部日本語教育課程レクチャラー。大阪大学大学院言語文化研究科博士前期課程修了。修士（言語文化学）。リベラルアーツ教育を行う大学で「外国語」及び「第1言語／継承語」としての日本語教育に携わり『タスクベースで学ぶ日本語 中級』（スリーエーネットワーク、2022/23年）執筆。専門分野は日本語教育学・教師教育学・第二言語習得研究。著書に『文化と歴史の中の学習と学習者―日本語教育における社会文化的パースペクティブ―』（凡人社、2005年、共著）などがある。

羅曉勤（ら・ぎょうきん；LO HSIAO CHIN）

台中科技大学言語学部応用日本語学科教授。大阪大学大学院言語文化研究科博士後期課程修了。博士（言語文化学）。台湾で大学生と大学院生対象の日本語教育などに携わっている。近年、日本語教育における持続可能社会作りに関するワークショップをデザイン・開催。専門分野は日本語教育、ビジネスにおける異文化コミュケーション。著書に『日本學指南』（五南、2023年、共編著）、『台湾高等教育での日本語人材育成における実践研究―今を生き・未来につながる教育を目指して―』（瑞蘭、2020年）などがある。

松尾慎（まつお・しん）
東京女子大学現代教養学部教授。大阪大学大学院言語文化研究科博士後期課程修了。博士（言語文化学）。多文化社会コーディネーター（多文化社会専門職機構認定）。2014年にVilla Education Centerをビルマ出身難民当事者とともに立ち上げ、以来、日本語学習や生活のサポートに携わっている。専門分野は地域日本語教育、多元文化教育。著書に『多文化共生　人が変わる、社会を変える』（凡人社、2018年、編著）などがある。

林貴哉（はやし・たかや）
武庫川女子大学文学部日本語日本文学科講師。大阪大学大学院言語文化研究科博士後期課程修了。博士（言語文化学）。在日ベトナム人コミュニティでの地域活動や、日本語教員養成などに携わっている。専門分野は応用言語学、在外ベトナム人研究。論文に「マイナー文学としての『ベトナム難民少女の十年』―漢語を拠りどころにローカルな声を生きる―」（『アジア太平洋論叢』24号、2022年、共著）などがある。

高橋朋子（たかはし・ともこ）
近畿大学グローバルエデュケーションセンター教授。大阪大学大学院言語文化研究科博士後期課程修了。博士（言語文化学）。外国ルーツの子どもたちや移民の言語教育をテーマに、夜間中学や地域の小中学校、母語教室に携わっている。専門分野は社会言語学、年少者の言語教育。著書に『中国帰国者三世四世の学校エスノグラフィー――母語教育から継承語教育へ―』（生活書院、2009年）などがある。

大平幸（おおひら・さき）
四国大学全学共通教育センター講師。大阪大学大学院言語文化研究科博士後期課程修了。博士（言語文化学）。留学生対象の日本語教育や、外国人就労支援者や団体と連携した外国出身者が働きやすい職場環境を作るための活動に携わっている。専門分野は、日本語教育、第二言語習得研究、職場のコミュニケーション研究。論文に「日本語学習者における複数のジャンルの獲得―複言語・複文化主義の視点からみえてくるもの―」『複言語・複文化主義とは何か―ヨーロッパの理念・状況から日本における受容・文脈化へ―』（くろしお出版、2010年）などがある。

藤浦五月（ふじうら・さつき）

武蔵野大学グローバル学部日本語コミュニケーション学科准教授。大阪大学大学院言語文化研究科博士後期課程修了。博士（言語文化学）。専門分野は日本語教育学・社会言語学。大学における日本語教師養成、アカデミック・ジャパニーズ教育などを担当。日本語母語話者も含めた初年次教育にも携わり、カリキュラム・教材開発を行っている。著書に『大学生のための表現力トレーニング あしかーアイデアをもって社会について考えるー（レポート・論文編)』（ココ出版、2016年、共著）などがある。

山野上隆史（やまのうえ・たかし）【編者】

公益財団法人とよなか国際交流協会常務理事兼事務局長。大阪大学大学院言語文化研究科博士後期課程単位取得退学。修士（言語文化学）。「居場所」「エンパワメント」「簿飛びアップの組織づくり」などをキーワードに、多文化共生のまちづくりに携わっている。著書に『外国人と共生する地域づくりー大阪・豊中の実践から見えてきたものー』（明石書店、2019年、公益財団婦人とよなか国際交流協会編集、牧里毎治監修）などがある。

藤原智栄美（ふじわら・ちえみ）

立命館大学政策科学部教授。大阪大学大学院言語文化研究科博士後期課程修了。博士（言語文化学）。専門分野は日本語教育学・社会言語学。大学の留学生の日本語教育、学部生への異文化間教育を実践している。論文に「敬語（不）使用の意識と相互交渉ー多元文化社会において日本語第二言語話者の敬語観をいかに捉えるかー」『ことばの「やさしさ」とは何かー批判的社会言語学からのアプローチー』（三元社、2015年）などがある。

一歩進んだ日本語教育概論
実践と研究のダイアローグ

2024 年 3 月 31 日　初版第 1 刷

監 修 者	西口光一
編 　 　者	神吉宇一・嶋津百代・森本郁代・ 山野上隆史・義永美央子
発 行 所	大阪大学出版会
	代表者　三成賢次
	〒565-0871　大阪府吹田市山田丘 2-7 　　　　　　大阪大学ウエストフロント
	電話：06-6877-1614（直通）
	FAX：06-6877-1617
	URL：https://www.osaka-up.or.jp
装 　 　丁	小川順子
印刷・製本	株式会社遊文舎

ⒸKoichi Nishiguchi et al, 2024　　　　　Printed in Japan
ISBN 978-4-87259-801-8 C3080